W0359427

Theo Lieven
Unternehmer sein heißt frei sein

Theo Lieven

Unternehmer sein heißt frei sein

Mein Weg in die Unabhängigkeit

Carl Hanser Verlag München Wien

Internet: http://www.hanser.de

Die Deutsche Bibliothek – CIP-Einheitsaufnahme

Ein Titeldatensatz für diese Publikation
ist bei Der Deutschen Bibliothek erhältlich

Dieses Werk ist urheberrechtlich geschützt.
Alle Rechte, auch die der Übersetzung, des Nachdruckes und der Vervielfältigung des Buches, oder Teilen daraus, vorbehalten. Kein Teil des Werkes darf ohne schriftliche Genehmigung des Verlages in irgendeiner Form (Fotokopie, Mikrofilm oder ein anderes Verfahren), auch nicht für Zwecke der Unterrichtsgestaltung, reproduziert oder unter Verwendung elektronischer Systeme verarbeitet, vervielfältigt oder verbreitet werden.

© 2000 Carl Hanser Verlag München Wien
Redaktion: Dr. Hermann Ehmann, Irene Weilhart
Redaktionsleitung: Martin Janik
Herstellung: Irene Weilhart
Umschlaggestaltung: Parzhuber & Partner GmbH, München
Satz: design-typo-print GmbH, Ismaning
Datenbelichtung, Druck und Bindung: Druckhaus „Thomas Müntzer“ GmbH, Bad Langensalza
Printed in Germany

ISBN 3-446-21273-6

Inhalt

Vorwort

Erstaunlich: Es gibt kaum Bücher über Unternehmer – und das, obwohl sie ein wichtiger Teil unserer Gesellschaft sind. Über einzelne Personen wird oft geschrieben, zum Beispiel als Biographie oder zur Würdigung ihrer großen Verdienste. Über Unternehmer im Allgemeinen ist jedoch nur wenig zu finden. Als ich einmal im Internet für einen Vortrag Material über das Unternehmerimage suchte, erschien sofort die „Banner"-Werbung eines Online-Buchshops: „Find Books about Unternehmerimage!" Freudig klickte ich den Banner an – aber leider kam als Antwort: „Sorry, no books about Unternehmerimage". Natürlich hatte der vorwitzige Buchshop nur in einer amerikanischen Datenbank nachgesehen, aber auch in der deutschsprachigen Literatur hätte er nicht viel gefunden. Es gibt fast nichts.
Was es gibt, sind viele nützliche Anweisungen, wie man ein Unternehmen gründet, und auch in diesem Buch werde ich versuchen, Ratschläge zu erteilen. Aber noch keiner hat beschrieben, was ein Unternehmer ist. Gibt es den typischen Unternehmer überhaupt? Neider haben ihn oft negativ beschrieben: dick, schwitzend und korrupt. Selbst mein Vater hat mich immer wieder vor ihnen gewarnt: „Halt Dich von den Geschäftemachern fern!" Weil in meinem Elternhaus andere Dinge als Geld wichtig waren, bekam ich als Sechsjähriger nicht Monopoli mit falschen Bank-, sondern ein Klavier mit echten Musiknoten. Dafür bin ich meinen Eltern noch heute dankbar, denn Pianisten müssen früh anfangen. Das Unternehmerhandwerk hingegen kann man auch später noch erlernen. Wobei wir schon bei unserer ersten Erkenntnis sind: Es ist nie zu spät, Unternehmer zu werden!
Auf Tagungen, Preisverleihungen und bei Empfängen soll ich manchmal eine Rede halten, meistens zum Thema „Wie wird man Unternehmer?". Vor allem will man wissen, wie man dabei glücklich und reich wird. Das ehrt mich, gibt man doch damit zu verstehen, dass ich selbst es geschafft habe und in der Lage bin, meine Erfolgsgeheimnisse weiterzuvermitteln. Die Unternehmer unter den Zuhörern zeigen mir ihr volles Einverständnis. Denn nichts macht mehr Spaß, als hervorzuhe-

ben, wie der Unternehmer – und nur er – in bestimmten Situationen handelt und was ihn an dem Verhalten der „anderen" nervt. Am Ende läuft alles auf einen Konflikt zwischen „uns" und den „anderen" hinaus.
Das wäre beinahe einmal schief gegangen: Während einer Preisverleihung für junge Unternehmer konnte ich die Erfahrung machen, was passiert, wenn man die Vorzüge von Selbstständigen über alle Maßen lobt, dabei aber den Fehler begeht, die vielen Nichtselbstständigen als eine andere Klasse darzustellen, die „uns Unternehmern" das Wasser nicht reichen kann. Aber bei der Veranstaltung waren auch viele Angestellte, und die Gesichter dieser Damen und Herren verfinsterten sich, als ich die Unternehmer lobte, weil sie sich hundertprozentig ihrer Aufgabe widmen können. Dagegen müssten sich Manager ein Drittel ihrer Arbeitszeit mit Leuten herumschlagen, die an ihrem Stuhl sägen. Meine Laudatio kam bei den anwesenden Preisträgern gut an. Kein Wunder: Sie sind selbst Unternehmer. Aber die Angestellten fühlten sich auf den Schlips getreten.
Noch empfindlicher reagieren Politiker auf meine Erklärung, wie Arbeitsplätze entstehen: Der Unternehmer stellt nur deswegen Arbeitnehmer ein, weil er noch reicher werden will. Das schafft er ohne fremde Hilfe nicht. Ich charakterisiere das Gewinnstreben dann gerne provozierend mit „Profitgier" und stelle mit Befriedigung fest, dass sich die hohen Herren zunehmend unwohl fühlen. Denn viele Politiker, denen das Unternehmertum suspekt erscheint, mögen nicht zugeben, dass etwas anderes als reine Nächstenliebe die Menschen dazu bewegt, anderen Arbeit zu geben. Aber die Schaffung neuer Stellen ist nur ein höchst willkommener Nebeneffekt. Das eigentliche Ziel aller Unternehmer ist Reichtum und Glück. Die, die etwas anderes behaupten, sind unehrlich. Oder sie werden nicht dauerhaft erfolgreich sein, weil ihnen Gewinn oder Verlust gleichgültig sind.
Wer den Unternehmer als Menschengattung beschreiben will, kommt um eine scharfe Abgrenzung nicht herum. Vielleicht gibt es deswegen so wenig Literatur zu diesem Thema. Bisher sah man in Deutschland im leider unvermeidbaren Unternehmer nicht mehr als einen nützlichen Idioten. Besonders die Anhänger der 68-er-Bewegung – mittlerweile selbst zu Einfluss und Eigentumswohnung gekommen – mögen es nicht, wenn man Unternehmer als etwas Besonderes darstellt.
Ich werde es in diesem Buch dennoch wagen. Ich werde keine Rücksicht auf Politiker und Vorstände nehmen. Hier sollen die zu Wort

kommen, die ihr Geld noch wirklich ganz alleine verdienen müssen, und die nicht wissen, was am Monatsende auf dem Gehaltskonto ankommt. Dieses Buch ist daher eine Hommage an Selbstständige, Unternehmer, Freiberufler, Handwerker und alle, die sich täglich neu entscheiden müssen, welchen Weg sie wählen. Der Unternehmer kann sich für seinen Weg frei entscheiden. Aber im Gegensatz zu Abhängigen, denen durch Vorgaben und Zwänge die Entscheidungen abgenommen werden, *kann* er nicht nur wählen, er *muss* es auch. Tut er es nicht, wird er bald kein Unternehmer mehr sein.

Und natürlich gilt dieses Buch allen, die mit dem Gedanken spielen, selbst Unternehmer zu werden. Mich würde noch mehr freuen, wenn es Mut macht. Glauben Sie mir, es gibt keine schönere Selbstverwirklichung, als sein Schicksal selber – selbstständig – in die Hand zu nehmen. Während sich Ihr Schul- oder Studienkollege als frisch gebackener Jungmanager im Angestelltenverhältnis darüber freut, seinem Chef eins ausgewischt zu haben, sind Sie stolz darauf, die Einkaufspreise um fünf Prozent herunterhandeln zu können. Sie können echte Freude empfinden, denn für Sie gibt es fünf Prozent mehr Gewinn – und der gehört Ihnen. Ihr Freund dagegen verspürt höchstens Schadenfreude, es seinem Chef „mal richtig gezeigt zu haben".

Unternehmer scheinen sich auf den ersten Blick nicht von Managern zu unterscheiden. Doch ich werde die kleinen, aber fundamentalen Unterschiede aufzeigen. Mit einer Lupe sehen wir uns beide Gruppen an und entdecken, was sie trennt. Diese Vergrößerung mag zu Übertreibungen führen. Aber sie sollen deutlich machen, worauf es mir ankommt.

Wenn es Ihnen an der einen oder anderen Stelle dieses Buches zu bunt wird, so versuchen Sie's doch einfach selbst: Werden *Sie* Unternehmer!

Ohne Netz und doppelten Boden

Was unterscheidet Selbstständige und Unternehmer von sonstigen Sterblichen? Und was heißt eigentlich „selbstständig"? Ist der Unternehmerberuf nur eine andere Nuance aus dem weiten Feld der Führungseliten, oder ist er etwas Eigenständiges, das gewissermaßen über ein besonderes „Erbgut" verfügt? Ich glaube das Letztere, obwohl dies immer wieder zu Irrtümern führt. Viele meinen nämlich, zum Unternehmer müsse man geboren sein. Das ist nicht richtig – wenn man einmal davon absieht, dass Unternehmungslust und Kreativität jedem Kind von Natur aus mitgegeben sind. Außerdem müssten dann die meisten Unternehmer aus Unternehmerfamilien mit dem richtigen „Erbgut" stammen. Genau das ist aber nicht der Fall. Unternehmer kommen aus allen Familien und allen Gesellschaftsschichten. Nicht durch Vererbung, sondern durch die ständigen Herausforderungen des Alltages wird man Unternehmer.

Wer schon einmal im Zirkus war, kennt den Nervenkitzel beim Trapezturnen. Akrobatische Kunststücke in schwindelnder Höhe sind spannend. Aber es gibt zwei Arten von Zirkus: die mit Netz und die ohne Netz. Im Zirkus mit Netz kommt zwar nicht gerade Langeweile auf, aber man sieht und hört die Zuschauer während der Vorführung immer noch angeregt miteinander reden. Was soll schon passieren? Bei der Akrobatik ohne Netz dagegen stockt dem Publikum der Atem. Obwohl die gleichen Kunststücke vollbracht werden – beim Netz sogar mit noch höherem Schwierigkeitsgrad – ist die Spannung bei der Darbietung ohne Netz am höchsten. Denn jeder weiß: Macht der Artist einen Fehler, dann ist es aus! Die Zuschauer können die Anspannung förmlich greifen. Die Turner mit „Rückversicherung" können völlig gelöst an ihre Aufgabe gehen. Fallen sie herunter, krabbeln sie aus dem Netz und schämen sich ein wenig. Aber sie leben noch. Ihnen kann nichts passieren, und das wissen sie. Obwohl beide, die mit Netz und die ohne, das gleiche tun, gibt es zwischen ihnen diesen großen Unterschied: die Gewissheit, alles verlieren zu können.

Es hilft, sich dieses Bild immer wieder vor Augen zu halten, wenn man von vermeintlich einflussreichen Menschen hört. Was sind schon Bundeskanzler, Konzernchefs oder Schuldirektoren? Welch ein bequemes Leben genießen sie im Vergleich zum eher bescheidenen Dasein eines selbstständigen Bäckers. Während vom Kanzler bis zum Vorstand noch alle „auf die Füße gefallen“ sind, wenn sie versagt haben, bleibt dem Bäcker in diesem Fall nur eines: Er ist ruiniert. Ohne Netz und doppelten Boden haftet er für Fehlplanungen. Während ein Minister immer mit Rückversicherung arbeitet und immer noch ein Pöstchen in Brüssel, bei der Bahn, Post oder Lufthansa findet, hat ein Unternehmer selbst bei kleinsten Fehleinschätzungen alles verloren, sogar seinen Beruf: Er ist nicht mehr Unternehmer. Und während es für gestrauchelte Manager reichlich Wiedereingliederungsmaßnahmen gibt, bekommt der bankrotte Bäcker auch noch fünf Jahre Berufsverbot.
Kein Mensch kommt als Unternehmer zur Welt. Erst durch den täglichen Umgang mit der Gefahr wird man im wahrsten Sinne des Wortes „selbst ständig“. Indem man schwierige Situationen meistert, bei denen man fortwährend vor Augen hat, dass es kein Versagen geben darf.
Nehmen wir noch einmal den Bäckermeister und sein kleines Unternehmen. Aber ist es wirklich so klein? Der Bäckermeister muss sich doch mit allem herumschlagen, was eine richtige Firma ausmacht: Lieferanten sind chronisch unpünktlich und Kunden unberechenbar. Keiner weiß, was die Kunden morgen kaufen wollen, aber alles, was man produziert, ist verderblich. Was man gerade bäckt, mag vielleicht keiner essen, aber was der Kunde wünscht, hat man womöglich nicht vorrätig. Selbst wenn einmal sonst alles passt, scheitert es am Ende daran, dass der Bäckergehilfe gerade an diesem Tag zur Berufsschule muss. Selbstverständlich soll der Auszubildende zur Berufsschule gehen, aber ich will damit zeigen, wie völlig ausgeliefert unser Bäcker ist. Nichts kann ihn retten, wenn er abstürzt. Er muss nicht nur seine Backstube in Ordnung halten, sondern zusätzlich Investitionen planen, Banken beruhigen und das Finanzamt befriedigen. Alles ohne Netz und doppelten Boden.
Wie oft sieht man in Manager-Journalen das Bild eines gerade zur Zeit erfolgreichen Machers. Ich wäre gerne dabei, wenn dieser – Vorstandsvorsitzender einer Großbank oder was auch immer – morgens seine Brötchen einkauft. Wenn er dann „seinem“ Bäckermeister herablassend zuruft: „Na mein Lieber, wie geht's uns?“, dann könnte man in

den Augen des Bäckers die Antwort ablesen: „Wenn Du wüsstest!" Jeder wirkliche Unternehmer, jeder Selbstständige hat den großen Abgrund schon vor sich gesehen: Ein falscher Schritt, und es ist vorbei. Weil er weiß, dass kein Netz ihn halten wird, kämpft er mit ganzer Kraft, um das Unheil abzuwenden, und am Ende besser und größer dazustehen als vorher. Diese Erfahrung hat der Unternehmer anderen voraus, sie adelt ihn. Unternehmertum ist ein besonderer Adelsstand, und zwar nicht durch Geburt, sondern selbst erworben.

Das Unternehmerimage in der Bevölkerung

Unternehmer sind dick, schwitzend und korrupt. Jeder zweite Fernsehkrimi hält sich an dieses Klischee, manchmal etwas weniger dick, dafür um so korrupter. Dieses Image läuft den Selbstständigen seit Jahrzehnten nach. Dabei sind die Unternehmer mit ihren Ideen und ihrer Tatkraft eine beständige Triebfeder für den wirtschaftlichen und gesellschaftlichen Fortschritt. Unternehmer bewegen etwas, sie schaffen ständig etwas Neues und sind damit der wesentliche Motor in unserem System. Ich bin deshalb der Meinung, dass sich dies auch in ihrem Ansehen widerspiegeln müsste, das sie in der Bevölkerung genießen. Leider ist es nicht so.

Bei einer Umfrage, die das Meinungsforschungsinstitut INRA im Auftrag des Verbandes Deutscher Elektrotechniker (VDE) im September 1998 durchgeführt hat, kamen die unten aufgeführten Ergebnisse heraus. Befragt wurden 2.000 Bundesbürger ab 14 Jahre, die zwölf verschiedenen Berufsgruppen eine Wertung zwischen 1 und 12 zuordnen sollten (1 für die höchste und 12 für die niedrigste Einschätzung); die Antworten wurden zusätzlich nach West- und Ostdeutschland aufgeschlüsselt.

Nach dieser Untersuchung rangieren unangefochten auf Platz 1 – und das auch noch mit großem Abstand – die Halbgötter in Weiß, gefolgt von den Lehrern; Architekten und Ingenieure teilen sich mit nur graduellen Unterschieden den dritten Platz, und erst dann folgen die Unternehmer mit einem vorderen Mittelplatz.

Aus der Grafik ist abzulesen, dass der Geschmack in Ost und West weitgehend deckungsgleich ist, von zwei Ausnahmen abgesehen: Der Lehrer gilt im Osten mehr als im Westen, dafür aber haben die Ost-Geistlichen gegenüber ihren Brüdern im Westen ganz deutlich das Nachsehen.

Dass die Politiker unangefochten und abgeschlagen auf dem letzten Platz rangieren, kann man verstehen, aber beim Ansehen der Unternehmer empfinde ich schon eine ziemliche Schieflage. So wichtig die Berufe Arzt und Lehrer auch sind – aber bauen sie etwas auf? Oder la-

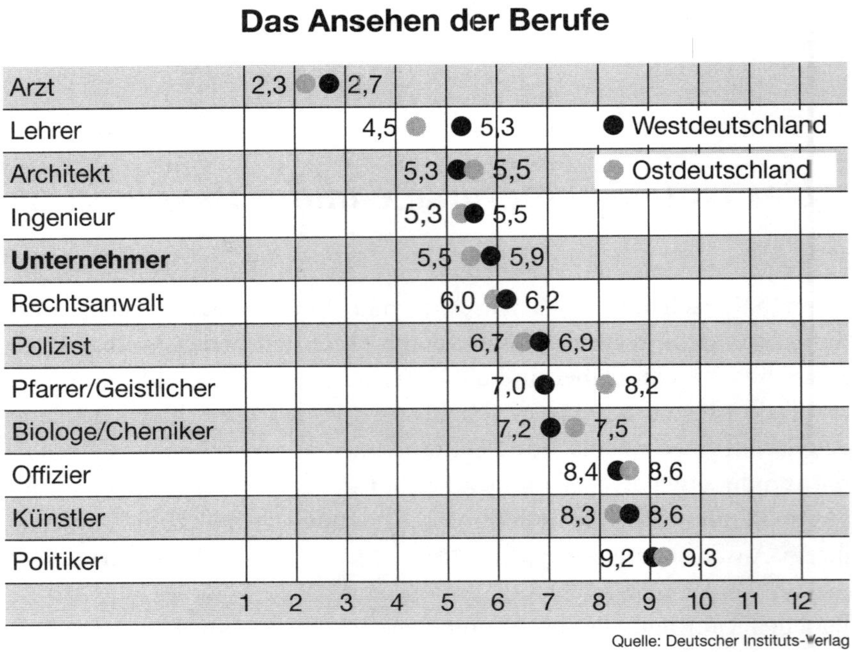

borieren sie nicht zeitlebens am selben Problem? Es ist ein ständiges Auf und Ab; am Ende ist man genauso weit wie am Anfang, und sobald ein kleiner Aufschwung erreicht ist, geht es mit dem nächsten Neuanfang wieder ganz von vorn los. Etwas anderes ist die Entwicklung eines Arzneimittels zur dauerhaften Heilung von Krankheiten. Das ist nun wieder die Domäne von unternehmerisch geleiteten Menschen, die, angelockt durch die Gewinnaussichten, Präparate entwickeln, die von möglichst vielen Menschen genutzt werden können.
Der Aufbau eines Unternehmens ist immer ein echter Fortschritt, eine Geburt – verbunden mit einer Idee, die geboren wird: ein neues Produkt, ein neues Verfahren oder eine neue Dienstleistung, die es noch nicht gibt, oder die man preiswerter anbieten kann. Aber auch nicht produzierende Firmen wie der gesamte Handel entstehen häufig in Zeiten, wo neue Produkte auf den Markt kommen und Verbreitung finden sollen.
Es ist kein Wunder, dass das von mir mitgegründete Unternehmen genau zu der Zeit entstanden ist, als die ersten wissenschaftlichen Taschenrechner auf den Markt kamen. Das waren völlig neue Erzeugnisse, derer sich der normale Handel nicht annehmen wollte, weil

man glaubte, es handele sich dabei um Spielzeuge für Kinder reicher Eltern. Nach dem bescheidenen Start wird die Firma immer größer, macht immer mehr Umsatz, beschäftigt immer mehr Leute und erwirtschaftet auch immer mehr Profit – und das alles mit einer Leistung, die etwas Neues darstellt und sich im gegenseitigen Wettbewerb behaupten soll.

Muss man über das geringe Ansehen unternehmerischer Aufbauleistungen nicht entsetzt sein? Ich will ja nicht behaupten, dass der Unternehmer aus rein karitativen Erwägungen heraus Arbeitsplätze schafft, aber woher sollen sie sonst kommen? Die Folgen eines staatlichen Beschäftigungsmonopols konnte man in weiten Teilen Osteuropas sehen. Man muss die Unternehmer ja nicht gleich verherrlichen, aber etwas mehr Anerkennung hätten sie meines Erachtens schon verdient.

Wenn man über die Gründe dieser öffentlichen Fehleinschätzung in Deutschland nachdenkt, stößt man irgendwann auf eine Unart, die in diesem Zusammenhang bei uns immer wieder eine wichtige Rolle spielt: Wenn es jemand durch seine eigene Arbeit und Pfiffigkeit zu etwas gebracht hat, dann sollte man eigentlich den Hut davor ziehen und nicht immer gleich in die Kiste mit der Missgunst greifen. Wir Deutschen neigen dazu, jedem, der sich aus der Masse hervorhebt, grundsätzlich erst einmal zu misstrauen. Nun wird kein gebildeter Mensch zugeben, er missgönne einem anderen etwas. Missgunst ist schließlich ein Laster. Also sucht der Mensch nach Gründen, die seine Kritik an anderen rechtfertigt. Solch ein Grund ist der NEID, die Abkürzung für „Näher Eingehende Ideelle Durchleuchtung". Der Besitzstand des Nachbarn wird einer Prüfung unterzogen, bei der herauskommen soll, dass, solange alles mit rechten Dingen zugegangen ist, er sich dieses eigentlich gar nicht leisten kann, oder besser: leisten können dürfte. Da er es dennoch tut, ist etwas nicht mit rechten Dingen zugegangen, und der NEID-ische hat das Recht – in Deutschland sogar die Pflicht – den legalen Besitzstand anzuzweifeln. Wie viele Luxusautos sind im Geiste der Nachbarn schon durch Betrug, Schwarzarbeit oder Steuerhinterziehung bezahlt worden! Keiner spricht mehr von Missgunst, im Gegenteil, man würde es ja gerne gönnen, aber nicht unter diesen Umständen.

Die unausgesprochene Frage, die bei uns überall dahinter steht, lautet: Wie hat der das denn geschafft, und konnte der das überhaupt schaffen? Die Zielrichtung, ob bewusst oder unbewusst, geht immer gleich dahin, dass man einem erfolgreichen Menschen irgendeinen Betrug

unterstellt, weil man selbst es mit den untauglichen Mitteln des biederen Angestelltendaseins nicht zu mehr gebracht hat. Als ich, erst dreiundzwanzigjährig – die erste Million war gerade umgesetzt – mit einem Mercedes herumgefahren bin, da war das bei den Leuten auch überall zu spüren, dieses Gefühl, dass da etwas nicht stimmen kann.
Wie gut haben es da die Amerikaner! In den USA ist das alles grundlegend anders; dort ist der buchstäbliche Aufstieg vom Tellerwäscher zum Millionär eines der schönsten wahr gewordenen Märchen, an dem alle freudig teilhaben, auch die Nichtmillionäre. Erfolgsstorys werden immer wieder positiv herausgestellt. Leute, die einen persönlichen Erfolg errungen haben, genießen hohes Ansehen, und ein anerkennendes Schulterklopfen ist ihnen allseits gewiss. Das geht so weit, dass die so zu Geld und Reichtum gekommenen eine gewisse Immunität genießen. Lange haben die amerikanischen Kartellbehörden gezögert, ein Verfahren wegen missbräuchlicher Monopolstellung gegen Microsoft anzustrengen, obwohl die Fakten doch eindeutig dafür sprechen (und auch ich persönlich davon betroffen war). Aber die Figur des Mitbegründers Bill Gates genießt dort als Inkarnation der amerikanischen Bilderbuchstory „Vom Tellerwäscher zum Milliardär" ein so hohes Ansehen, dass sich viele Gouverneure auch jetzt noch nicht dem Prozess angeschlossen haben, und die Meinung in der Bevölkerung zwiespältig ist. Aber auch auf Seiten der Ankläger ist keinerlei Schadenfreude zu verspüren. Ganz im Gegensatz zu Deutschland, wo Spott und Häme verschüttet wird. Natürlich aus purer Missgunst – doch wer würde das schon zugeben! Aber das NEID-Verfahren hat ergeben, dass bei der Anhäufung des Vermögens von Herrn Gates nicht alles mit rechten Dingen zugegangen sei kann. Das hatte man sich doch schon immer gedacht, und jetzt steht er vor dem Kadi.
Die weit verbreitete Missgunst nimmt so groteske Züge an, dass man Mitbürgern nicht nur ihre materiellen Besitzstände missgönnt, sondern auch viele Eigenarten, mit denen sie sich vom Durchschnitt der Bevölkerung oder ihres Berufsstandes abheben.
Ein Beispiel: Als Ex-Kanzler Schmidt einmal mit Justus Frantz und Christoph Eschenbach ein Klavierkonzert aufgenommen hat, gab es nicht nur Lob – im Gegenteil. Die Aufnahme selber, als CD immer noch im Handel, ist künstlerisch übrigens ohne Fehl und Tadel. Das Mozart-Konzert für drei Klaviere ist dazu geschrieben worden, um es unter Mitwirkung von Amateuren aufführen zu können. Aber überall

war der Vorwurf zu spüren: „Schuster, bleib' bei Deinen Leisten!" Die Deutschen mögen es nicht, wenn jemand noch ein bisschen mehr hat oder kann. Außerdem geschah Schmidts „Untat" kurz vor dem Zusammenbruch seiner Regierungskoalition (ich hätte auch lieber Klavier gespielt, als mich mit meinem aufmüpfigen Koalitionspartner herumzuärgern). Man hat nicht etwa gefragt, ob die Darbietung in Ordnung war, sondern es wurde beschlossen, dass ein Kanzler so etwas gar nicht „können dürfen kann". Entweder ein schlechter Pianist oder ein schlechter Kanzler. Soweit mir bekannt ist, will Helmut Schmidt aufgrund der allgemeinen Schelte heute von seinem Ausflug ins Reich der Musik nicht mehr viel wissen.

Wer im Beruf erfolgreicher ist als andere, wird beNEIDet. Wer auch sonst noch etwas kann, gilt bei uns von vornherein als suspekt. Darf ein erfolgreicher Manager ein Orchester dirigieren? In Japan ja. Oder darf ein etablierter Unternehmer exzellent Golf spielen? Ab Handicap 18 abwärts sei das Unternehmen gefährdet – sagt man. Deshalb ist es nur recht, wenn man ihm solches nicht gönnt. Nicht aus Missgunst, sondern natürlich rein aus Firmeninteresse.

Als ich vor einiger Zeit einmal in Newport Beach bei Los Angeles ein Klavierkonzert gab, da zeigten die Leute weniger Interesse an meinem Klavierspiel als vielmehr an der Erfolgsstory meiner Firma. Sie fanden den Vortrag ganz in Ordnung, aber viel brennender interessierte sie, was das für einer war, der als Selfmademan hochgekommen war und außerdem auch noch ganz passabel Klavier spielen konnte. Das entsprechende Kontrasterlebnis hatte ich in einem deutschen Regionalfernsehprogramm, das über mein Doppelleben als Unternehmer, der sich gerade mit Microsoft stritt, und als Hobbypianist, der gerade sein erstes öffentliches Klavierkonzert gab, berichten wollte. Der Beitrag bestand aus so wichtigen Fragen „Wie teuer war denn Ihr Privat-Jet?" (drei Millionen Mark haben beim deutschen Publikum schon immer eine NEID-Prüfung in Gang gesetzt) und „Was ist wichtiger für Sie: Mozart oder Microsoft?" (als ob das etwas über die Qualität der Arbeit aussagen würde). Da mir ein gewisser unternehmerischer Erfolg nicht abzusprechen war, wurde dann am Ende bewiesen, dass ich das Klavierspielen besser lassen sollte, indem man einen tatsächlich verunglückten Ton am Ende einer Kadenz als deutlich hörbar hervorhob. Damit war bewiesen: Beides geht nicht.

Ein Unternehmer passt nicht in das Schubladendenken von Kleingeistern, deren Phantasie über die landläufigen Klischees nicht hinausgeht.

Ein Unternehmer ist frei, das tun und lassen zu können, wonach ihm der Sinn steht – frei übrigens nicht *von* etwas, sondern *für* etwas. Selbst wenn er morgens auf dem Golfplatz seine Runde macht und erst nach dem Mittagessen in seiner Firma erscheint und damit zurechtkommt, ist das seine ureigenste Angelegenheit. Den Zwang zum demonstrativen Zeitabsitzen haben nur Angestellte, die ihren Einsatz für die Firma nicht selten durch intensivierte Anwesenheit dokumentieren. Es ist keineswegs typisch für den unternehmerischen Erfolg, dass man ihn im Schlaf erreicht; aber wenn sich eine geniale Idee, die einem zwischendurch am Biertisch kommt, als tragfähig erweist, dann kann das durchaus hinreichend sein für einen jahrelangen Erfolg – warum auch nicht?

Wenn jemand durch eigenes Können zu Wohlstand gekommen ist, dann soll er den getrost auch genießen. Mich hat einmal ein Journalist gefragt, warum ich einen zweiten Rolls Royce haben müsse. Ich habe ihm geantwortet, dass ich den ganz gewiss nicht haben muss, sondern dass mir das Spaß macht, und außerdem sei der eine ein weißes Cabrio für den Sommer, und mir würde jetzt noch ein schwarzer geschlossener für den Winter gefallen. Ich kann mich einfach über schönes Spielzeug freuen, weil ich auch lange genug die Kehrseite der Medaille kennen gelernt habe.

Bis zu meinem zehnten Lebensjahr hatten wir auf der Etage weder Toilette noch fließendes Wasser, und nachts musste man runter in den Hof. Nicht, dass ich darunter gelitten hätte, aber deswegen macht es mir heute um so mehr Spaß, wenn ich mir schöne Dinge leisten kann. Der ganze Reichtum ist neu und unglaublich spannend. Naserümpfend über andere herziehen kann dann die nächste Generation. Bei mir ist das Wirtschaftswunder erst ziemlich spät angekommen, so dass ich es gut nachvollziehen und auch neidlos zusehen kann, wenn jemand seinen Wohlstand in vollen Zügen genießt, vor allem, wenn er selbst dafür hat arbeiten müssen. Aber in weiten Teilen unserer deutschen Gesellschaft hat allein der Begriff „neureich“ schon ein Negativimage. Mein Vater hat ihn oft für andere in unserem Dorf gebraucht, um mir damit zu zeigen: Sieh hier, die ungebildeten Proleten, die durch irgendwelche dunklen Geschäfte zu Geld gekommen sind, müssen uns jetzt auch noch ihre Protzautos vor unseren Fahrradständer stellen!

Aber letztlich glaube ich doch, dass die Leute zu einem Unternehmer schon ein bisschen hinaufschauen. Immerhin hat er es zu etwas gebracht. Aber wann können die Deutschen so etwas einmal objektiv sehen, also losgelöst von sich selbst? So wie bei den Amerikanern, die objektiv und vorbehaltlos anerkennen, wenn jemand erfolgreich ist. Sie sagen sich: Was der geschafft hat, das könnte ich selber vielleicht auch schaffen. Und sie freuen sich sogar mit ihm!

Typische Eigenschaften des Unternehmers

Der Unternehmer schlechthin lässt sich nicht auf einen bestimmten Typ festlegen. Niemand kann sagen: Dies ist ein Unternehmer, und der andere dort wird es nie werden. Eine solche Beurteilung nur aufgrund angeborener Eigenschaften wäre falsch. Erst später, wenn sich gewisse Verhaltensweisen ausgeprägt haben, ist man manchmal in der Lage, einer Person jegliche Befähigung zum Unternehmertum abzusprechen. Aber auch hier ist Vorsicht geboten: Ich kenne jemanden, der Jahre bei der Zollverwaltung zugebracht hat, bis ihm das zu langweilig wurde. Heute ist er erfolgreich im Speditionsgeschäft tätig, mit dem er zuvor schon ständig zu tun hatte – nur damals eben noch auf der anderen Seite.

Für junge Menschen ist es gut zu wissen, dass unternehmerisches Talent, wenn es denn angeboren sein sollte, längst nicht so einfach zu entdecken ist wie andere Begabungen. Denn die Stunde der Wahrheit kommt im unternehmerischen Bereich erst viel später als zum Beispiel für einen Fußballer. Da zeigt sich früh, ob einer begabt ist. Aber wenn die Karriere vieler Sportler bereits zu Ende geht, beginnt oft erst die der Unternehmer. Also lassen Sie sich nicht weismachen, Sie würden nie und nimmer Unternehmer: Probieren geht auch hier über Studieren.

Es gibt leider keinen neutralen Gradmesser für den „geborenen“ Unternehmer. Dennoch lassen sich ganz typische Eigenschaften beschreiben, die den Unternehmer kennzeichnen.

In früheren Zeiten galt der Unternehmer als der kapitalistische Patriarch, der mit dickem Bauch und durchgeschwitzten Achseln seine Zigarre paffte und sich in dicken Autos chauffieren ließ. Er war der Alleinherrscher, der alles konnte und auch können musste, angefangen bei der Produktidee über die Geldbeschaffung bis hin zum Kundenkontakt. Dazu gehört eine große Vielseitigkeit. Es fehlt heute an der nötigen Zeit, alle diese Disziplinen zu erlernen. Außerdem gibt es keinen Ausbildungsgang nur für Unternehmer, in dem das benötigte Wissen vermittelt wird. Früher brauchte man deshalb schon ein gerütteltes Maß an universeller Begabung, die nicht selten an Genialität heranreichte – wie

bei Thomas A. Edison, dem genialen Erfinder der Glühlampe, der seine Ideen in ein erfolgreiches Wirtschaftsimperium umsetzen konnte.
Aber die Welt hat sich verändert. Während die Erfindung der Glühlampe noch als Einzelleistung erbracht werden konnte, sind die Zusammenhänge in der heutigen Welt so kompliziert, dass einer alleine vielleicht gerade noch den Anstoß zu einer Neuentwicklung geben kann, diese aber selten alleine zu Ende führen wird. Den Erfinder alter Schule gibt es ja kaum noch, und wo sich solche Leute treffen, werden meistens Kuriositäten gehandelt.
Die vielen Neuentwicklungen zum Beispiel auf dem Gebiet der Halbleiter- oder Medizintechnik waren Teamleistungen, aus denen häufig neue Firmen mit jungen Unternehmern hervorgegangen sind. Der Genie-Typus ist heutzutage glücklicherweise nicht mehr gefordert. In unserer vernetzten Gesellschaft verteilt man die Verantwortung auf mehrere Schultern. „Teamarbeit" lautet das Schlagwort, und die drückt sich in der Spezialisierung des Einzelnen aus, der erst im Zusammenspiel mit seinen Partnern stark ist. Die besonderen Begabungen der Teammitglieder addieren und multiplizieren sich. Der Patriarch von einst tritt immer mehr in den Hintergrund und macht einem gut funktionierenden Team Platz. Das Teammitglied ist deshalb kein schlechter oder halber Unternehmer. Im Gegenteil: Weil man sich auf seinen Bereich konzentrieren kann, kommen die positiven unternehmerischen Eigenschaften noch mehr zur Geltung. Denn es ist unmöglich, sämtliche Eigenschaften, die nachfolgend aufgezählt werden, bei einer einzigen Person wiederzufinden. Wo der Alleinunternehmer seine weniger ausgeprägten Fähigkeiten selbst kompensieren muss, findet sich im Team ein komplementärer Partner.
Folgende Eigenschaften sind aus meiner Sicht für einen Unternehmer typisch und unabdingbar:

1. Risikobereitschaft

Ohne sie geht es einfach nicht. Wer schon mit 25 Jahren an einer Versorgungspsychose leidet (die soll es wirklich geben), braucht Gewissheit über seine Zukunft. Aber das wird immer schwieriger. Der Titel Post-Oberamtmann beispielsweise lässt die Herzen der heiratswilligen jungen Damen wegen der vermeintlich lebenslangen Sicherheit schon lange nicht mehr höher schlagen: erstens in Ermangelung eines erhöhten Sicherheitsbedürfnisses der Heiratswilligen, zweitens, weil die Post

nicht mehr dem Staat gehört. Wer hätte das vor 30 Jahren gedacht? Die Arbeitswelt wird sich noch mehr ändern, und viele Politiker, die sich Gedanken darüber machen, sprechen schon heute davon, dass man im Leben drei- bis viermal wird umlernen müssen.
Bitte verstehen Sie den Begriff Risiko nicht falsch. Man gerät schnell auf einen sehr schmalen Grat, auf dem man leicht in blinde Euphorie oder Selbstüberschätzung abrutschen kann. Risiko ist nicht das Wagnis des Zockers, der alles auf eine Karte setzt. Aber zum Unternehmer ist nicht geeignet, wer durch übertriebenes Sicherheitsdenken keinen vernünftigen Entschluss zustande bringt. Dennoch muss man sich bei jedem Schritt im Klaren darüber sein, dass er auch schief gehen kann. Am besten geht man Risiken nur mit einer durchdachten Fall-Back-Position (=Rückzugsposition) ein. Zum Beispiel dadurch, dass man sich die Rückkehr zum Studium offen hält, falls der Einstieg ins Unternehmertum schief geht. (Ich bin heute noch Student, im 56. Semester Mathematik – man weiß ja nie.)

2. Einsatzwille

Der Unternehmer darf auch in schwierigen Situationen niemals das Ziel aus den Augen verlieren und muss immer nach einer Lösung suchen – mag die Lage auch noch so aussichtslos erscheinen. Viele erfolgreiche Unternehmer sprechen im Rückblick von solchen Phasen, die sie durchgemacht haben und die oft für den späteren Erfolg ausschlaggebend waren.
Erich J. Lejeune (Jahrgang 1944), der mit seinem Unternehmen ‚Consumer Electronic' inzwischen weltweit als Broker für elektronische Bauteile operiert, beschreibt in einem Aufsatz für das Buch „Erfolgsgeschichten selber schreiben" seinen persönlichen Tiefpunkt so:

> *„Der Tag, an dem ich per Einschreiben die Mitteilung über den verlorenen Prozess erhielt, war der schwärzeste meines Lebens. Das Wettbewerbsverbot wurde bestätigt, und ich hatte sämtliche Prozesskosten zu tragen. Gleichzeitig erhielt ich die Nachricht, dass in der Nacht vorher meine Großmutter gestorben war, die mein ganzer Halt gewesen war. Ich hatte niemanden mehr, mit dem ich in dieser ausweglosen Situation reden konnte. Auch meine Ehe hatte diesen Belastungen nicht standgehalten; meine Frau war mit unserer Tochter schon Wochen vorher ausgezogen. Nach diesen Keulenschlägen des Schicksals fühlte ich mich leer, wie*

> *abgestorben. Ich fuhr ziellos in der Gegend umher ... Von irgendwoher fand ich die Kraft, mich von diesen schwarzen Gedanken zu befreien. Mein alter Kampfgeist erwachte, und ich sagte laut und deutlich: ‚Ich schaffe es! Ich lasse mich von nichts und niemandem kaputt machen. Ich werde kämpfen. Ich will siegen!' – Ich kann jedem Existenzgründer nur raten, diese Botschaft und diese Entschlossenheit unter allen Umständen durchzuhalten und ganz fest und unverrückbar in seinem Denken zu verankern. Mir brachte diese Entschlossenheit Mut, Kraft, Hoffnung und den Wendepunkt in meinem Leben."*

Dieser Schilderung ist nichts hinzuzufügen. Auch wenn es in meiner persönlichen Laufbahn nicht ganz so dramatisch zuging, so sind auch dort die Tiefschläge nicht ausgeblieben. Als wir mit unserer noch jungen Firma ‚VOBIS' darangingen, mit günstigen Preisen Marktanteile zu sichern, fand man diese Idee bei den Mitbewerbern überhaupt nicht lustig. Der beschwerte sich bei unserem damals einzigen Lieferanten, vom dem wir postwendend die Kündigung bekamen, denn er wollte seine anderen Händler nicht vergraulen. Wir wussten weder ein noch aus. Mit allen möglichen Tricks mussten wir uns dann die Ware über „graue Kanäle" beschaffen. Doch trotz aller Bemühungen konnten wir nur von der Hand in den Mund leben, und es war offenbar nur noch eine Frage der Zeit, wann wir den Betrieb würden zumachen müssen. Dieser Zeitpunkt schien eher gekommen, als uns lieb war, denn der damals führende Hersteller von Homecomputern hatte uns gerichtlich untersagen lassen, Produkte aus dem Ausland zu importieren.

In dieser ernsten Stunde gingen mein Partner und ich in die Offensive und griffen auf das altbewährte Mittel der Presseberichterstattung zurück. Wir schilderten einem Rundfunkredakteur den Fall. Er nahm ihn dankbar auf und sendete einen Beitrag, in dem der Herstellerboykott gegen uns als unzulässige Kartellabsprache bezeichnet wurde. Die Hersteller zeigten sich davon wenig beeindruckt. Aber das zuständige Oberlandesgericht, bei dem wir Berufung eingereicht hatten, entschied in diesem Einzelfall – und auch nur ausnahmsweise – einmal nicht zu Gunsten des Herstellers, sondern zu unseren Gunsten. Wir konnten also weiter verkaufen und im achten Jahr unseres Bestehens immerhin die 40-Millionen-Mark-Umsatz-Grenze erreichen. Aber wir hatten einen Blick in das große schwarze Loch geworfen, das es in jeder Unternehmerkarriere gibt. Man hat eigentlich keine Chance mehr, und Freund und Feind sind sich einig: Es ist vorbei. Dennoch: Man darf

nicht aufgeben! Immer wieder schaffen es schon tot geglaubte Unternehmer mit ihrem unbedingten Einsatzwillen, das Blatt zu wenden.
Sie werden sich an dieser Stelle fragen, warum wir damals nicht gleich gegen den Hersteller geklagt haben, der mit seiner Preispolitik gegen das Kartellgesetz verstoßen hat. Die Antwort klingt ziemlich lapidar und ist gleichzeitig typisch für viele andere Ungereimtheiten in dieser Branche: Man hat einfach keine Zeit zum Prozessieren. Denn die Entwicklung läuft so schnell, dass ein positives Urteil nichts mehr nützt – weil es meistens zu spät kommt. Was hätten wir davon gehabt, wenn der Hersteller zur Lieferung seiner Produkte verpflichtet worden wären, diese PCs dann aber längst zum alten Eisen gehört hätten?

3. Pragmatismus

Haarspalterei, Besserwisserei und die Verbreitung missionarischer Grundsätze überlässt der Unternehmer besser anderen. Es geht ihm nur darum, *dass* das Unternehmen funktioniert – und nicht, *warum* es funktioniert. Siehe oben: Sicherlich wäre es für uns richtig gewesen, den Rechtsweg zu beschreiten, und wir hätten auch gewonnen. Aber wir hätten nichts mehr davon gehabt. Also haben wir zähneknirschend klein beigegeben – und am Ende doch gewonnen!
Pragmatismus klingt ein bisschen nach Opportunismus, und so soll es auch sein. Auch wenn es nicht vorgesehen war, so sollte man doch jede sich bietende sinnvolle Chance nutzen, neue Märkte aufzutun. Allzu oft bietet sich keine Gelegenheit dazu. Man glaubt nicht, auf wie viel Widerstand solche plötzlichen Schwenker im Unternehmensalltag stoßen. Viele Mitarbeiter wünschen feste Vorgaben, an denen nicht mehr gerüttelt wird, wahrscheinlich auch aus dem Wunsch nach erhöhter Zukunftssicherheit heraus. Wenn Ihnen also einer der vielen Präzisionsanalytiker, die sich mittlerweile der Meetings bemächtigen, vorrechnet, dass sich die Kunden – nach welchen wirtschaftlichen Gesetzen auch immer – so und nicht anders verhalten müssen, Sie aber aus Erfahrung wissen, dass die Kunden sich an solche Gesetze oft nicht halten wollen, dann entscheiden Sie pragmatisch, dass man dem vermeintlichen Gesetz nur zur Hälfte Folge leistet und sich bei der zweiten Hälfte flexibel verhält.
Sie werden es bereits bemerkt haben: Jede der aufgeführten Eigenschaften erfordert weitere, und alle zusammen ergeben dann als Ganzes das Bild des Unternehmers.

4. Flexibilität, Schnelligkeit, Entscheidungsfreudigkeit

Diese drei Eigenschaften gehören zusammen. In einer Welt, in der innerhalb weniger Jahre oder gar Monate nichts mehr so ist, wie es vorher war, sind sie unentbehrlich. Natürlich bringt das Unannehmlichkeiten für die Mitarbeiter, die sich öfters neu orientieren müssen, als ihnen lieb ist. Und erst die Präzisionsanalytiker, die auf jeden Fall einen Fehler vermeiden wollen! „Lieber keine Entscheidung treffen, als die falsche." Meine Erfahrung war, dass es besser ist, man trifft eine schnelle Entscheidung und sieht sich sofort die Ergebnisse an. Wenn es der falsche Weg war, dann schnell zurück zum anderen, von dem man wenigstens weiß, dass er der richtige ist. Und zwar viel eher als andere – die diskutieren nämlich immer noch, welche Entscheidung sie treffen sollen! Die erfolgreiche Niedrigpreispolitik von VOBIS hatte ihren Grund nicht darin, dass wir nur kleine Gewinne eingefahren hätten – im Gegenteil. Aber wir waren immer die schnellsten. Kaum fielen die Preise am Markt, da waren wir die ersten mit einem neuen Angebot in unserer Werbung, dem DENKZETTEL. Der Name war Programm. Oft mussten wir für kurzfristige Preissenkungen die Druckmaschinen anhalten: Was nützt es, wenn man billig ist, aber keiner weiß es? Der DENKZETTEL wurde ab Anfang der 90-er Jahre in Millionenauflage gedruckt und verteilt. Das Problem bestand nur darin, eine Druckerei zu finden, die solche Spielchen mitmacht, denn man kann sich vorstellen, dass es keinem Drucker Spaß macht, große Rotationsdruckmaschinen für mehrere Stunden lahm zu legen, nur weil VOBIS schon wieder Preise ändern will. Pragmatische Lösung: Ich habe selber mit dem Vertriebsleiter der damaligen Druckerei ein eigenes Unternehmen gegründet, die DRUCKLINIE. Da konnte ich dann schalten, walten und Preise senken, wie und wann ich wollte. Die Geschwindigkeit, mit der wir am Markt auf Veränderungen reagierten, hat manchen Mitbewerber zur Verzweiflung gebracht.

Diese eigene Druckerei ist übrigens ein gutes Beispiel für riskantes Investment mit gleichzeitiger Fall-Back-Position. Es war natürlich klar, dass die DRUCKLINIE ausschließlich den Zweck hatte, mir den Rücken freizuhalten, und dass, wenn ich VOBIS einmal verlasse, dieser Auftrag verloren geht. Und so war es dann auch. Nachdem ich ausgeschieden war, fehlten der Druckerei 50 Prozent ihrer Aufträge. Das bedeutet normalerweise den sicheren Ruin. Aber auf Anraten meines Geschäftsführers hatte ich vorgesorgt: Frühzeitig vor meinem Ausscheiden wurde eine neue große Druckmaschine mit einer Produktionsleistung von 200.000 8-Seiten-Prospekten pro Stunde angeschafft und somit der Umsatz verdoppelt. Als der VOBIS-Auftrag dann wegfiel, haben wir eine alte Maschine mit dem Viertel der Leistung zu einem guten Preis verkauft und kamen so durch Reduzierung von Kapazität und Kosten einigermaßen über die Runden. Heute erfreut sich die DRUCKLINIE wieder bester Gesundheit. Der Trick bestand darin, sich *rechtzeitig* neue Kunden durch Verdopplung der Kapazität zu sichern, und nicht erst dann, wenn die großen Aufträge verloren gehen. Diese unternehmerische Fähigkeit, die zugegebenermaßen in diesem Fall nicht ich, sondern mein Geschäftsführer besessen hatte, nennt man:

5. Weitblick

Weitblick bedeutet nicht nur, im oben dargelegten Sinne Risiken so klein wie möglich zu halten oder Gefahren entgegenwirken zu wollen. Weitblick ist auch eine jener Fähigkeiten, die den Unternehmer von N auf N+1 schließen lässt, er also eine Chance wittert, wie sich aus dem derzeitigen Geschäft ein größeres und daraus vielleicht ein noch größeres machen lässt. Immer wieder kann man dies in Unternehmerbiographien nachlesen. Weitblick hat aber überhaupt nichts mit den viel beschworenen Visionen zu tun. Dieser Irrtum ist so weit verbreitet, dass ich ihm weiter unten ein ganzes Kapitel widmen werde. Weitblick ist immer noch ein Blick und keine verschwommene Träumerei oder gar das zweite Gesicht. Weitblick sorgt dafür, dass sich die Dinge zu gegebener Zeit so entwickeln können, wie man es für wünschenswert hält, auch wenn es anders kommt als erwartet. Das kann beides bedeuten: die Abwehr von Gefahren in der Zukunft, aber auch die Nutzung von Chancen, von denen man heute noch nicht weiß, ob sie sich bieten werden.
Ein Beispiel: Ein stark expandierendes Unternehmen benötigt neue Gebäude. Der typische Präzisionsanalytiker wird im Meeting natürlich vorrechnen, dass ein Ausbau auf die jetzt benötigte Größe nicht lange halten wird, sondern bei dem derzeitigen Wachstum weitaus großzügiger geplant werden sollte. Der Unternehmer, durch die leidvolle Erfahrung geprägt, dass Umsatzwachstum keine endlose Einbahnstraße ist, wird die Kosten und Risiken einer Baumaßnahme, die größer ist als nötig, scheuen. Aber gleichzeitig weiß – oder hofft – er, dass das Wachstum so bleibt, wie es ist. Die Lösung: Er bebaut die Hälfte eines

Grundstücks, das doppelt so groß ist wie die Fläche, die er jetzt braucht. Dann hat er im Moment lediglich die Baukosten für die tatsächlich benötigten Gebäude zu tragen. Benötigt er mehr Platz, geht er an die Bebauung der zweiten Hälfte. Noch cleverer ist es, die zweite Hälfte nicht sofort zu kaufen, sondern sich eine Option für einen späteren Kauf bewilligen zu lassen. Dann zahlt man heute so gut wie nichts und hat dennoch alle Optionen für die Zukunft offen.

Mit Visionen hat das nichts zu tun – das ist alltäglicher unternehmerischer Weitblick. Viele Unternehmer betreiben ihre Geschäfte sogar ausschließlich nach dem Grundsatz: Alle Optionen offen halten! Leider führt diese Einstellung manchmal auch zu Entscheidungsschwäche, weil man sich vor lauter Taktieren selbst im Wege steht. Und natürlich nutzt Weitblick nichts, wenn einem auf dem Weg zu fernen Zielen vorzeitig die Puste ausgeht.

6. Ausdauer

Nicht alle Ziele werden sofort erreicht, nicht jeder Kunde beißt sofort an, und bei der Entwicklung neuer Produkte tauchen immer wieder Hindernisse auf, mit denen vorher keiner gerechnet hat. Allzu leicht wirft man die Flinte ins Korn und zieht sich unter Umständen viel zu früh auf seine Fall-Back-Position zurück. Dabei hätte man mit ein wenig Ausdauer das Ziel erreichen können. Den Begriff Geduld verwende ich absichtlich nicht. Ich finde, Unternehmer sollten etwas ungeduldig sein, sonst geht es nicht vorwärts. Jedenfalls gehört Geduld nicht zu notwendigen Unternehmertugenden, Ausdauer hingegen schon.

Übrigens ist die Ausdauer eine typisch menschliche Eigenschaft. Wenn Menschen von einer Idee gepackt werden, lassen sie nicht mehr locker. Sie suchen immer weiter nach einer Lösung, auch wenn es aussichtslos erscheint. Selbst hungrige Raubtiere lassen nach ein paar vergeblichen Versuchen von ihrer Beute ab, wenn sie sie nicht bezwingen können. Viele Entdeckungen im Bereich der Forschung wurden so gemacht, bedeutende Arzneimittel wären ohne diesen Forscherdrang nicht entwickelt worden.

7. Neugier und Begeisterungsfähigkeit

Unternehmer suchen spielerisch nach neuen Ideen, mit Zwang erreichen sie nichts. Weil sie von niemandem außer von ihrem Erfolg abhängig sind, dürfen sie auch einmal um die Ecke denken. Sie fragen sich: „Mal sehen, was passiert, wenn ich das so und so mache." Das beschreibt die Neugier eines Unternehmers am besten. Und da der spielerische Umgang nicht mit Zwang verbunden ist, führt er zu einer Begeisterungsfähigkeit, die man förmlich spüren kann. Den Ausspruch „Au ja, los, komm!" habe ich häufig vor der Umsetzung neuer Ideen gehört. Angestellte können diesen Wesenszug der Unternehmer schlecht verstehen. Für die „klugen Kenner, die klar denkenden ernsten Männer", wie Manager einmal beschrieben wurden, hat die Führung eines Unternehmens nichts mit Spiel oder Begeisterungsfähigkeit zu tun. „Der spinnt!", sagen sie, wenn der Chef wieder einmal mit einer neuen Idee auf sie einredet. Schade, denn so entgeht ihnen, wie Ideen geboren und wie begeistert sie in die Tat umgesetzt werden.

Wenn Sie den Punkten eins bis sieben aufmerksam gefolgt sind, stellen Sie fest, dass wir uns immer mehr zu kreativen und sogar musischen Fähigkeiten hinbewegen. Und allmählich entfernen wir uns damit auch von Eigenschaften wie Risikobereitschaft, Einsatzwille usw., die nicht nur bei Unternehmern, sondern auch bei Managern anzutreffen sind.

Pragmatismus, Flexibilität, Weitblick und Ausdauer sind übrigens keine Tugenden, auf die Unternehmer ein Monopol hätten. Es gibt in der Verwaltung, beim Militär oder auch in Schulen immer wieder Menschen, die unglaubliche Fähigkeiten besitzen. Wie überhaupt der Unternehmer kein besserer Mensch ist. In ihm vereinigen sich lediglich viele einzelne Eigenschaften, die zusammen das Bild von der Unternehmerpersönlichkeit ergeben. Und wenn zu den kognitiven Fähigkeiten die kreativen und künstlerischen hinzukommen, wird die Grenze zur Unternehmerpersönlichkeit erstmals überschritten.

8. Kreativität und schöpferische Kraft

Viele Unternehmer, die dieses Buch kritisch lesen und mit ihrem eigenen „Profil" vergleichen, würden sich nicht im Traum für künstlerisch begabt halten. In der Öffentlichkeit hält man Künstler für introvertiert, scheu, unrealistisch, verträumt; sie bringen nichts zustande und gelten als Versa-

ger. Dabei wird häufig übersehen, dass die Künstler, die sich nicht nur selbst ernannt, sondern es wirklich zu etwas gebracht haben, mit allen Wassern gewaschen sind. Herbert von Karajan hat in seinem Leben größere Reichtümer aufgehäuft als mancher Großindustrielle, auch wenn das verarmten Musikerkollegen und Berufskritikern nicht gefällt.
Auch der Unternehmer ist ein Künstler im positiven Sinne: Er baut auf, kreiert Neues. Er schafft Dinge aus genau dem gleichen schöpferischen Drang heraus wie ein Künstler. Das Ergebnis ist sein Werk, seine Schöpfung. Er erschafft ein lebendes Geschöpf – das Unternehmen. Und darauf ist er unendlich stolz. Diesen Stolz spürt man besonders in Gegenden, wo der unternehmerische Mittelstand vorherrscht, zum Beispiel im Schwäbischen oder im Sauerland. Dort spricht man von Unternehmern mit ihren eigenen „Fabrikchen" (im Sauerland ausgesprochen: Fabriksken), worauf sie mächtig stolz sind.
Daran ändert sich auch in staatlich gelenkten Volkswirtschaften nichts, auch dort braucht man denselben Typus Mensch mit den gleichen Eigenschaften. Wenn wir uns nun die Frage stellen, warum Unternehmen und Unternehmertum in freien Gesellschaften so viel besser gedeihen, stoßen wir auf die beiden letzten Geheimnisse.
Bisher haben wir noch nicht über Geld gesprochen. Glauben Sie nur nicht, ich wollte dieses Thema im Zeichen des Zeitgeistes zurückhalten. Im Gegenteil. Jeder Unternehmer kennt sie:

9. Suche nach Glück und Reichtum, bis hin zur Geldgier

Dass dies gerade bei Unternehmern so ausgeprägt ist, liegt an zweierlei Dingen: Einmal ist Geld das allgemeine Austauschmittel im wirtschaftlichen Prozess. Jedes Unternehmen rechnet in Geld ab. Geld ist nötig zum Bezahlen von Rechnungen, von Mitarbeitern. Ohne Geld keine Investitionen, keine Fabriken, keine Arbeitsplätze. Aber da ist natürlich auch noch die wirtschaftliche Unabhängigkeit des Unternehmers, der persönliche Reichtum und die Freiheit, sich alles leisten zu können. Die rein materielle Geldgier wird als Unternehmereigenschaft überbewertet. Denn was nutzt es, immer mehr Geld anzuhäufen, wenn die Brötchen nur aus Mehl und nicht aus Gold bestehen. Welchen Sinn ergibt es, immer noch mehr Reichtümer anzuhäufen? Irgendwann hat man alles: Rolls Royce, Privatjet, Segelyacht. Und eine glückliche Familie kann man sowieso nicht kaufen. Weshalb also immer mehr zusammenraffen?

Der Schlüssel zur Antwort liegt im Wort „verdienen“. Ich habe ihn erst entdeckt, als ich mich mit 45 Jahren aus dem aktiven Geschäft zurückgezogen habe. Endlich nur Freizeit und vom Vermögen leben – dachte ich. Nach einem halben Jahr überkam mich jedoch ein großes Gefühl von Minderwertigkeit. Ich war froh, als mich eine Gruppe Kölner Unternehmer bat, im soeben gegründeten Verband Neues Unternehmertum Köln-Bonn-Aachen den Posten des geschäftsführenden Vorstands zu übernehmen. Obwohl diese Position ehrenamtlich ausgeführt wird, hatte ich endlich wieder eine lohnende und zudem unternehmerische Aufgabe. Während dieser Zeit liefen die Börsen phantastisch, so dass die Vermehrung des Geldes kein Problem war. Aber es fehlte die Genugtuung, etwas verdient zu haben, eine Belohnung für unternehmerisches Handeln.
Und hier liegt die wichtigste Funktion des Geldverdienens, des „Reibach“- oder Profitmachens. Geldgier ist nichts anderes als die Suche nach Anerkennung. Deswegen kann der Unternehmer nicht genug davon bekommen. Dass dieses Geld wieder für neue Investitionen genutzt werden kann, stellt eine weitere positive Komponente dar. Aber der Wunsch, fünf Prozent Rendite zu erwirtschaften, verselbstständigt sich mit der Zeit, unabhängig von der Höhe der Beträge. Am Anfang sind es 50.000 Mark, später 500.000 Mark, aber es können auch fünf Millionen werden.
Ab einer gewissen Summe ist Geld nur noch das Maß der Anerkennung für das unternehmerische Handeln. Verluste verursachen Buh-Rufe, ein Prozent Rendite führt zu höflichem Applaus, aber bei fünf Prozent gibt's Standing Ovations: Bargeld ist der Beifall für den Unternehmer!

Somit hätten wir wichtige Eigenschaften des Unternehmers aufgezählt. Natürlich findet man auch bei anderen Menschen viele dieser Eigenschaften. Aber erst die Kombination dieser Tugenden ergibt den Unternehmer. Trotzdem: Etwas fehlt da noch. Etwas, das Voraussetzung und Ergebnis unternehmerischen Handelns ist.

10. Freiheitsdrang

Wie soll man eigene Ideen verwirklichen, wenn man sich ständig zuerst anstellen muss, bis man an die Reihe kommt? Und dann erklären einem die Vorgesetzten, dass sie das alles noch nie gehört hätten und was das überhaupt solle. Da macht man es lieber, wie man es selbst für richtig hält: Man macht sich selbstständig und wird Unternehmer. Einsatzwille, Ausdauer, Weitblick und alle bisher genannten Eigenschaften mögen fehlen, aber Freiheitsdrang besitzen sie alle: Unternehmer sein heißt frei sein!

Sparsamkeit

Früher brauchte man die Menschen nicht zur Sparsamkeit erziehen. Es war viel zu wenig vorhanden, um aus dem Vollen schöpfen zu können. Die Unternehmensgründungen des letzten Jahrhunderts, aber auch nach den beiden Weltkriegen, fanden unter äußerst widrigen Umständen in Zeiten großen Mangels statt. Deshalb mussten die Jungunternehmer jener Tage sparsam mit den ihnen zur Verfügung stehenden Ressourcen umgehen. Aber für das Gewinnstreben war das durchaus produktiv. Denn Gewinn erzielt man, indem man Wertschöpfung betreibt. Weniges zu vermehren ist aber einfacher, als aus Überfluss noch mehr zu machen. Wo zu viel Geld ist, wird selten welches verdient. Heute haben es junge Unternehmer leicht, früh an das große Geld zu kommen. Das mag für die finanzielle Ausrüstung und die Erfolgsaussichten des Unternehmens gut sein. Aber nur, wenn es nicht sofort „auf den Kopf gehauen" wird. Deswegen widme ich der Sparsamkeit ein eigenes Kapitel.

In letzter Zeit habe ich selbst mehrere Fälle erlebt, in denen bei Jungunternehmen nach Bewilligung von acht Millionen DM Startkapital noch nicht einmal zwei Monate später die Frage nach weiteren Mitteln gestellt wurde, obwohl noch keine einzige Mark umgesetzt worden war. Früher hätte ich nie geglaubt, was ich dann selbst mit einer amerikanischen VOBIS-Tochter erlebt habe. Binnen drei Monaten wurden drei Millionen Dollar „verbraten", ohne auch nur einen einzigen Kunden zu gewinnen.

Es wird auch interessant sein zu sehen, wie sich die mit immensen Geldern versorgten Aktiengesellschaften am Neuen Markt an der Frankfurter Börse entwickeln werden. Neulich hörte ich von einem Unternehmen, das beim Börsengang 80 Millionen DM kassiert hatte. Nur ein Jahr später musste eine Bank der AG wegen akuter Finanznot die Kreditlinie sperren. Das Geld steckt derweil in tollen Gebäuden. Die wurden mit unnützen Produkten gefüllt, und die Belegschaft war auch um 80 Prozent gewachsen. Die Leute machen immer wieder die gleichen Fehler.

Ganz gleich, wie viel Startkapital man besitzt: Gewinnstreben und Sparsamkeit sind eng miteinander verbunden. Leider machen große Konzerne immer wieder die Erfahrung, dass sie nicht in der Lage sind, neue Unternehmen zu gründen, eben weil sie zu viel Geld haben. Ich bin zwar kein Konzern, habe das aber selbst bei mir erlebt, als ich nach dem Ausscheiden aus VOBIS versucht habe, ein neues Unternehmen auf die Beine zu stellen. Alleine die Gründungskosten für Rechtsanwälte, Notare und andere Berater beliefen sich auf über 100.000,– DM. Das kann man wesentlich billiger haben. Aber ich habe es mir einfach gemacht nach dem Motto „Wir haben's ja!“. Leider habe ich mit diesem Unternehmen bis heute noch keine müde Mark verdient, und ich habe es aufgegeben, weitere eigene Gründungen in Angriff zu nehmen.
Reichtum wird langsam angehäuft, das Geld dazu stammt aus dem Gewinn. Der Gewinn ist das, was nach allen Einnahmen und Ausgaben übrig bleibt. Schon hier beginnen für viele Jungunternehmer die Missverständnisse. Im Laufe der Jahre habe ich viele Geschäfts- oder Businesspläne gelesen. Oft wurden hierin so fundamentale Begriffe wie Rohertrag, Gewinn und Überschuss einfach durcheinandergeworfen. Scherzhaft spricht man von den Jungunternehmern, die Umsatz mit Gewinn gleichsetzen. Es gibt wirklich Leute, die vom ersten eingenommenen Geld sofort einen teuren Sportwagen kaufen. Das kann natürlich nicht gut gehen. Erst durch Sparsamkeit bleibt nach Abzug von Warenbezug und Kosten noch etwas in der letzten Zeile der Gewinn- und Verlustrechnung übrig. Unternehmer, insbesondere die jüngeren unter ihnen, sind daher von Natur aus immer etwas „knauserig“. Wobei ich immer noch zwischen Kosten und Unkosten unterscheide. Kosten sind zum Beispiel Werbeaufwendungen. Selbst wer Geld zu verschenken hätte, bliebe darauf sitzen, wenn niemand davon weiß. Deshalb muss es bekannt gemacht werden – und das kostet etwas. Unkosten dagegen sind überflüssige Dinge wie Firmen-Pkws für alle, die damit nichts anderes tun, als in Urlaub zu fahren. Leider sammelt sich solcher Schnickschnack im Laufe guter, ertragreicher Jahre an, und am Ende riskiert man eine Palastrevolution, wenn man die Firmen-Pkws wieder abschaffen will.
Ganz besonders häufig finden sich diese unnützen Unkosten in der Position „Sonstige Kosten“ der Gewinn- und Verlustrechnung. Da wusste der Buchhalter schon nicht mehr, wie sie eigentlich entstanden waren. Und in dieser Position „Sonstige Kosten“ findet man dann häufig noch einmal eine Position „Sonstige Kosten“. Dem sparsamen Unter-

nehmer schlägt dies auf den Magen. Denn jede Mark, die dort ausgegeben wird, geht ihm am Ende verloren.
Man behauptet immer wieder, Unternehmen würden einer gewissen Dynamik unterliegen. Schön, wenn es so ist. Aber dann soll es in allen Bereichen so sein: bei Forschung, Innovation, Umsatz und Gewinn. Leider tendieren manche Unternehmen – besonders in guten, fetten Jahren – dazu, diese Dynamik auf der Kostenseite zu übertreiben. Kommen dann einmal magere Jahre, oder geht der Umsatz sogar zurück, sitzt man auf den Kosten und fährt Verluste ein. Auch ich habe diese leidvolle Erfahrung machen müssen. Mir wurde leider erst nachher klar, wie das funktioniert. Wenn ich Ihnen nun diesen Mechanismus erkläre, werden Sie am Ende schmunzeln, so, wie man über die Beschreibung aller Missstände in Unternehmen lächelt, sei es nun das Parkinsonsche Gesetz, Murphys Law oder das Peter-Prinzip. Ich finde, dass diese Kostendynamik fester Bestandteil jedes schnell wachsenden Unternehmens ist und möchte deshalb umso eindringlicher vor den Folgen warnen.
Stellen Sie sich einen PC vor (in den Anfängen unserer Firma benutzten wir eine Schreibmaschine). Zu Beginn – 1975 – waren wir zu zweit: mein Partner Rainer Fraling und ich konnten alles auf der Tastatur: Angebote, Rechnungen, Lieferscheine schreiben, Werbung verfassen oder Mahnungen versenden. Eben alles, was ein junges Unternehmen braucht. Nach einem Jahr machten wir bereits 1,7 Millionen DM Umsatz und hatten keine Zeit mehr, alles selbst zu machen. Wir stellten deshalb jemanden ein, der das Schreiben der Rechnungen und Lieferscheine übernahm, der Rest blieb bei uns. Wieder später – der Umsatz war bereits auf zehn Millionen DM gewachsen – wollte Fraling nur noch Preise verhandeln und ich nur noch Werbung machen. Die anderen Schreibarbeiten wurden von neuen Mitarbeitern übernommen. Irgendwann kamen die Mitarbeiter, denen Fraling und ich nach dem Delegationsprinzip mehr Gestaltungsspielräume ließen, auf die Idee, aufgrund des Wachstums und des damit verbundenen Mehraufwandes funktionsbezogene Verantwortungsbereiche zu vergeben. Daraus sind dann die Buchhaltung, der Vertrieb, Marketing usw. entstanden. Am Anfang konnten noch alle alles, jetzt gab es schon ein gewisses Spezialistentum. Bis hierhin ist dies alles noch nicht bedrohlich. Unsere Firma machte zu diesem Zeitpunkt 100 Millionen DM Umsatz – und selbst wenn er auf 80 Millionen gefallen wäre, hätte man in den Funktionsabteilungen entsprechende Personalmaßnahmen zur Kostenreduzierung einleiten können.

Was aber, wenn die Aufgabenverteilung nicht mehr funktionsbezogen, sondern willkürlich zergliedert wird? Man kennt das vom Fließband: Jeder macht einen Handgriff, auch wenn er nicht weiß, wofür. Als wir 1992 bei 1,5 Milliarden DM Umsatz angekommen waren, wurde – bildlich gesprochen – die Bedienung jeder einzelnen Taste am PC an eine einzige Person vergeben. Das kann man machen – wenn alle ausgelastet sind. 1993 aber ging der Umsatz in einigen Teilbereichen zurück. Durch die Flächenexpansion in ganz Europa stieg er zwar insgesamt noch, aber wir hatten doch in einigen Ländern Einbrüche.
Das muss ein gesundes Unternehmen durchstehen können. Immerhin hatten wir mit 1,5 Milliarden DM Umsatz 60 Millionen DM Profit gemacht. Warum sollte das jetzt bei drei Milliarden nicht mehr möglich sein? Wir mussten nur die Kosten reduzieren.
Unser mittlerweile fünfköpfiger Vorstand hatte sich darauf verständigt und die Abteilungsleiter gebeten, Vorschläge zur Personaleinsparung zu machen. Die eigenen Chauffeure hatte der Vorstand bereits als Zeichen guten Willens nach Hause geschickt. Warum sollten wir Wasser predigen und gleichzeitig Wein trinken? Leider aber blieb es bei dieser einen Maßnahme. Alle Abteilungsleiter konnten lückenlos nachweisen, dass sie auf keinen ihrer Mitarbeiter verzichten konnten. Ich habe das damals dem Geltungsdrang von Abteilungsleitern zugeschrieben, die ihren Status nach der Anzahl Untergebener bemessen. Heute weiß ich, dass sie wirklich glaubten, alle Mitarbeiter würden nach wie vor gebraucht, auch wenn die Arbeit nachweislich weniger wurde. Der Grund liegt darin, dass man die Arbeitsvorgänge unnötig „atomisiert“, also für jeden Buchstaben auf der Tastatur einen Verantwortlichen eingesetzt hatte. Es ist unmöglich, auch nur einen einzigen Brief zu schreiben, wenn nicht alle „Buchstabenverantwortlichen“ anwesend sind. Denn in jedem Brief kann ein „e“, ein „z“ oder ein Fragezeichen vorkommen. Also muss jeder Mitarbeiter an seinem Platz sitzen, auch wenn er im Extremfall nur einmal am Tag gebraucht wird. Nach diesem Prinzip hätten wir also schon zu Beginn unserer Firmengeschichte 67 Mitarbeiter gebraucht – einen für jede Taste –, um nur eine einzige Rechnung schreiben zu können!
Wenn man solch ein Unternehmen sanieren will, muss man Berge versetzen können. Denn nichts ist so unverrückbar wie ein einmal erworbener Besitzstand. Wer für „e“ zuständig ist, lässt sich nicht so leicht für ein „z“ in die Pflicht nehmen. Die Mitarbeiter werden mit Mehrarbeit argumentieren, auch wenn die Bedienung von „e“ und „z“ zusam-

men bei einem gesunkenen Geschäftsvolumen weniger Aufwand bedeutet als zuvor allein beim „e“.

Was lernen Sie als Unternehmer daraus? Je besser es läuft, je höher Umsatz und Ertrag, desto mehr müssen Sie auf die Kosten achten. Seien Sie nicht nur sparsam – seien Sie geizig! Irgendwann läuft es einmal schlechter, und dann laufen die Kosten davon. Umsatz und Ertrag sind in unserer sich schnell ändernden Welt äußerst variable Größen. Deshalb müssen die Kosten auch flexibel gehalten werden, wenn am Ende etwas übrig bleiben soll. Nicht nur gegen die Höhe der Arbeitskosten, sondern insbesondere gegen die Unflexibilität der Arbeitswelt wenden sich die Unternehmen. Es ist nur gerecht, wenn unsere Mitarbeiter mehr gezahlt bekommen als anderswo – wenn sie produktiver sind als andere. Aber viele Unternehmen stellen keine Arbeitnehmer ein, weil sie um ihre Flexibilität fürchten.

Sparsamkeit heißt nicht Geiz. Obwohl sie manchmal so aussieht. Besonders dann, wenn man einmal gewährte Wohltaten zurücknehmen muss. Bevor der Unternehmer zu großzügig wird – was man in guten Zeiten verstehen kann –, sollte er die Pfennige lieber zusammenhalten. Denn er wird die Unkosten nachher nicht mehr los. Und wenn, dann nur unter größtem Protest.

Wie einen die Rache der Belegschaft treffen kann, habe ich beim Fest zum 20-jährigen Bestehen von VOBIS erfahren. Davor wurde zu solchen Anlässen immer mächtig aufgetischt. Doch jetzt sollte beim Buffet etwas gespart werden, denn trotz ständiger Umsatzsteigerungen stagnierte der Gewinn bei 50 Millionen DM. Herausgekommen ist bei dieser Sparmaßnahme eine absolut ungenießbare Mischung aus allerlei preiswerten Nahrungsmitteln, die auch gegen Ende der Veranstaltung noch nicht angerührt worden waren. Hätte man sich bei früheren Veranstaltungen etwas weniger großzügig gezeigt, wäre uns diese Strafaktion durch die Unternehmensabteilung „Messen und Veranstaltungen“ erspart geblieben.

Nicht anders verhält es sich mit freien Getränken für alle Mitarbeiter, Firmen-Pkws für jeden, freiem Internetzugang an allen Arbeitsplätzen usw. Und wenn die Gebäudearchitektur mit abgeschlossenen Einzelbüros erst einmal steht, kann man diese „Ruheräume“ nie mehr abschaffen. Besser sind offene Strukturen: Man spart Bau- und Unterhaltskosten, und sie fördern die Kommunikation.

Obwohl die vielen Wohltaten dem Einzelnen nicht viel bedeuten und die Arbeitsleistung eher weniger als mehr wird (siehe Internetzugang im Einzelbüro), wird man sie nachher nicht mehr los.

Der gesunde Menschenverstand

Der Begriff „Gesunder Menschenverstand“ unterstellt leider, dass das Gegenteil der „ungesunde“ Menschenverstand ist, was aber viel zu weit geht. Viel treffender sind die Bezeichnungen „Common Sense“ aus dem Englischen oder einfach der Begriff der „Bauernschläue“. Dadurch wird nämlich ausgedrückt, dass es keines Studiums bedarf, um schlau oder erfolgreich zu sein. Eher das Gegenteil soll gelten: Der praktische Umgang mit der Natur, ihren Launen und Unabwägbarkeiten prägt den Bauern – der im Übrigen ein Musterbeispiel für wirkliches Unternehmertum darstellt. So wie der verschmitzte Bauer muss der Unternehmer auch Schlitzohr sein können. Nicht um andere „übers Ohr hauen“ zu können, sondern um die Dinge im richtigen Moment für sich zu nutzen. Daran ist nichts Verwerfliches, und die Angelsachsen, die für ihre Fairness, aber auch für ihre Härte bekannt sind, machen reichlich Gebrauch davon.

Am besten erklärt man den gesunden Menschenverstand mit Situationen, wo er ganz offensichtlich fehlt: Es gibt immer wieder Menschen, die sich nicht fragen, was sie gerade tun oder wie das, was sie tun, im Einklang mit ihren Zielen steht.

Ein Beispiel: Mein Partner Rainer Fraling hatte Recht, als er dringend von der Einstellung eines Filialleiters in Italien abriet. Der Bewerber hatte ihn nämlich stundenlang von Mailand nach Bologna gefahren, obwohl Rainer Fraling eigentlich in die entgegengesetzte Richtung wollte, nämlich nach Como. Der Filialleiter in spe hatte ignoriert, dass ihm die Sonne von rechts, also von Süden in den Wagen schien: Er konnte also unmöglich auf Westkurs Richtung Como sein. Da hätte er sie links sehen müssen. Der Aspirant auf den Posten eines Topmanagers, den ich ihm leider doch gab, war für keine Argumente gegen sein falsches Handeln zugänglich. Sechs Monate nach Ablauf seiner Probezeit mussten wir uns wegen weiterer Unplausibilitäten von ihm trennen.

„Gesunder Menschenverstand“ heißt: immer wieder fragen: „Bin ich richtig hier?“ Es gibt genügend Warnsignale, man muss sie nur wahrnehmen wollen! Wer ständig Plausibilitätskontrollen durchführt, merkt schnell, ob etwas stimmt oder nicht. Schöne Beispiele für unplausible Rechenexempel sind Sätze wie „Ich kaufe für 997 Mark ein und verkaufe für 1.000, da bleiben drei Prozent für mich!" oder „Wir machen zwar pro Stück 10 Mark Verlust, aber die Masse wird's bringen." Einfache Gegenrechnungen würden den Widersinn solcher Ansichten bloßlegen.

Aber wie oft wollen wir solche Warnsignale nicht hören! Es gibt leider zu viele Situationen, wo der gesunde Menschenverstand außer Kraft gesetzt wird – besonders, wenn man verliebt ist. Weil sich in diesem Zustand der Verstand verabschiedet, sollte man nie versuchen, mit Dingen, die man liebt, Geld zu verdienen. Solche Unternehmungen sind von vorne herein zum Scheitern verurteilt. Es gab in den 80-er Jahren hunderte von PC-Unternehmen, die alle nur deswegen gescheitert sind, weil deren Betreiber in die neue Technik allzu vernarrt waren. In diesen Firmen vergisst der Unternehmer im Zustand der eigenen Begeisterung, dass die Köder dem Fisch und nicht ihm, dem Angler, schmecken müssen.

Auch ich habe reichlich Lehrgeld bezahlt: Als Musikliebhaber fiel mir nichts anderes ein, als zur Eröffnung meines speziellen CD-Shops für klassische Musik Giuseppe di Stefano einzuladen. Viele werden ihn kaum kennen und erst recht keine CDs von ihm kaufen. Aber für mich war er als Partner von Maria Callas das Symbol erfolgreicher Plattenvermarktung. Von den Kosten der Eröffnungsfeier hat sich mein Shop bis heute nicht erholt – und nur einer gewissen Finanzkraft meiner Unternehmensgruppe ist es zu verdanken, dass er noch nicht zugemacht hat.

Das klingt nach weiser Einsicht. Aber immer wieder fällt man auf sich selbst herein, und der gesunde Menschenverstand verabschiedet sich. Ich will überhaupt nicht zu übertriebener Sachlichkeit ermahnen – ganz im Gegenteil: Unternehmer müssen Träume haben. Aber gerade deswegen tappen sie ab und zu in die Traumfalle. Niemand will immer wieder jeden Schritt hinterfragen. Dem Traum muss man auch ohne ständige Angst folgen können. Aber leider schleichen sich bei den weniger kritischen Zeitgenossen kontraproduktive Verhaltensweisen ein. Besonders in Stresssituationen führt das schnell zum Selbstbetrug. Es gibt zum Beispiel immer wieder Unternehmer, die glauben, was ihnen die Agenturen sagen, wenn sich trotz hoher Werbeausgaben keine Erfolge einstellen: „Die Werbung muss erst einmal wirken, das kommt schon noch!" Oder bei schlecht besuchten Ausstellungen und Messen: „Die Leute kommen nicht gleich am ersten (zweiten, dritten ...) Tag."

Die schlimmste Fehleinschätzung eines Unternehmers habe ich in USA erlebt, als unsere Tochtergesellschaft die Gruppe Fleetwood Mac verpflichtet hatte, um anlässlich der Computermesse COMDEX im Grand Garden Theatre des MGM-Hotels in Las Vegas ein kostenloses Konzert zu geben. Der Manager hatte keine Notwendigkeit für Werbemaßnahmen gesehen, weil er glaubte, ein kostenloses Konzert mit dieser Gruppe werde sowieso überfüllt sein. Als wir dann die 14.000 Zuschauer fassende Arena mühsam zu einem Drittel gefüllt hatten, meinte er frohlockend, das sei gut so, denn sonst wäre es womöglich zu voll geworden, und wir hätten bei Verletzungen Schadenersatz leisten müssen. Man glaubt es kaum, was Menschen einfällt, um Fehlentwicklungen und Fehleinschätzungen zu rechtfertigen. Das grenzt an Selbstbetrug und führt am Ende zu Halsstarrigkeit und Rechthaberei. Man stelle sich folgende Situation vor: Jemand will auf eine Südseeinsel, verirrt sich aber auf einen Eisberg. Statt jetzt Fehleranalyse und Schadensbegrenzung zu betreiben, findet der Verantwortliche den Eisberg noch viel besser als die Südsee, weil es dort nicht so heiß ist, wie er befürchtet hat. Außerdem wird er auch noch aggressiv, weil er sich „erwischt" fühlt.

Viele dieser Fehler kenne ich aus Erfahrung, und auch ich bin nicht frei davon. Denn auch der gesunde Menschenverstand ist nichts Angeborenes, das ein Unternehmer mitbringen muss, sondern er entwickelt sich im Laufe vieler Jahre.

Leider hat auch dies seine Tücken: Denn der altgediente Unternehmer, weise geworden im Laufe der Jahre, schöpft seine Erkenntnisse aus Vergangenem. Leute wie ich, die seit 25 Jahren Unternehmer sind, neigen manchmal zur Über-Vorsicht und kritisieren andere schnell wegen ihres mangelnden gesunden Menschenverstands. Die Risikobereitschaft lässt nach, und am Ende besteht die Gefahr, neue Ideen im Keime zu ersticken.

Da ist wieder der richtige Unternehmer gefragt: Er soll sich den Rat erfahrener Berater anhören, die Situation abwägen – und am Ende doch selbst entscheiden.

Unternehmensführung

Uff! All diese in den vorangegangenen Kapiteln beschriebenen Tugenden soll ein Unternehmer also besitzen?! Und es geht noch weiter: Manch aufmerksamer Beobachter wird die Begriffe Pioniergeist und Disziplin vermisst haben. Das Wort Disziplin mag ich nicht: Es klingt so unfrei, und außerdem sagt man Unternehmern mehr Disziplinlosigkeit nach als Managern. Außerdem erklären die Tugenden Ausdauer und Einsatzwille genauer, wie ein Unternehmer veranlagt sein muss. Der Begriff Pioniergeist klingt nach Expeditionen in unerforschte Gebiete. Für den Beginn der Industrialisierung mag das vielleicht gegolten haben, aber in der heutigen Zeit entstehen neue Ideen mehr durch die Schaffung neuer Kombinationen von bereits Bekanntem. Der Begriff Pioniergeist ergibt sich außerdem aus den Begriffen Neugierde, Begeisterungsfähigkeit, Kreativität.

Und da ist noch die Fähigkeit des Unternehmers, andere für sich arbeiten zu lassen, oder – höflicher ausgedrückt – Unternehmen und vor allem Menschen zu führen. Da es sich dabei aber eher um eine Befähigung als eine Tugend handelt, wurde sie im vorigen Kapitel nicht erwähnt. Aber sie ist so wichtig, dass ich ihr hier ein eigenes Kapitel widme.

So wenig Literatur es zum Thema Unternehmertum im Allgemeinen gibt, so viel kann man über die Führung von Unternehmen finden. Es besteht ein großer Bedarf an Informationen, wie man über das Entwickeln einer Geschäftsidee hinaus auch an die nötige Kompetenz zur Führung eines Unternehmens herankommt. Die entsprechende Fachliteratur richtet sich wohl auch an solche, die erst noch Chef werden wollen, zum Beispiel an karrieremachende Manager. Da muss man natürlich informiert sein, welche Methode die Fachwelt zur Zeit für die Behandlung von Mitarbeitern bevorzugt.

Leider aber haben nur Manager Zeit, sich das Einheitsfachwissen auf entsprechenden Seminaren zu holen. Ein junger Biologiestudent, der seine Entdeckung, Erfindung oder seine Idee vermarkten will, kommt nicht dazu, über solche Dinge nachzudenken. Natürlich sagt er sich:

Das Unternehmen bin ich, und wenn es Probleme gibt, dann bin ich das Problem, weil ich es nicht schaffe. Wer redet da von Mitarbeiterführung? Diese Denkweise ist auf den ersten Blick falsch, denn auch ein junger Unternehmer muss seine wenigen Mitarbeiter richtig führen. Aber dennoch hat unser Student nicht Unrecht. Denn unterschwellig glaubt er, dass niemand – auch nicht eine unmotivierte Mitarbeiterschaft – seinen Erfolg aufhalten kann, wenn nur seine Idee gut und der Markt reif dafür ist. Hinzu kommt sein unbeirrbarer Wille, sich voll und ganz für das Projekt einzusetzen. Das soll schon reichen. Und oft tut es das auch. Das sind typische Unternehmereigenschaften.

Nach meinen Erfahrungen besteht die erfolgreiche Führung eines Unternehmens zum großen Teil in der Fähigkeit des Unternehmers, „günstige Winde" auszunutzen. Dazu gehört das „Näschen" für diese günstigen Strömungen am Markt und natürlich auch Glück. Ich kenne Unternehmer, die machen alles falsch, sind faul und arrogant – und dennoch sind sie erfolgreich. Sie haben einfach zum richtigen Zeitpunkt aufs richtige Pferd gesetzt. Andere dagegen strampeln sich nach Kräften ab, tun immer wieder das Richtige – und dennoch ist ihnen kein Erfolg beschieden. Wer nicht rechtzeitig nach neuen Chancen sucht, läuft am Ende Gefahr, einen todkranken Patienten künstlich am Leben erhalten zu müssen.

Aber wann ist der Zeitpunkt gekommen, Altes zu zerschlagen und zu neuen Ufern aufzubrechen? Das ist die eigentliche Aufgabe des Unternehmers, und so führt er seine Mitarbeiter. Erfolgreiche Unternehmen suchen schon dann nach neuen Gewinnchancen, wenn der Höhepunkt der traditionellen Geschäftsfelder noch nicht erreicht ist. Denn dann können sie aus den noch bevorstehenden Profiten der bereits laufenden Geschäfte die Entwicklung neuer Ideen finanzieren. Das ist unbequem, und die menschliche Trägheit verleitet eher zum Bremsen als zum „Gas geben". Aber einer muss die Dinge vorantreiben! Denn: Stillstand ist Rückstand.

Wer außer dem Unternehmer selbst wäre berufener, das Unternehmen immer wieder nach vorne zu bringen. Indem er den Erfolg vergangener Taten geschickt zur Motivation seiner Mitarbeiter ausnutzt, kann er zu neuen Ufern streben. Wenn man auch dort siegreich ist, geht es auf zur nächsten Eroberung. Nichts motiviert mehr zum Erfolg als der Erfolg selbst. Immer wieder sind Schlachten zu schlagen, und die Gewissheit, siegen zu können, verleiht die nötigen Kräfte. Auch Fußballtrainer wissen das.

Es ist wie bei unserem Beispiel vom Trapezturner: Manche haben von Anfang an das richtige, erfolgreiche Programm, die Umgebung stimmt, die „Gags“ stimmen und er wird immer erfolgreich sein. Seine Mitarbeiter und sein Publikum werden ihm immer folgen. Ganz anders kann es dem ergehen, dessen Start unter einem ungünstigen Stern steht. Wenn alles vermurkst ist, kann er ein noch so guter Artist sein – er wird keinen Erfolg haben. Man schleppt sich von Misserfolg zu Misserfolg, die eigene Truppe ist demotiviert und wird von Tag zu Tag lustloser. Da helfen keine Motivationsübungen oder Mitarbeiterbeteiligungsmodelle; die Sache ist gründlich schief gegangen.
Es gibt beides: den Start unter gutem und den Start unter schlechtem Stern, unabhängig vom Unternehmer, der nach außen erfolglos oder erfolgreich erscheint. Diese Erkenntnis mag verwirrend klingen. Soll jetzt auf einmal nicht mehr der bessere Unternehmer den größeren Erfolg haben?
Manchmal ist es so: Es kommt ganz erheblich auf die ersten Schritte an, wie sich ein Unternehmen entwickelt. In den Erfolgsstorys kann man es immer wieder nachlesen: Ganz zu Beginn kommt es unverhofft zu einem Boom, der noch größer ist, als man gehofft hat. Das motiviert, und man startet in die erste Expansion. Hier zeigt sich nun wieder der echte Unternehmer. Hat der Start noch viel mit Glück zu tun (Rockefeller soll einmal gesagt haben: Nach der ersten Million dürft ihr mich nicht fragen, den Rest kann ich euch erklären), wird jetzt konsequent von Sieg zu Sieg gekämpft. Das Betriebsklima in solchen Firmen ist unglaublich gut, Überstunden sind kein Problem und der Führungsstil des Unternehmers ist locker. Er muss nur – und das ist seine eigentliche Aufgabe – immer wieder Chancen aufspüren und seine Truppe darauf ansetzen. Einzelne Misserfolge schmälern die Freude bei der Arbeit nicht. Im Gegenteil: Ein Feldherr, der alle aus einer brenzligen Situation rettet, wird nachher umso mehr verehrt.
Obwohl viele Unternehmer nichts von Motivationsforschung verstehen, sind sie trotzdem erfolgreich. Sie fragen sich selbstverständlich, wie man diesen Erfolg über Jahre hinweg sichern kann. Manche neigen dazu, jedes Belegschaftsmitglied am Unternehmen zu beteiligen. Das ist ein Fehler, denn die Mitarbeiter wollen nur am Erfolg partizipieren. Erfolg ist aber keine Einbahnstraße. Wie gut die Mannschaft wirklich ist, wird sich noch zeigen: Nicht bei schönem Wetter, sondern im Sturm!

Ich mag keine Unternehmensgründungen, bei denen die ersten Planzahlen nicht erreicht werden. Das gilt übrigens nicht nur für ganz neue Unternehmen, sondern auch für die Errichtung von Tochtergesellschaften. Oben habe ich schon beschrieben, wie die Übererfüllung des Erhofften einen großen Motivationsschub für alle mit sich bringt. Man fühlt förmlich, wie alles, was man anfasst, unter einem günstigen Stern steht.

Doch wehe, wenn sich die Pechsträhnen häufen. Ich habe bei Börsengängen junger Unternehmen erlebt, wie alle Mitarbeiter mit Aktienoptionen beschenkt wurden. Natürlich war die Stimmung gut, denn die Geschäfte gingen blendend, sonst hätte man den Schritt an die Börse nicht gewagt. Nach ein oder zwei Fehlschlägen am Markt, die der Unternehmer nicht alleine zu vertreten hatte, stürzte der Kurs der Aktie deutlich ab. Die Mitarbeiter kümmerten sich jetzt weniger um Produkte oder Kunden. Sie interessierte nur das Auf und Ab des Börsenkurses. Damit war die Motivation hin. Alle Versuche, Unternehmensführung auf das möglichst harmonische Miteinander zu stützen, waren leider fehlgeschlagen. Jetzt kamen die Unternehmensberater, die gegen saftige Bezahlung verlorene Einsatzfreude zurückbringen sollten. Dazu wurden endlose Meetings einberufen. Ich bezeichne sie immer als esoterische Selbstfindungsgruppen, weil sich alle ausschließlich mit sich selbst beschäftigen: Wer kann mit wem nicht? Warum dauert alles so lange? Warum werden meine tollen Verbesserungsvorschläge nicht berücksichtigt? Warum sagt mir keiner was? ... Über den Markt und die Kunden spricht keiner.

Muss man eine lustlose Truppe erst motivieren, wenn das Boot ein Leck hat, und alle mit Mann und Maus untergehen? Reicht die drohende Gefahr nicht aus? Wenn es nicht von selbst geht, dann hilft nur eines: Schluss mit dem Schmusekurs! Wer willens ist, an Bord zu bleiben, kümmert sich sofort mit ganzer Kraft um die Behebung des Schadens, alle anderen mögen das Schiff bitte verlassen, am besten freiwillig.

Es ist immer wieder erstaunlich, wie viele Unternehmenslenker hier völlig falsch reagieren – nämlich überhaupt nicht. Die halbherzige Vorgehensweise unter dem Motto „Gemeinsam werden wir es schon schaffen“ führt leider dazu, dass sich jeder auf den anderen verlässt. Analysen von Firmen in Not ergeben immer wieder, dass viel zu spät mit dem Abbau von Kosten, insbesondere der Personalkosten, begonnen wird. Dabei ist überzähliges Personal doppelt ungünstig: Erstens kostet es Geld, und zweitens tun diese Menschen ja alle etwas. Damit

muss sich der Rest des Unternehmens durch Diskussionsrunden und mit Aushängen an Schwarzen Brettern herumschlagen. Da werden dutzende Arbeitsanweisungen zum Ausblasen von Streichhölzern verfasst, während die ganze Firma brennt.
Hier ist der echte Unternehmer gefragt, der den Mitarbeitern klar macht, wo es lang geht, und der nicht nur den Moderator spielt. Moderieren, den Leuten auf die Schulter klopfen und sich nach dem Befinden der Katze erkundigen kann man bei schönem Wetter. Aber kurz vor dem Untergang, den jeder erfolgreiche Firmenlenker schon einmal im Nacken gespürt hat, sind wirklich härtere Maßnahmen gefragt. Alle Unternehmen, die älter als zehn Jahre geworden sind, haben eine solche Situation schon einmal erlebt. Wenn man sich die Einzelheiten einer erfolgreichen Krisenbewältigung ansieht, fallen immer wieder die einschneidenden Maßnahmen auf, die ergriffen wurden.
Aber es fällt auch immer wieder auf, dass der Unternehmer nicht nur mit Untergang und Verderben droht, sondern den Mitarbeitern eine Idee vom Licht am Ende des Tunnels gibt. Sie müssen den versprochenen Erfolg fast schon spüren können – das ist die beste Motivation.
Die echten Unternehmer sind sich auch nicht zu fein, selber anzupacken, obwohl dies von Managementschulen immer wieder abgelehnt wird. Aber für mich praktiziert der Feldherr, der sich nicht ständig nach hinten in die „Etappe“ verdrückt, sondern in Zeiten großer Gefahr selbst nach vorne eilt und „Mir nach!“ ruft, immer noch die glaubwürdigste Menschenführung. Außerdem stellt man schnell fest, wer wirklich motiviert ist. Während es in den esoterischen Selbstfindungszirkeln sehr schwer ist, die wirklich motivationsfähigen Leute herauszufinden – es gibt leider viele Flaschen, die gut schwätzen können –, kommt in der Offensive die Stunde der Wahrheit. Wer bei einer Schieflage des Unternehmens bei der Lösung der Probleme immer nur hinten sitzt und diskutiert, ist überzählig.
Diese Unternehmensführung, die sicherlich eine der umstrittensten Thesen dieses Buches ist, setzt natürlich ein starkes Vertrauensverhältnis zwischen Unternehmer und Mitarbeitern voraus. Das kann sich erst im Laufe langer Jahre herausbilden. Deshalb ist diese Art der Führung für die meisten Manager, die bis zum nächsten Karrieresprung nur kurze Zeit auf ihrem Geschäftsführer- oder Vorstandsposten bleiben wollen, ungeeignet und wird von Managementschulen abgelehnt. Aber uns geht es ja mehr um die Menschen, die ein Unternehmen aufbauen, um langfristig mit ihm verbunden zu sein.

Bei der von meinem Partner Rainer Fraling und mir gegründeten VOBIS war es uns tatsächlich in mehr als zwanzig Jahren gelungen, ein solches Vertrauensverhältnis aufzubauen. Aber Vorsicht! Das gilt nur für die Mitarbeiter, die uns unmittelbar zu „spüren“ bekamen, also die Mitarbeiter aus der frühen Epoche im deutschsprachigen Raum. Für die Tochtergesellschaften in Frankreich, Spanien und Italien galt dies nicht mehr. Auch das war 1989 ein Grund, VOBIS durch die 50-prozentige Hinzunahme eines großen Handelskonzerns personell so zu verstärken, dass die Führung dieser Einheiten ohne die typischen Unternehmerelemente funktionierte. Denn die Bildung eines Führungsstils nach obigem Muster setzt langwährende Präsenz voraus.
Nach dem Ausscheiden aus VOBIS, der ich 22 Jahre lang als Geschäftsführer und Vorstand angehörte, habe ich den Unterschied bei anderen Firmen, die ich teilweise oder ganz erworben hatte, deutlich erleben können. Während ich mir VOBIS maßgeschneidert zurechtgeformt hatte – jeder wusste, was ich denke, jeder hörte auf mich –, waren Versuche, in den Neuerwerbungen ein ähnliches Klima zu schaffen, fehlgeschlagen. Ich konnte nicht einfach irgendwo anders auftauchen und wie früher rufen: „Mir nach!“ Ich werde zwar geachtet, und natürlich könnte ich alle Entscheidungen alleine durchsetzen. Aber was nützt das, wenn die Mitarbeiter nicht motiviert sind? Kein Wunder: Sie kennen mich gerade einmal aus der Zeitung. Um das erforderliche Vertrauensverhältnis herzustellen, braucht man eine lange Zeit, die ich aber für sechs oder sieben unternehmerische Beteiligungen persönlich nicht aufbringen kann. Also bediene ich mich in diesen Firmen eines professionellen Managements, das aber leider, wie wir alle wissen, nicht unbedingt über Unternehmerqualitäten verfügen muss.
Man sagt, Charisma sei eine wichtige Führungseigenschaft des echten Unternehmers. Ich stimme dem nicht zu. Meiner Erfahrung nach ist Charisma eine Frage des Dienstalters. Charismatisch wird man in den Augen seiner Mitarbeiter zwangsläufig, wenn man jahrelang, jahrzehntelang ein Unternehmen geführt hat. Das gilt übrigens für Unternehmer wie Manager gleichermaßen. Und die Tatsache, dass man sich so lange halten konnte, spricht dafür, dass man es ganz erfolgreich hinbekommen hat. Viele Biographien beweisen es: Am Anfang begegnet man dem Chef misstrauisch, nach ein paar Jahren hat man sich an ihn gewöhnt, und am Ende ist er eine lebende Legende. Da geht es Unternehmern nicht anders als Bundeskanzlern.

Jetzt versteht man auch, warum jungen Menschen selten Charisma zugesprochen wird. Sie haben es noch nicht – woher auch? Wer also ein Unternehmen gründen will, aber nur deswegen zögert, weil er meint, das zur erfolgreichen Unternehmensführung angeblich erforderliche Charisma nicht zu haben, braucht sich nicht zu beunruhigen.

Eine der schönsten Beschreibungen effektiver Menschenführung stammt von Herbert von Karajan, der im französischen Fernsehen einmal gefragt wurde, wie man erfolgreich ein Orchester führt. Durch straffe Führung, ständige Kontrolle oder durch ein Höchstmaß an Freiheit. Er berichtete von einer Begebenheit, die sich während seiner Ausbildung zum Piloten seines Privatjets zutrug. Nach den ersten Versuchen, sich mit der Maschine vertraut zu machen – was erfahrungsgemäß bei einem neuen Flugzeugtyp immer zu etwas abrupten Flugbewegungen führt –, habe sein Fluglehrer ihm gesagt: „Ne dérangez pas l'avion! Lass das Flugzeug in Ruhe fliegen!“ Man soll den Dingen, nachdem man ihnen die richtige Richtung, Geschwindigkeit und Höhe gegeben hat, ruhig einmal freien Lauf lassen. Das ständige Herumgezerre macht Flugzeuge wie Orchester und Unternehmen nur nervös.

Aufgrund meiner großen Affinität zu diesen drei Welten – Musik, Flugzeuge, Unternehmen – ist dies einer meiner bewährtesten Grundsätze geworden. Wenn ich einmal nicht weiterweiß, dann halte ich mich daran.

Unternehmerteams

Ich hätte nicht im Traum daran gedacht, mich selbstständig zu machen, wenn man mir gesagt hätte, all diese Tugenden und Fähigkeiten, die bisher erwähnt wurden, müsse man besitzen. Meine Eltern übrigens auch nicht, denn die kannten mich. Ich war zwar ziemlich risikobereit, was meine schulischen Leistungen betraf, aber von unbedingtem Einsatzwillen konnte bei mir keine Rede sein. Weitsicht hat ein 18-Jähriger auch nicht, deshalb bekommt er auch nicht so schnell graue Haare.

Aber ich war schon immer begeisterungsfähig, ich liebte das „Au ja, los komm!“. Mit 16 hatte man mir das Amt des Chefredakteurs unserer Schülerzeitung anvertraut. Was ich nicht wusste: sie war pleite. Also tingelte ich los und ging bei der örtlichen Geschäftswelt Klinken putzen. Not macht erfinderisch, und so bot ich den Firmen an, einen redaktionellen Beitrag über ihr Unternehmen zu veröffentlichen, wenn dabei ein Werbeauftrag für uns herauskommt. Die Aktion war ein Riesenerfolg und die Zukunft des Blattes war gesichert (jede Ähnlichkeit mit anderen Pressemedien wäre rein zufällig).

Ich hatte Neues gelernt. Man setzt sich ein Ziel und auf dem Weg dorthin eignet man sich vieles an, was ein richtiger Unternehmer braucht. Aber zum Aufbau einer eigenen Firma hätte es in diesem Stadium bei mir dennoch nicht gereicht. Ich dachte auch überhaupt nicht daran, denn ich wollte doch Konzertpianist werden, auf den großen Podien der Welt Konzerte geben, um den tosenden Beifall der Massen entgegenzunehmen. Leider fiel ich bei einem lokalen Klavierwettbewerb durch. Da war mir klar: Es gibt keine Standing Ovations.

Also beschloss ich, Mathematik zu studieren – das einzige Fach in der Abiturprüfung, in dem ich ein „befriedigend“ aufweisen konnte; der Rest war „ausreichend“ oder noch schlechter. Nach den ersten beiden Studienjahren, in denen ich mich sehr schwer tat, meinte der Staat, auf meine Mitwirkung bei der Verteidigung der Republik nicht verzichten zu können – und so kam ich zu den Fliegern. Leider nur am Boden, denn ich wurde zum Flugzeug-Navigationsmechaniker ausgebildet. Das ist bis heute mein einziger erlernter anständiger Beruf.

Nach zwei Jahren wandte ich mich wieder dem Mathematikstudium zu und machte mit einem 13 Jahre älteren Kommilitonen, Rainer Fraling, so manche Geschäfte. Dazu gehörten Druck und Vertrieb von Studienbegleitheften oder Veranstaltungen von *Riverboatshuffles* auf einem nahe gelegenen Fluss. Hier lernte ich zum ersten Mal, wie man richtig Geld verdient. Wir nannten es ungeniert *Reibach machen*. Diese Erfahrungen sind sehr wichtig. Vielen Jungunternehmern fehlt sie heute: Sie haben sich daran gewöhnt, Verluste zu machen, solange nur ein zahlungskräftiger Investor die immer neuen Löcher stopft.
Dass man auch selbstständig Geld verdienen kann, wusste ich nur vom Hörensagen. Ich wäre nie darauf gekommen, denn bisher hatte ich zur Aufbesserung meiner Studienkasse immer Aushilfsjobs angenommen. Aber seitdem ich meinen zukünftigen Geschäftspartner kennen gelernt hatte, machte es Spaß. Und von den vielen Aktivitäten wurde dann schließlich die Handelstätigkeit mit den ersten wissenschaftlichen Taschenrechnern zum großen Erfolg. 1975 gründeten wir die VERO GmbH, die später in VOBIS umbenannt wurde. Bis zu unserem Ausscheiden im Jahre 1996 wurde daraus Europas größte Handelskette für Mikrocomputer.
Dabei wäre ich mit Sicherheit durch jeden Unternehmereignungstest gefallen. Lassen auch Sie sich durch solcherlei modernen Schnickschnack nicht entmutigen. Diese neuzeitlichen Auswahlverfahren züchten eine ganz neue Gattung von Prüflingen, die darauf gedrillt sind, durch opportunistische Verhaltensschemata jeden dieser Tests zu bestehen. Unbequeme und kreative Exemplare fallen dabei regelmäßig durch.
Selbstzweifel sind natürlich immer angebracht, vor allem bei der Fülle der Anforderungen. Deshalb finden sich immer öfter mehrere Personen, die sich, genau wie mein Partner und ich, gemeinsam selbstständig machen. Die Stärken addieren sich und die Schwächen werden dadurch ausgeglichen. Zusätzlich wächst die Zahl der möglichen Kombinationen von bereits Bekanntem. Unternehmer wird man nämlich nicht, weil man jeden Tag eine neue Erfindung macht oder das Ei des Columbus entdeckt. Wer Vertrautes neu zusammenfügt, schafft erstaunliche Geschäftsideen. Das Internet zum Beispiel kennt jeder und Auktionen gibt es sogar seit Jahrtausenden. Doch die Kombination aus beidem, die überall aus dem Boden sprießenden Internetauktionen, sind weltweit der große Renner. Aber erst einmal darauf kommen! Wer es nicht alleine versucht, sondern sich mit Partnern zusam-

mentut, hat eher die Chance, Erfolg versprechende Verknüpfungen zu finden.
Sehen wir uns die unternehmerischen Kardinaltugenden noch einmal an: Viele davon widersprechen sich sogar, wie zum Beispiel Flexibilität und Ausdauer. Der kreative Mensch ist nicht immer derjenige mit dem größten Weitblick. Er will sofort und ohne lange Umschweife zum Zuge kommen. Es ist schwer, Standard-Menschentypen zu beschreiben, denn es gibt sie nicht. Berater von Banken, Beteiligungsgesellschaften, aber auch Aktionäre bevorzugen dieses Schubladendenken, um die unterschiedlichen Qualitäten von Unternehmern katalogisieren zu können. So könnte man mit aller Vorsicht sagen, dass der eine Typus eher die Eigenschaften Einsatzwille, Ausdauer und Weitblick bevorzugt, während der andere mehr Risikobereitschaft, Flexibilität und Kreativität zeigt. Wenn sich – rein theoretisch – genau diese zwei finden, hätte man das optimale Unternehmerteam. Aber ich mag diese „Man nehme"-Rezepte nicht. Das Leben ist kein Baukasten. Manchmal sind die Personen völlig gleich, nur in einem Punkt unterscheiden sie sich. Sie ergänzen sich deshalb so stark, weil dabei eine optimale Kombination herauskommt.
Im Voraus kann man schlecht sagen, ob zwischen den Partner die Chemie stimmt. Die rein sachliche Ebene sollte kein Problem sein, denn es geht allen darum, Geld zu verdienen. Wenn Fraling und ich einmal unterschiedlicher Ansicht waren, dann hatte derjenige mit einer neuen Idee das Recht, sie umzusetzen. Ging es schief, hatte er sich blamiert, und der andere hatte Recht. Im Laufe der Jahre hatte jeder seine Erfolge, und keiner sprach über die vielen Pannen.
Wie es überhaupt jeder Partnerschaft dient, wenn niemand nachtragend ist. Ich erinnere mich an manchen Streit zwischen uns, der für Außenstehende nach sofortiger Beendigung unserer Zusammenarbeit ausgesehen haben mag. Aber am nächsten Morgen war alles vergessen. Schwieriger wird es, wenn die emotionale Ebene nicht stimmt, man sich also nicht riechen kann. Das kommt in den besten Familien vor, und ich kenne sehr erfolgreiche Unternehmen, in denen Geschwister die Geschäfte führen, die nur über ihre Anwälte kommunizieren.
Auf den ersten Blick harmlos erscheint ein ungleiches Rollenverständnis, wo einer der Partner den Ton angibt. Das kann sachlich bedingt sein durch unterschiedlich hohe Unternehmensanteile oder auch nur durch mehr Erfahrung oder höheres Alter. Aber es schadet dem freien Spiel der Ideenfindung, dem *Brainstorming*. Als ich zum ersten Mal an

einer solchen Sitzung bei der Bundeswehr teilnahm, konnte ich sofort erkennen, wo die Grenzen des ansonsten sinnvollen Brainstormings liegen: In hierarchisch strukturierten Versammlungen funktioniert es nicht. Ein Untergebener wird sich hüten, „dummes Zeug“ von sich zu geben, auch wenn sich dahinter eine gute Idee verbirgt. Die, die es trotzdem nicht lassen können, werden von Vorgesetzen mitleidig betrachtet und nicht selten von Gleichgestellten verspottet: „Der schon wieder!“ Erst in hierarchielosen Gemeinschaften gedeihen „Schnaps-Ideen“. Oft findet man erst durch unkontrollierte Rede und Gegenrede die Lösung eines Problems. „Dazwischenquatschen“ ist ausdrücklich erwünscht. So funktioniert natürlich nur eine Partnerschaft, in der keiner den anderen dominiert.

Was nicht heißt, dass man Aufgaben nicht verteilen soll. Bei traditioneller Bankenbeurteilung hört man immer wieder die Unterscheidung Kaufmann oder Produktmensch. Der Kaufmann wird deutlich bevorzugt, weil er den Banken die Zahlen liefert, anhand derer sie eine Entscheidung treffen können. Der Produktmensch hingegen ist nur so ein Mensch, der in seine Spielzeuge verliebt ist und ständig neue Risiken aufbaut. Leider hat die für moderne Unternehmen unzureichende Führungsstruktur nach dem GmbH- und Aktiengesetz zu diesem Schablonendenken geführt. Die Geschäftsführung oder der Vorstand besteht aus zwei oder drei Personen, einer kennt die Produkte, einer tritt nach außen auf und der dritte ist der Finanzmann. Darüber thront dann der Beirat oder Aufsichtsrat, der sich alle paar Monate bei Kaffee und Kuchen mehr schlecht als recht über den Geschäftsverlauf informieren lässt.

Die amerikanische Konstruktion ist hier viel effizienter. Nur zwei Personen des Board of Directors müssen aktiv und ständig verfügbar sein: der CEO (Chief Executive Officer) und der CFO (Chief Financial Officer). Die anderen Board-Mitglieder, auch der Chairman (also der Vorsitzende), müssen nicht operativ tätig sein (non executive). Gleichwohl gehören sie dem Vorstand an und nehmen an allen Entscheidungsprozessen in den regelmäßigen monatlichen Boardmeetings teil. Dadurch befinden sich in diesen Vorständen die unterschiedlichsten Personen mit den vielfältigsten Eigenschaften. Das führt zu einer wesentlichen Bereicherung des Entscheidungsfindungsprozesses, denn natürlich hat jeder sein eigenes Stimmrecht.

Aus den USA ist mir so gut wie keine erfolgreiche Firmengründung aus der letzten Zeit bekannt, wo sich ein Einzelkämpfer selbstständig ge-

macht hat. Die Gründung durch ein Unternehmerteam ist der Normalfall geworden, auch wenn man später einmal den Namen des Mitbegründers vergisst (wie zum Beispiel Paul Allen bei Microsoft). Auch bei uns in Deutschland setzt sich dieser Trend durch, und das ist richtig so. Beim Verband Neues Unternehmertum sind alle wichtigen Firmengründungen der letzten Jahre so durchgeführt worden. Da man als „Ziehvater" dieser Neugründungen einen ziemlich tiefen Einblick in die persönlichen Ansichten der Jungunternehmer erhält, weiß ich, dass es in mindestens zwei Dritteln der Fälle nicht zur Errichtung einer neuen Firma gekommen wäre, wenn sich die Teams nicht gefunden hätten. Oft hätte es noch nicht einmal eine Idee gegeben. Denn erst in den Teams, deren Bildung wir gezielt fördern, ist der Gedanke zur Gründung entstanden. Es ist immer wieder erstaunlich, wie junge Menschen, die vorher nicht im Traum an ein Selbstständigendasein gedacht haben, zunehmend an Selbstsicherheit gewinnen, wenn sie erst den richtigen Partner kennen gelernt haben. Ich erinnere mich an den Fall eines gerade fertigen Chemiestudenten, der ein Verfahren zur speziellen Oberflächenbehandlung bestimmter Geräte entwickelt hatte. Als er zu uns kam, machte er nicht den Eindruck eines zukünftigen Unternehmers. Aber er wollte sich informieren, ob er sich mit seiner Idee selbstständig machen könnte. Bei den Beratungsgesprächen, die wir zweiwöchentlich anbieten, lernte er einen studierten Betriebswirtschaftler kennen, der zwar keine Geschäftsidee hatte, sich aber unbedingt selbstständig machen wollte. Die beiden gründen nun gemeinsam ihr eigenes Unternehmen: Der Produktmensch und der Zahlenmensch haben sich gefunden. Das Selbstvertrauen der beiden ist mittlerweile so gewachsen, dass sie mit Fug und Recht von sich behaupten, mit ihrem Verfahren Weltmarktführer werden zu können, wenn sich die nächsten Versuche als erfolgreich erweisen.
Ich frage mich, wie viele solcher genialen Ideen ungenutzt in deutschen Hochschulen vor sich hin vegetieren, nur weil man den Erfindern von vorn herein den Mut nimmt mit dem dümmlichen Spruch: „Zum Unternehmer muss man geboren sein!" Solch ein Unsinn wird ja auch selten von Unternehmern selber verzapft; meist sind es Bank*beamte*, die die Kreditwürdigkeit prüfen, oder Angestellte öffentlicher oder halb öffentlicher Institutionen, die vom Staat zwangsweise abgestellt wurden, um dem ins Hintertreffen gekommenen Standort Deutschland ein wenig auf die Unternehmerbeine zu helfen. Die fällen dann ihre Urteile. Lassen Sie sich davon nicht unterkriegen. Wie soll ein Bankbeamter wissen, was ein richtiger Unternehmer ist? Ich empfinde immer wieder

Genugtuung dabei, wenn Gründer, die bei einer Bank abgewiesen wurden, anderweitig mit Geld versorgt werden und sich dann zu einer echten Erfolgsstory entwickeln.

Noch ein Wort zur klassischen Aufteilung Produktmensch – Zahlenmensch. Erfolgreiche Teams *müssen* nicht so aufgebaut sein. Aber es ist sinnvoll, die Aufgaben zu verteilen, und das wird in der Tat von vielen Stellen, die man zum Aufbau eines Unternehmens braucht, gerne gesehen.

Im Falle von Rainer Fraling und mir war es nicht ganz so. Wir waren eigentlich beide sehr nahe am Produkt, lediglich beim Einkauf hatte er ein Übergewicht, und ich bei der Werbung. Wir haben die Produkt- und Angebotsideen ständig gemeinsam entwickelt. Das ist auch sinnvoll, wenn man Ware einkauft, die einen Kunden finden soll. Dabei haben sich dann zwei doch unterschiedliche Wesenszüge positiv ergänzt: Während er ein ausgesprochen großes Verhandlungsgeschick besaß und über unglaubliche Ausdauer verfügte, war ich mehr der Ungeduldige, der endlich mit der Werbung fertig werden wollte. Er hat so lange mit den Lieferanten verhandelt, bis der Preis stimmte, und ich habe mich nach Alternativen umgesehen. Am Ende konnte dann die Werbung mit atemberaubender Geschwindigkeit – die wieder mehr in meinem Temperament begründet liegt – in den Markt gebracht werden. Das war ein optimales Team für den hektischen Computermarkt. Reibereien gab es kaum. Ich finde, Einkäufer und Verkäufer sollten sich viel häufiger in den Bereich des jeweils anderen einmischen! Natürlich benötigten wir dann später für die etwas vernachlässigte Buchhaltung eine kompetente Person und am Ende, nach Übernahme von 50 Prozent der Anteile durch einen großen Handelskonzern, hatten wir dann ein richtiges Management.

Übrigens hat die Partnerschaft zwischen Rainer Fraling und mir über 20 Jahre lang gehalten, und wir sind 1996 auch gemeinsam aus dem Unternehmen ausgeschieden.

Typische Schwächen des Unternehmers

Viele dieser Unternehmertugenden sind nicht immer nur positiv, sondern manchmal auch die Ursache für Probleme: Risikobereitschaft kann im wahrsten Sinne des Wortes riskant sein, Ausdauer wird zu Starrsinn, Flexibilität und Schnelligkeit führen zum Schludern, Selbstvertrauen weicht Selbstüberschätzung. Die schöpferische Kraft lässt Unternehmer übers Ziel hinausschießen, manche erliegen dem Größenwahn. Und pure Geldgier ohne Augenmaß hat noch nie gut getan. Also müssen wir uns auch den Folgen zuwenden. Dieses Kapitel handelt von typischen Schwächen der Unternehmer. Typisch deswegen, weil sie direkt mit den Stärken in Verbindung stehen und fast als notwendiges Übel in Kauf genommen werden müssen.

Denn der Unternehmer und seine Ideen können noch so gut sein – ohne das entsprechende Handeln läuft nichts. Jeden Tag geht es aufs Neue darum, aus den vorliegenden Resultaten die richtigen Schlüsse zu ziehen. Man ist immer wieder gefordert, Entscheidungen zu treffen. Doch wer etwas tut, wer handelt, der kann Fehler machen. Es wäre geradezu vermessen, wenn jemand behaupten würde, sich durchwegs für den richtigen Weg zu entscheiden. Zweifellos braucht man gerade auch als Unternehmer ein glückliches Händchen, um mögliche Klippen – bewusst oder unbewusst – zu umschiffen. Aber Fehler lassen sich dabei niemals vollständig ausschließen.

Durch die Freiheit, jederzeit selbst entscheiden zu können – sei es durch Überlegung oder einfach aus dem Bauch heraus – entstehen zwangsläufig bisweilen Fehler. Auch dies ist ein Teil der unternehmerischen Freiheit, nämlich derjenige, der einem Fehler zugesteht. Je früher man solche Fehler macht und sie auch als solche erkennt, desto eher hat man die Chance, sie zu korrigieren und in Zukunft zu vermeiden. Der größte Fehler besteht nach wie vor darin, eigene Fehlentscheidungen bzw. Schwächen gar nicht oder zu spät zu erkennen oder, was der häufigste Fall ist, nicht rechtzeitig die Konsequenzen daraus zu ziehen. Ich kenne Unternehmer, die bei „schönem Wetter“ herrliche Glanzzeiten erlebt, in der Krise aber völlig versagt haben. Es kann immer einmal etwas passieren. Manchmal fällt zum Beispiel ein großer Kunde weg. Das ist an sich noch keine Katastrophe, aber man nimmt natürlich weniger Geld ein, mit dem man die Ausgaben bezahlen könnte. Wie lautet nun also die Devise? Kosten runter! Eigentlich eine ganz einfache Erkenntnis. Man glaubt aber nicht, wie häufig selbst bis dahin als kompetent betrachtete Unternehmer versagen. Manchmal dauert es Jahre, bis sie auf den Trichter kommen. Wenn sich dann keine Korrekturen mehr anbringen lassen, kann die schönste Idee und das profitabelste Unternehmen sehr schnell den Bach hinuntergehen.

Ich will diese fatalen Auswirkungen an drei Beispielen erläutern, bei denen große und namhafte Unternehmen in arge Bedrängnis gekommen sind. Alle drei haben es dann nicht mehr geschafft, aus eigener Kraft dem Sumpf zu entrinnen, obwohl (oder weil?) alle Firmengründer auf ihrem Fachgebiet unbestrittene Spitzenkräfte waren. Es ist eine der wenigen Gelegenheiten in diesem Buch, wo ich Namen nenne. Aber diese drei Fallbeispiele sind fast schon fester Bestandteil jedes betriebswirtschaftlichen Studiums, so dass ich mir keine Sorgen machen muss, Persönlichkeitsrechte zu verletzen. Leider bemühen sich manche, die großen Verdienste durch den Kommentar zu schmälern: „Wussten wir es doch, irgendwann machen auch die mal einen Fehler." Dabei ist zumindest im Fall von Heinz Nixdorf fraglich, ob er das Ruder nicht noch hätte herumreißen können, wenn er nicht plötzlich auf so tragische Weise verstorben wäre.

Beispiel 1 ist die heutige Grundig AG. Unmittelbar nach Ende des Zweiten Weltkriegs packt Max Grundig (1908–1989) die Reste seiner elektrotechnischen Werkstatt zusammen und bringt sie nach Fürth. Dort beschäftigt er sich in angemieteten Räumen mit der Herstellung von Transformatoren, die vornehmlich für Rundfunkempfänger bestimmt sind – und das zu einer Zeit, in der die meisten Leute hauptsächlich damit beschäftigt sind, das Nötigste an Nahrung und Heizmaterial zum Überleben heranzuschaffen.

Dieser Pioniergeist, verbunden mit dem unbedingten Willen zum Erfolg, ist typisch für die Aufbaujahre nach 1945. Nicht ohne Grund konnte man nur zehn Jahre später das Wirtschafts-„wunder" bestaunen, das so wunderbar eigentlich gar nicht war: Letztlich konnte es nur zustande kommen, weil die Leute eine unbeugsame Durchsetzungskraft aufgebracht haben und sich im festen Glauben an ihre eigene Leistung nie haben beirren lassen. Max Grundig ist hierfür ein geradezu schulmäßiges Beispiel.

Zum Verständnis für diese ausgeprägte Rundfunkbesessenheit muss man sich die damalige Situation ins Gedächtnis zurückholen: Der Rundfunk in Deutschland wurde im Oktober 1923 aus der Taufe gehoben und hat seinerzeit weit mehr für Furore gesorgt als das Farbfernsehen vier Jahrzehnte später. Aufgrund des Missbrauchs für Propagandazwecke im Dritten Reich verbieten die Siegermächte nach 1945 den Verkauf von Radiogeräten völlig – nicht aber den Verkauf von Einzelteilen, die zur Herstellung eines Radios erforderlich sind! Beseelt von dem Gedanken, genau diese „Marktnische“ auszufüllen und wieder für einen funktionierenden Rundfunk zu sorgen, steigt Grundig also in eine solche Bausatz-Zusammenstellung ein.
Bereits nach zwei Jahren ist er 1947 in der Lage, mit dem „Heinzelmann-Baukasten“ den ersten legendären Einkreis-Empfänger anzubieten, der ohne Bezugsschein zu haben ist. Glücklicherweise kann er dabei auf eine „Handelsbeziehung“ zurückgreifen, die ebenfalls aus der Not geboren war.
Max Conrad (1878–1929) hatte in seinem Berliner Laden „Radio-Conrad“ bereits in den Zwanziger Jahren Einzelteile für den Selbstbau von einfachen Empfängern verkauft, übrigens vornehmlich aus Restbeständen der Armee. Sein Sohn Werner (1906–1976) konnte 1945 aus dem zerbombten Berlin davon allerdings nur noch einen Rucksack mit Drehkondensatoren retten – ein in damaliger Zeit geradezu aberwitziges Startkapital für einen Unternehmer. Werner Conrad (Großvater des heutigen Dr. Werner Conrad) verschlug es in die Oberpfalz, weil er sich dort vor Bombenangriffen sicher wähnte – nur unweit des fränkischen Ortes Fürth, in dem sich Max Grundig niedergelassen hatte.
Auch wenn es wie ein Märchen klingt – alles hat sich exakt so abgespielt: Max Grundig fehlen für sein Heinzelmann-Radio genau die Drehkondensatoren, die Werner Conrad im „Angebot“ hat. Diese unglaubliche Zufälligkeit begründet eine immer mehr florierende Geschäftsbeziehung, die sich zu einer persönlichen Freundschaft zwischen den beiden ausweitet.
Aber zurück zu Max Grundig. Er verfügt bereits im Jahr 1948 über eine Belegschaft von 650 Mitarbeitern und nur ein Jahr später kann er auf eine Produktion von 150.000 Rundfunkempfängern zurückblicken: Die Entwicklung von Kofferradios, Musikschränken und UKW-Empfängern ist jeweils ein Meilenstein der Rundfunktechnik, der auf die Firma Grundig zurückzuführen ist. 1951 geht es mit der

Fertigung von Tonbandgeräten los, und gleichzeitig erfolgt die Übernahme der Nürnberger Lumophon-Werke. Grundig wird zum größten Rundfunkhersteller Europas und gründet 1952 die Grundig Wohnungsbau GmbH, die vornehmlich für die Mitarbeiter sorgt.
Bei Tonbandgeräten wird die Firma 1955 zum weltgrößten Hersteller und hat 9.000 Mitarbeiter. Mit dem Erwerb der Aktienmehrheit bei den Nürnberger Triumph-Werken und den Frankfurter Adler-Werken steigt Max Grundig 1957 auch noch in die Büromaschinenindustrie ein. Die Zahl der Mitarbeiter in der Grundig-Gruppe steigt bis 1960 auf 30.000 an, und in Nordirland und in Portugal entstehen die ersten ausländischen Fertigungsstätten, denen 1969 ein Werk in Italien und 1971 eines in Frankreich folgen. Diese Expansion ist allerdings mit einem ersten, tiefgreifenden Aderlass verbunden: Sie war nur durch den Verkauf der beiden Töchter Triumph und Adler finanzierbar.
Nach der Börseneinführung 1972 und weiteren spektakulären Neuentwicklungen wird 1978 ein Mitarbeiterstand von weltweit über 37.000 erreicht, und der Umsatz steigt auf knapp drei Milliarden Mark. Zu diesem Zeitpunkt aber ist der Profit bereits auf unter Null zurückgegangen und hat die Verlustzone erreicht; die Diversifikation des Unternehmens ist den Verantwortlichen, allen voran dem Firmengründer, längst über den Kopf gewachsen.
1979 findet man mit der Philips-Gruppe einen starken Partner, der die Verluste auffangen und die Firma reorganisieren will. Was aber kann ein großer Konzern mit seinen Managerstrukturen in einem Unternehmen bewirken, das voll und ganz auf den Gründer, den Patriarchen, ausgerichtet ist? Einem Philips-Manager aus Eindhoven gehorcht doch kein gestandenes Belegschaftsmitglied, das Jahrzehnte „seinen" Chef angebetet hat. Mit diesem Vorhaben hat sich Philips etwas übernommen, was wegen des nicht endenden Geldzuflusses für große Verärgerung im Konzern sorgt. 1984 kann auch eine erneute Kapitalspritze und die Einsetzung eines niederländischen Vorstandsvorsitzenden die wirtschaftlichen Probleme nicht lösen; es dauert bis zum Jahr 1987, ehe nach einem drastischen Abbau der Mitarbeiterzahl wieder die Gewinnzone und der Umsatz von 1982/83 erreicht werden. 1989 werden Teile der Gehäusefertigung verkauft, und – restlos von seiner Verantwortung entbunden – stirbt Max Grundig im Dezember desselben Jahres.
Was war der Fehler? Man kann ihn in den vielen Diversifikationen suchen, also den Versuchen, die Geschäfte auf andere Gebiete auszudeh-

nen. Aber ist das nicht die ureigenste Aufgabe des Unternehmers? Diese schöpferische Kraft, Pioniergeist genannt, gehört doch zu seinen Tugenden. Meiner Ansicht nach hatte es der Gründer versäumt, eine für solch verzweigte Geschäftsfelder geeignete Führungsstruktur zu schaffen. Man kann auch als der beste Unternehmer nicht alleine 37.000 Mitarbeiter in einem Dutzend Länder führen. Ich habe davon gehört, dass Max Grundig immer wieder den Versuch gemacht hat, einen Stellvertreter aufzubauen und dabei jedes Mal gescheitert ist, weil ihm die Leute einfach weggelaufen sind. Ich selber weiß, wie schwer das ist, und wie ungern man als Unternehmer Verantwortung abgibt. Ich sehe darin die größte Schwäche des Unternehmers und die größte Gefahr für das Unternehmen, sobald es eine bestimmte Größe überschritten hat.

Im zweiten Beispiel geht es um die ehemalige Nixdorf Computer AG. Heinz Nixdorf (1925–1986) hat es schon mit 27 Jahren geschafft, sich in einer bereits von Großkonzernen beherrschten Branche zu etablieren und später zur viertgrößten Computerfirma Europas aufzusteigen. 1952 gründet er in Essen ein Labor für Impulstechnik und ist schon jetzt von der Idee besessen, einen eigenen Elektronenrechner zu bauen. Als Physikstudent war es ihm gelungen, das Rheinisch-Westfälische Elektrizitätswerk (RWE) von seinem Vorhaben zu überzeugen und dort einen eigenen Arbeitsraum sowie 30.000 Mark Vorschuss zu erhalten. Die ersten für das RWE gebauten Geräte waren noch röhrenbestückt und arbeiteten mit Lochkarten; anfangs waren auch die Saldierer und Multiplizierer noch mit Röhren bestückt, aber bereits 1960 erfolgt die Umstellung auf die modernere Transistortechnik. Nixdorf kann weitere Großkunden gewinnen und liefert seine elektronischen Rechenwerke auch an bedeutende Büromaschinenhersteller wie zum Beispiel die Kölner Wanderer-Werke oder die Compagnie des Machines Bull in Paris. Mit dem frei programmierbaren Kleincomputer 820 hat Nixdorf das völlig neue Gebiet der mittleren Datentechnik erschlossen, das insbesondere für Klein- und Mittelbetriebe große Bedeutung erlangte. Zurückblickend kann man sagen, dass mit diesen netzwerkfähigen Maschinen der Weg zur dezentralen Datenverarbeitung geebnet wurde. Die mit Magnetkernspeicher ausgestatteten Geräte ließen sich dahingehend erweitern, dass sie zur Datenübertragung an übergeordnete Großcomputer geeignet waren. Der Erfolg mit diesem System ist so groß, dass 1967 mit dem Aufbau eines eigenen Vertriebsnetzes begonnen wird.

Kurz darauf erwirbt Heinz Nixdorf für 17,5 Millionen Mark die Wanderer-Werke, die bis dahin sein größter Kunde gewesen waren. Nixdorf ist voll auf der Höhe der Zeit und hält mit den technischen Neuerungen Schritt; 1974 stellt er ein hochmodernes Magnetplattensystem vor, das über mehrere Terminals verfügt; eine komfortable Anwender-Software für die Online-Datenerfassung am Bildschirm sowie Computerkassen und ein Bankensystem mit arbeitsplatzorientierten Schalterterminals runden das Angebot ab.

Bei diesen Neuentwicklungen handelt es sich um sehr ehrgeizige Projekte, deren Realisierung nur unter größten Anstrengungen möglich ist. So gelingt es Nixdorf, bei der Scandinaviska Enskilda Bank 1.100 Terminals zu installieren und landesweit zu vernetzen. In Deutschland entwickelt sich Nixdorf zu einem der größten Software-Häuser und kann hier beispielsweise die universelle COMET-Software über 100.000-mal verkaufen. Bereits 1981 kommt ein vollkommen neuartiges Telefonvermittlungssystem auf den Markt, das bereits den ISDN-Standard erfüllt und außer Sprache sogar digitale Daten übertragen kann. Auch 1985 ist Nixdorf seiner Zeit fast schon wieder voraus, als er seine offenen Computersysteme vorstellt, die mit einem herstellerunabhängigen Betriebssystem arbeiten können.

Auf der Basis des gut funktionierenden Vertriebsnetzes der Wanderer-Werke kann Nixdorf seine Produkte seit 1968 unter eigenem Namen verkaufen; er baut den Vertrieb und das Servicenetz systematisch aus und besitzt 1985 in 44 Ländern Tochtergesellschaften; mit weltweit 23.000 Mitarbeitern erzielt er zu dieser Zeit einen Umsatz von vier Milliarden Mark. An sieben Standorten rund um die Welt wird produziert, wobei neuartige Fertigungsmethoden zum Einsatz kommen, die die Handarbeit nahezu völlig verdrängen und eine weitgehende Automation zulassen.

Nixdorf hat sich zeitlebens mehr für das Wachstum seines Unternehmens eingesetzt als für das Streben nach Gewinn. Seine Firma betrachtete er als Lebensaufgabe und gleichzeitig als die Chance, an der Gestaltung der Gesellschaft mitzuwirken; er hat die Schaffung von Arbeitsplätzen immer als die vorrangige Pflicht des Unternehmers angesehen, den er stets auch in der sozialen Verantwortung gesehen hat.

Zweifellos war Nixdorf ein erfolgreicher Geschäftsmann. Der Nationalökonom Joseph A. Schumpeter ging sogar so weit, die unternehmerischen Leistungen Nixdorfs über dessen technische Entwicklungen zu stellen. Seiner Meinung nach war Nixdorf weder Tüftler noch Wissen-

schaftler oder Erfinder, sondern hatte alle Eigenschaften eines „dynamischen Unternehmers“: Selbstvertrauen, Pioniergeist, Risikofreude, Disziplin und Leistungswillen.
Ich schätze es aber auch so ein, dass Nixdorf mit seinem rasant wachsenden Unternehmen in einem extrem innovativen Umfeld den Überblick dafür verloren hat, was zur Gesunderhaltung der Firma wichtig gewesen wäre. 1986 starb er 61-jährig mitten aus einem gestressten Arbeitsleben heraus. Ich erinnere mich noch gut an die damalige Hilflosigkeit, die bei den Interviews mit leitenden Angestellten zum Ausdruck kam. Wie es weitergehen sollte, wusste niemand, und es waren weder ein Nachfolger noch eine Führungsstruktur installiert, die das Firmengebilde hätten auffangen können. Es ist deshalb nicht verwunderlich, dass nach einem zweijährigen Schlingerkurs die Partnerschaft mit Siemens gesucht wurde. Seit 1990 ist die Firma Nixdorf Computer AG im Bereich der Daten- und Informationstechnik der Siemens AG aufgegangen.
Die genannten Beispiele sind typisch für die Schwächen eines Unternehmers – insbesondere dann, wenn er von Anfang an alles selbst gemacht hat und der schnell wachsende Erfolg ihm den Blick versperrt. Man glaubt dann immer noch, alles selbst schaffen zu können, und übersieht dabei völlig die Komplexität, die das Unternehmen inzwischen erreicht hat. Man überblickt weder die eigene Firma noch die Nahtstellen zum Markt und ist dennoch der Meinung, sich in alles einmischen zu müssen.
Dabei geht Zeit verloren, die so dringend zum Nachdenken über neue Strategien erforderlich wäre. Das, was man bei der Unternehmensgründung immer wieder durchdacht hatte, um die optimalen Wege zu finden und Kosten zu sparen, kann in einem solchen Umfeld vollkommen verloren gehen. Diese Art der Betriebsblindheit ist ein großes Risiko für den Unternehmer, noch dazu für den patriarchalischen Typus. Dass es irgendwann aus eigener Kraft kein Zurück mehr geben kann, machen diese beiden Beispiele aus der jüngsten Vergangenheit eindrucksvoll deutlich.
Ich möchte an dieser Stelle noch auf einen dritten Unternehmer eingehen, der heute fast schon in Vergessenheit geraten ist – trotz seiner unbestrittenen Fachkompetenz: Ich meine Carl Borgward (1890–1963), der in Hamburg geboren wurde und es in einer beispielhaften Karriere als Selfmademan zum Unternehmer gebracht hat, der in Bremen sieben Firmen besaß und dort über 1,2 Millionen Autos gebaut hat. Sein

Einsatzwille und sein Durchhaltevermögen sind kennzeichnend für eine erfolgreiche, selbstständige Laufbahn, die von drei Dingen geprägt ist:
Da ist zunächst der Aufstieg und die Verwirklichung seiner Idee, von der er regelrecht besessen war, und deren Realisierung unter denkbar schlechten Vorzeichen stand. Dann kommt der wirtschaftliche Erfolg als Autobauer, wo er als Techniker das Glück hatte, den passenden kaufmännischen Partner zu finden. Und schließlich folgt das geradezu tragische Ende der Firma, mit dem auch sein eigenes Leben zu Ende ging, und bei dem die Politik eine nicht unerhebliche Rolle gespielt hat – doch das ist hier nicht das Thema.
Borgward ist eines von 13 (!) Kindern eines Hamburger Kohlenhändlers und wächst in nicht gerade üppigen wirtschaftlichen Verhältnissen auf: Es wird berichtet, dass es im Haus nicht einmal genügend Stühle gibt, damit die 15-köpfige Familie geschlossen am Tisch Platz nehmen kann; darum müssen beim Essen immer einige stehen. Schon in jungen Jahren zieht sich Carl regelmäßig in einen Schuppen hinter dem Haus zurück und bastelt dort. Wenn seine Altersgenossen ihre Spielsachen zertrümmern, um an den „Inhalt“ heranzukommen, zerlegt Carl die Sachen systematisch und baut sie anschließend auch wieder zusammen.
In seinem Geburtsjahr 1890 gibt es noch keine Autos, sondern nur Pferdekutschen. Hamburg hatte damals 700.000 Einwohner und 12.000 Pferde, und erst Jahre später setzt die Motorisierung ein, die den Jungen magisch fasziniert. Schon im Knabenalter war er von der Idee beseelt, selbst ein Auto zu bauen, wenn auch zunächst nur als Modell. Mit primitivsten Mitteln hat er diese Idee in die Tat umgesetzt und sein Gefährt mit einem Küchenuhrwerk als Antrieb ausgestattet.
Es lag auf der Hand, dass der Junge bei seiner technischen Begabung in eine Handwerkslehre geschickt wurde; es spricht für den Vater, dass er die Begabung des Sohnes erkannt und damit gefördert hat. Mit 18 Jahren hat Carl seinen Gesellenbrief in der Tasche, aber die Idee, eigene Autos zu bauen, ist damit keineswegs vom Tisch. Was ihm dazu aber fehlt, ist eine solide Ausbildung, und die wiederum setzt Geld voraus.
Weil einige der zwölf Geschwister zu dieser Zeit schon auf eigenen Füßen stehen und der Vater deshalb in der Lage ist, ihn noch ein paar Jahre mit durchzuziehen, kann er die Höhere Maschinenbauschule besuchen, die mit der heutigen Technikerschule vergleichbar ist. Nach vier Jahren Schulzeit schafft Carl das Abschlussexamen, das ihn zum Studium an der Technischen Hochschule Hannover berechtigt.

Spätestens hier wird das erkennbar, was man mit Zielstrebigkeit und eisernem Willen nur unzureichend beschreiben kann. Der Mann ist von seiner Idee des Autobaus besessen und verfolgt sie mit einer Energie, die fast schon an Starrsinnigkeit grenzt. Während er tagsüber die Vorlesungen besucht, verdient er sich abends als Werkstudent das nötigste Geld für den Lebensunterhalt, indem er für die Hannoversche Firma Louis Eilers Konstruktionen und Berechnungen anfertigt. Diese Doppelbelastung hält er jahrelang durch und verzichtet dabei strikt auf das, was man bei einem Studenten als die schönen Seiten des Lebens bezeichnet: Es gibt keinen Alkohol, nicht einmal ein Bier, keine Zigaretten, und auch die Tanzstunde fällt aus.
Ich bin nicht der Meinung, dass dieses spartanische Leben die Voraussetzung für einen erfolgreichen Unternehmer ist, aber bei Carl Borgward war es eben kennzeichnend für seinen ganzen Lebensweg – der letztlich auch der Weg zum Erfolg war.
Borgward wurmt es, dass es in seiner Heimatstadt Hamburg keine Autofabrik gibt, anders als in der Nachbarstadt Bremen, wo 1906 mit der Norddeutschen Automobil- & Motoren-Aktiengesellschaft (NAMAG) ein solches Werk gegründet worden war – kurioserweise in einer Seestadt (man denke an den Standort!) und auch nicht auf Veranlassung eines Auto-Fans, sondern auf Betreiben eines Kaufmanns aus der Schifffahrt. Der hieß Heinrich Wiegand und war seinerzeit Generaldirektor des Norddeutschen Lloyd. Als solcher vertrat er die Auffassung, dass man in Bremen neben dem Handel und der Schifffahrt noch ein drittes Standbein benötige, und folgerichtig setzte er auf den Automobilbau. Bereits im Jahr ihrer Gründung präsentierte die NAMAG ihr erstes Auto, das noch von einem Elektromotor angetrieben wurde. Wegen der beschriebenen Zusammenhänge trug es die Bezeichnung „Lloyd", denselben Namen, den 50 Jahre später auch der erste „Leukoplastbomber" mit 10-PS-Benzinmotor erhielt.
Borgward zieht es also nach Bremen, wo er 1912 bei Schellhass & Druckenmüller eine Anstellung als Eisenkonstrukteur erhielt. Seine Versuche aber, bei der NAMAG zu landen, schlagen allein schon deshalb fehl, weil er Hamburger ist, und die Rivalität zwischen den beiden Hansestädten ihren Höhepunkt erreicht hat. Seinem Ziel, in einer Autofabrik zu arbeiten, stellen sich aber noch weitere Hindernisse in den Weg: Erst erhält er – als verspätete Reaktion auf seine vielen Bewerbungen – ein „Traumangebot" aus Berlin, das ihm stattliche 410,– Mark Monatsgehalt einbringt, und so siedelt er mit 23 Jahren in die

Reichshauptstadt um. Von dort aus muss er aber schon kurze Zeit später in den Krieg ziehen.
Bereits 1915 wird er an der Westfront schwer verwundet und Ende desselben Jahres aus dem Kriegsdienst entlassen. Was sich dann ereignet, ist wohl mit seiner oben angesprochenen Starrsinnigkeit zu erklären: Borgward geht wieder zurück nach Bremen und beginnt bei den Francke-Werken, Gasanlagen für Luftschiffe zu konstruieren. Hier lernt er einen Kollegen kennen, den er später im eigenen Unternehmen als „Opa Klie“ einstellt, und der es bis zum Direktor bringt. Die Arbeit ist zwar eine völlig neuartige Tätigkeit, die den Tüftler fordert, die aber nichts mit dem Automobilbau zu tun hat. Und so beschließt er 1918 nach dem Ende des verlorenen Ersten Weltkrieges, sein Ziel endlich zu verwirklichen und sich selbstständig zu machen. Mangels Masse schafft er dies nicht aus eigener Kraft, sondern zunächst nur als Teilhaber, und auch das nur unter den kuriosesten Umständen:
Er stößt auf die Bremer Reifenindustrie, die zumindest ansatzweise etwas mit Autos zu tun hat – jedenfalls dem Namen nach. Der Chef sucht jemanden mit technischen Kenntnissen, um sich selbst den kaufmännischen Dingen zuwenden zu können. Das ist zwar im Prinzip das Richtige für Borgward, aber die Bremer Reifenindustrie produziert zu dieser Zeit als Folge des Krieges keine Reifen mehr, sondern Bohnenschneidemaschinen! Der Firmeninhaber findet Gefallen an Borgward und gesteht ihm zu, im Falle einer Teilhaberschaft auch etwas anderes zu machen als Küchenmaschinen zu bauen.
Dies und die unmittelbare Nachbarschaft zu den Hansa-Lloyd-Automobilwerken mögen Borgward bewogen haben, bei der Bremer Reifenindustrie Teilhaber zu werden – und damit auch Chef über 20 Mitarbeiter. Und in dieser Situation gelingt es ihm endlich, bei Hansa-Lloyd vorgelassen zu werden und dort die ersten Aufträge aus der Automobilbranche zu ergattern. Es geht um die Reparatur von Karosserieteilen solcher Autos, die im Krieg beschädigt worden waren. Borgward liefert gute Arbeit ab und bringt seinen Betrieb in Schwung; von Hansa-Lloyd kommen dann sogar Aufträge für den Kühlerbau dazu, und 1920 kann er damit beginnen, langsam zu expandieren und auch neue Leute einzustellen – darunter den oben erwähnten Opa Klie. Nach dem Umzug in neue Geschäftsräume firmierte er als „Bremer Kühler-Fabrik“. Fast hätte er sich damit übernommen.
Denn er ist – zum ersten Mal – zahlungsunfähig und steht vor dem Konkurs. Seine damalige Buchhalterin versetzt – angeblich ohne Wis-

sen des Chefs – Schmuck aus privaten Beständen, um mit dem Geld die Löhne und Gehälter auszahlen zu können; mit dieser Initiative kann sie die Firma am Leben erhalten, und später, als wieder Geld da ist, auch ihren Privatbesitz wieder einlösen.

Sollte Borgward wirklich von alledem nichts gewusst haben, so könnte man seine kaufmännischen Fähigkeiten stark in Frage stellen. Dabei hatte er bei der Bewältigung der Geldentwertung eine so glückliche Hand gehabt: Er hatte nämlich jede Mark in Sachwerte gesteckt und damit die Folgen der Inflation aufgefangen. Gegen den Trend konnte er die Wirtschaftskrise überstehen und seine Firma zur Bremer Kühlerfabrik Borgward & Co. weiter ausbauen – übrigens mit dem früheren Inhaber als Kommanditisten!

Der endgültige Schritt zum Automobilbau vollzieht sich fast beiläufig, denn für die innerbetriebliche Abwicklung wird 1924 ein motorisierter Transportkarren gebraucht, den Borgward eher nebenbei konstruiert und baut – allerdings nicht ohne die Absicht, das dreirädrige Gefährt auch anderweitig zu verkaufen. Diesem „Blitzkarren" gelingt der Durchbruch allerdings erst dann, als die Reichspost eine größere Serie davon bestellte.

Ein Jahr später kommt Borgward ein glücklicher Zufall zu Hilfe, als sich ein Mann namens Wilhelm Tecklenborg als Teilhaber anbietet – ein mit allen Wassern gewaschener Kaufmann. Ihm gelingt es, zum Preis von sage und schreibe 60.000 Reichsmark die Baulizenz für den Blitzkarren zu verkaufen – wohlgemerkt nur das Papier, ohne eine Stunde an zusätzlicher Arbeit.

Das Unternehmen floriert, und nach dem Blitzkarren entsteht der dreirädrige „Goliath", der einem Auto schon sehr ähnlich sieht. Als die Bremer Carosserie-Werke Pleite gehen, kauft Borgward sie auf und wird damit zum unmittelbaren Nachbarn der großen Hansa-Lloyd-Werke. Diese haben die Zeichen der Zeit nicht erkannt und weiterhin pompöse Limousinen gebaut, die angesichts der wirtschaftlichen Lage aber niemand mehr haben will. Es kommt, wie es kommen musste – auch Hansa-Lloyd gerät in die Krise, und Borgward erwirbt 1929 dort die Aktienmehrheit.

Mit der Änderung der politischen Verhältnisse kommt 1933 neuer Schwung in die Automobilbranche. Borgward stellt für seinen „Hansa 1100" erstmals Karosserie und Motor selbst her und produziert im Olympiajahr 1936 wieder große, schwere Wagen. Dafür baut er nach seinen Vorstellungen ein großzügiges neues Werk, und zwar genau an

der Stelle, an der heute Autos der Marke DaimlerChrysler vom Band rollen ...
Zu diesem Zeitpunkt wird die GmbH in die „Hansa Lloyd und Goliath-Werke Aktiengesellschaft" umgewandelt, die mit einem Stammkapital von fünf Millionen Reichsmark ausgestattet ist. Die Teilhaber Borgward und Tecklenborg bringen Sachwerte ein und erhalten dafür Stammaktien im Wert von je zwei Millionen Reichsmark; für die restliche Million werden für jeweils 500.000 Reichsmark Stammaktien und Vorzugsaktien mit vierfachem Stimmrecht ausgegeben.
Doch jetzt hat Borgward mit einem Schlag weniger Stimmrechte als die übrigen Aktionäre zusammen! Er betreibt daher intensiv die Trennung von seinem Teilhaber Tecklenborg, die ihm 1937 gelingt. Er zahlt ihn mit vier Millionen Reichsmark aus, was für dessen ursprüngliche Einlage von 10.000 Reichsmark eine stolze Rendite bedeutete – und Borgward ist wieder Herr im eigenen Haus. Im selben Jahr beschließt die Generalversammlung die Umwandlung der AG und die Übertragung des Vermögens auf den Hauptgesellschafter Carl Borgward, der die Firma als „Hansa Lloyd Goliath Werke Carl F. W. Borgward in Bremen" weiterführt.
1938 wird ein hochmodernes Werk eröffnet, in dem über 6.000 Mitarbeiter beschäftigt sind. Vor der drohenden Kriegsgefahr verschließt Borgward die Augen – er kann keinen Krieg gebrauchen, seine Welt besteht nur aus Autos! Mit Beginn des Zweiten Weltkrieges wird Borgward „Wehrwirtschaftsführer", und die Leitung der Firma geht auf das Militär über. Dieser zweifelhafte „Führer"-Titel bringt ihm nach dem Zusammenbruch die Internierung in amerikanischer Gefangenschaft ein, weil man ihn für einen Waffenfabrikanten hält; seine Firma wird im Krieg nahezu vollständig zerstört.
Als Borgward 1948 aus der Haft entlassen wird, ist er 58 Jahre alt und in schlechter körperlicher Verfassung. Dennoch rafft er sich erneut auf und lässt für Goliath, Lloyd und Borgward drei selbstständige Werke bauen, die die „Borgward-Gruppe" bilden. Die Dreiteilung entstand deshalb, weil die Besatzungsmächte jeder Fabrik das gleiche Rohstoff-Kontingent zuteilten, und auf diese Weise eben die dreifache Menge zustande kam – ein gutes Beispiel für Flexibilität und Pragmatismus. Manche nennen es einfach clever.
Mit dem schon angesprochenen Lloyd LP 300 und dem Dreirad-Goliath werden die ersten Verkaufserfolge erzielt, und was Borgward verdient, wird gleich wieder investiert. Borgward hat oft genug gesagt,

dass er von Geld nicht viel hält und Geldverdienen nur das Mittel zum Zweck ist, noch Größeres zu schaffen. Tatsächlich hat er immer wieder in neue Produktionsanlagen investiert, sein Geld aber auch in Grundbesitz angelegt. Seine Werke standen auf über 800.000 Quadratmetern Grundfläche und hatten einen umbauten Raum von mehr als zwei Millionen Kubikmetern. Alles selbst bezahlt, das war sein stolzes Werk!

Im Jahr 1951 gibt es in Deutschland 39 Autofabriken, und trotz dieser gewaltigen Konkurrenz sind es die 50-er Jahre, die für Carl Borgward die erfolgreichsten werden. 1959 setzt er 634 Millionen Mark um, so viel wie nie zuvor. Auf diesem Höhepunkt kommt es Anfang 1960 zur entscheidenden Krise, die mehrere Gründe hat:

Erstens gibt es mit der Lloyd-„Arabella“ technische Probleme, deren Nachbesserung mehrere Millionen Mark kostet; zweitens wird diese Arabella aufgrund von Fehlkalkulationen viel zu billig abgegeben, was die Firma erneut einen zweistelligen Millionenbetrag kostet; und drittens kommt eine weltweite Absatzflaute hinzu, die auch die Automobilindustrie betrifft.

Ob er will oder nicht, Borgward ist gezwungen, Kredite aufzunehmen, was angesichts der vorhandenen Sicherheiten kein Problem ist. Er leiht sich 50 Millionen Mark, denen drei weitere Raten zu je zehn Millionen Mark folgen sollten; für diese Zahlungen bürgt der Bremer Senat bei den Banken.

Als diese Bürgschaft bei der Fälligkeit der zweiten Rate ohne Angabe von Gründen zurückgezogen wird, entsteht im Januar 1961 quasi über Nacht das Gerücht von der Zahlungsunfähigkeit, das die Sensationspresse dankbar aufgreift und auswalzt. Tatsache ist, dass sich auf dem Werksgelände zu diesem Zeitpunkt vorproduzierte Neuwagen im Wert von 90 Millionen Mark befinden. Aber so viel ist es dann angesichts eines Jahresumsatzes von 600 Millionen doch wieder nicht. Außerdem steht das Frühjahrsgeschäft vor der Tür.

Trotzdem: Zwei Monate nach Borgwards 70. Geburtstag, an dem er für seine Verdienste das Bundesverdienstkreuz erhalten hat, wird über seinen Kopf hinweg beschlossen, eine staatliche Auffanggesellschaft zu gründen, in der die Borgward-Gruppe aufgehen sollte. Diese ist als Aktiengesellschaft geplant, als deren Aufsichtsratsvorsitzender ein gewisser Johannes Semler vorgesehen ist. Pikanterweise hatte sich dieser Semler nicht nur wirtschaftlich in verschiedene Fettnäpfchen gesetzt, sondern ist ein Jahr zuvor auch noch Aufsichtsratsvorsitzender bei

BMW geworden, einem der schärfsten Konkurrenten von Borgward! Ein Schuft, wer Böses dabei denkt.
Diese politischen Entscheidungen, zu denen sich später niemand bekennt, besiegeln das Ende der Firma Borgward, die alles andere als zahlungsunfähig ist. Als schließlich ruchbar wird, dass auch die dritte Rate von zehn Millionen Mark nicht mehr ausgezahlt werden würde, treten die Zulieferer auf den Plan und fordern ihr Geld bzw. stellen ihre Lieferungen ganz ein.
Borgward hatte sich die Abhängigkeit, in die er geraten war, letztlich selbst zuzuschreiben. Er ist ein Musterbeispiel des Unternehmers, für den Geld nicht dazu da war, sich jeden Wunsch leisten zu können. Jede Mark hat er in neue Unternehmungen gesteckt. Borgward ist der typische Fall, wo die schöpferische Kraft und der Wille zum Werk im doppelten Sinne übermäßig waren. Dieser Drang war so dominierend, dass wir meinen, ihn heute noch spüren zu können, wenn wir seine Biographie lesen. Immer wieder hat er sich aufgerappelt und von vorne angefangen – eine bewundernswerte Leistung.
Ich weiß von meinem Vater (Jahrgang 1902), wie zwei Weltkriege die gesamte Lebensplanung durcheinander gebracht haben. Vielleicht ist vielen Menschen dieser Generation auch deswegen der Weitblick verloren gegangen – was soll man auch noch lange planen, wenn alles vom einen auf den anderen Tag verloren gehen kann? Da verlässt man sich lieber auf sich selbst. Man hat es ja immer schon geschafft, aus dem Nichts neu anzufangen. Es mag auch sein, dass die positive Erfahrung während der großen Inflation 1923 Borgward nach dem Zweiten Weltkrieg dazu verführt haben, große Geldmittel in Grundstücke und Gebäude zu investieren. Er hätte sehen müssen, dass im Falle von Absatzschwierigkeiten, die immer kommen können, nicht ausreichend liquide Mittel zur Verfügung stehen würden. Da musste er bei den Banken Klinken putzen gehen und wurde plötzlich zum Spielball von allerlei Institutionen, die ihre eigenen Interessen hatten. Seine unternehmerische Handlungsfähigkeit ging verloren, nur kurze Zeit, nachdem er das beste Jahr der Firmengeschichte verzeichnete. Der wichtigste Grundsatz für alle Unternehmen hat sich hier bewahrheitet: Eine Firma ist nicht dann verloren, wenn sie keine Gewinne mehr macht, sondern erst dann, wenn sie nicht mehr zahlen kann!
Man kann es nicht oft genug wiederholen: Es gibt nichts Wichtigeres als regelmäßige Liquiditätsplanung! Es ist erschreckend, wie viele Unternehmer sich darüber hinwegsetzen mit der Erklärung: „Warum, es

läuft doch gut!“ Ja, heute noch! Aber was ist, wenn morgen ein großer Kunde zahlungsunfähig wird oder ein anderer Umstand eintritt, der im Leben eines Unternehmers immer wieder vorkommen kann? Wer dann wie Carl Borgward sein Geld in Steine investiert hat, ist nicht flüssig genug, um die Probleme selber lösen zu können. Vielleicht hätte Borgward es noch schaffen können. Vielleicht wäre eine Schließung des Lloyd-Bereichs sinnvoll gewesen, um die anderen Teile des Unternehmens von den Schwierigkeiten fernzuhalten. Aber wenn man zum Spielball von Fremdinteressen wird, hat man die Selbstständigkeit im wahrsten Sinne des Wortes verloren.

Das gesamte Firmengelände der Borgward-Werke ging entschädigungslos an den Bremer Staat, der die neu gegründete Auffanggesellschaft „Borgward-Werke AG“ im Sommer 1961 schloss, nachdem er dort zwei Beamte (!) als Vorstand eingesetzt hatte. Die vollständige Demontage seiner Werke erlebte Borgward nicht mehr; er starb 1963 an Herzversagen.

Borgward und auch Grundig und Nixdorf waren auf dem Höhepunkt ihrer Geschichte das, was man charismatische Führer nennt. Im Kapitel über die Unternehmereigenschaften habe ich schon gezeigt, dass Charisma keinem in die Wiege gelegt wird, sondern sich in den langen Jahren erfolgreicher Tätigkeit herausbildet (obwohl Borgward schon früh über eine besondere Ausstrahlung verfügt haben muss, sonst hätte die Buchhalterin nicht mit ihrem Privatvermögen seine Bremer Kühler-Fabrik gerettet). Dieses Charisma, das alle Menschen so sehr lieben, kann aber unversehens zum Fluch eines Unternehmers werden: Die Mitarbeiter sagen ihm die Wahrheit nicht mehr! Überbringer schlechter Nachrichten wurden schon immer schlecht behandelt, aber wenn der Adressat noch dazu Charisma besitzt, hält der Überbringer die schlechte Nachricht nicht nur zurück – er hält sie selbst für falsch. Es ist erstaunlich und gleichzeitig erschreckend, wie die Umgebung eines charismatischen Menschen assimiliert, angepasst wird. Es ist keine Böswilligkeit, wenn die Menschen die Wahrheit duckmäuserisch verheimlichen – eher der Wunsch nach Akzeptanz und Sicherheit in der Nähe eines großen charismatischen Führers.

Die Folgen aber sind dramatisch: Ich glaube, dass alle drei – Grundig, Nixdorf und Borgward – Opfer dieses Phänomens wurden. Am Ende hatten sie keine Ahnung mehr, was in ihren Unternehmen wirklich geschah. Das ist umso schlimmer, als sich weite Teile des immer größer gewordenen Imperiums nicht mehr in direkter Reichweite des Unternehmers befanden. Am Ende bleibt die bittere Erkenntnis, dass alle drei großen Firmen ihre Selbstständigkeit hätten behalten können, wenn die Unternehmer mehr über die tatsächlichen Geschehnisse gewusst hätten.

Es gibt daraus nur einen Ausweg: Verantwortung abgeben, bevor man selber meint, es sei an der Zeit. Wenn man glaubt, nun sei der richtige Zeitpunkt gekommen, ist es vielfach schon zu spät – ganz abgesehen davon, dass Menschen, wenn sie älter sind, nicht gerade kompromissbereiter werden. Außerdem nimmt das Charisma immer noch mehr zu und das oben beschriebene Phänomen weitet sich zu einem echten Teufelskreis aus.

Unter anderem war es auch diese Erkenntnis, die mich frühzeitig veranlasst hat, die Hälfte meiner Anteile zu verkaufen und fremdes professionelles Management hereinzuholen. Weil ich in Ruhe einen Nachfolger suchen und aufbauen konnte, konnte ich selber entscheiden, wann ich das Unternehmen ganz verlassen will. Wer nämlich glaubt, man könne ein Unternehmen, das man selber aufgebaut hat, von heute auf morgen schlagartig verkaufen, hat sich getäuscht: Der Käufer will nämlich wissen, wer morgen die Geschicke der Firma führen soll!

Vieles entsteht einfach durch Zufall

Max Grundig kam nach dem Krieg der Zufall in Form von Werner Conrad zu Hilfe, den die Kriegswirren nach Süddeutschland verschlagen hatten. Und Conrad hatte genau die Drehkondensatoren im Gepäck, die Grundig für sein neu konstruiertes Radio gefehlt haben; ohne die Möglichkeit der Senderabstimmung wäre die ganze Produktlinie so wertlos gewesen wie ein Auto ohne Lenkrad. Dass aus dieser mehr als zufälligen Begegnung letztlich zwei große Firmen mit internationaler Bedeutung entstanden sind, mag man als Glücksfall hinstellen; dass so etwas beileibe kein Einzelfall ist, zeigen weitere Beispiele.

Als nächstliegendes fällt mir da natürlich meine eigene Entwicklung zum Unternehmer ein, die alles andere als geplant war. Nachdem der Wunschtraum, Konzertpianist zu werden, zerplatzt war, bin ich nach dem Abitur über einige Umwege beim Studium der Mathematik an der TH Aachen gelandet. Weil das ein recht trockener Stoff war, und ich die Liebe zur Musik deshalb noch lange nicht aufgegeben hatte, zog es mich zweimal die Woche in den studentischen Jazzkeller, wo ich mir beim Kellnern ein paar Mark dazuverdiente. Weil dieses Geschäft aber nur äußerst schleppend lief, und mich gegen 23 Uhr wegen des einsetzenden Publikumsmangels regelmäßig eine bleierne Müdigkeit überkam, wollte ich mir einen anderen Aushilfsjob suchen. Ein Kommilitone verwies mich diesbezüglich, mehr oder weniger zufällig, an ein älteres Maschinenbau-Semester namens Rainer Fraling. Es war übrigens derselbe Rainer Fraling, der – zufällig – bis kurz zuvor noch die Leitung dieses legendären Jazzkellers innehatte, und der damit auch indirekt für meinen Job als Keller-Kellner zuständig war. Dass daraus wenig später eine Zusammenarbeit entstanden sein würde, die im größten europäischen Handelsunternehmen für PCs gipfeln sollte, konnte damals noch keiner von uns beiden ahnen.

Fraling stellte mich also ohne Zögern als Aushilfe in seinem Studentenverlag ein. Dort verkaufte er für die Maschinenbau-Studenten Umdrucke mit Prüfungsaufgaben, die mangels geeigneter Maschinen noch manuell sortiert werden mussten. Fraling zahlte pro DIN-A4-Blatt

exakt einen Zehntel Pfennig, was bei den anderen Jungakademikern aber auf wenig Gegenliebe stieß. Entweder kam ihnen das stupide Sortieren zu blöde vor, oder sie stellten sich einfach nur so an – zu einem größeren Verdienst hat es bei ihnen jedenfalls nie gereicht.
Ich habe jedoch schnell festgestellt, dass es sich dabei um eine hochsystematische Arbeit handelte, die sich ohne weiteres perfektionieren ließ; nach kurzer Zeit schaffte ich 8.000 Blatt pro Stunde und strich damit einen Stundenlohn von acht Mark ein, was 1970 für einen 18-Jährigen eine stolze Summe bedeutete.
Rainer Fraling, der von Natur aus sehr knauserig war, versuchte täglich, seine Kosten zu reduzieren. Nicht etwa, dass er geizig wäre – ganz im Gegenteil: Wenn ihm einmal etwas Spaß macht, scheut er garantiert keine Kosten! Aber er hasst eben Unkosten, und damals stellte ich für ihn die personifizierten Unkosten dar. Natürlich konnte er an dem Zehntel Pfennig pro Blatt schlecht rütteln, aber clever, wie er war, heckte er einen anderen Plan aus. Er legte mir nahe, vor dem Sortieren das Papier auch noch zu bedrucken, und zwar für fünf Mark pro Stunde. Vor meinem Engagement hatte man mich vor Fraling gewarnt, weil er in Geldangelegenheiten ein ziemlich ungenießbarer Brocken sei. Und viele andere haben in ähnlichen Situationen dankend abgewunken und sich nach einem anderen Job umgesehen.
Bei mir war das anders, diesmal allerdings weniger zufällig: Erstens mochte ich den Geruch von Druckfarbe schon immer, und außerdem war ich Chefredakteur unserer Schülerzeitung gewesen; hinzu kamen diverse Flugblatt-Aktivitäten aus der 68-er-Zeit, so dass ich für Vervielfältigungsmaschinen grundsätzlich etwas übrig hatte. Folglich nahm ich das Angebot an und hatte leider immer weniger Zeit, die Professoren in ihren Vorlesungen zu besuchen.
Bereits hier erkennen Sie in den wesentlichen Zügen das ganze Erfolgsgeheimnis unserer späteren Zusammenarbeit: Flexibilität, Sparsamkeit und Schnelligkeit! Für die heraufziehende Mikrocomputer-Ära mit ihren unwägbaren stürmischen Entwicklungen waren das genau die richtigen Tugenden. Ich sage ausdrücklich, dass wir weder zu diesem Zeitpunkt noch irgendwann später irgendwelche Visionen davon hatten, was uns auf diesem Sektor möglicherweise erwarten könnte; auf diesen „visionären“ Punkt komme ich noch ausführlich zurück.
Im Hochschulbereich haben wir uns mit unseren geschäftlichen Aktivitäten so recht und schlecht durchgeschlagen. Viel Geld war damit al-

lerdings nicht zu verdienen, und es bestand außerdem Anlass zu ernsthafter Sorge, wie es mit dem Studium an sich weitergehen sollte. Erfahrungsgemäß sind die Professoren bei der Studiendauer aber nicht ganz so zimperlich, wenn man sich im Rahmen der Hochschule politisch engagiert. Ich trat also einer für die damaligen Verhältnisse gemäßigten Studentenorganisation bei und wurde dort auch freudig aufgenommen – weniger wegen meiner politischen Überzeugung, die ich nicht hatte, als vielmehr mit dem Hintergedanken, dass ich auch drucken konnte.

Dank dieser Fähigkeit und durch den Einsatz einer wahren Flugblattschlacht wurden die Wahlen zum Studentenparlament schließlich auch gewonnen, und ich bekam zum Dank im Allgemeinen Studentenausschuss (AStA) den Posten des Lehrmittelreferenten.

Lehrmittel sind an einer Technischen Hochschule immer gefragt, und Fraling hatte Produkte wie Zirkel und Rechenschieber schon vorher preiswert eingekauft und vertrieben. Nun lag es nahe, dies direkt über das Lehrmittelreferat des AStA abzuwickeln – natürlich mit 30 Prozent Rabatt auf den Einzelhandelspreis. Das wiederum brachte den Aachener Einzelhandelsverband auf den Plan, und wir konnten uns nur dadurch wehren, indem wir mit der Presse drohten. Tenor: Profitgeier gegen arme Studenten. Das jedoch wollten die Handelsoberen nun auch nicht gerade in den Aachener Gazetten wiederfinden, und so ließen sie uns gewähren.

In aller Ruhe erweiterten wir das Programm um den damals brandneuen Taschenrechner Hewlett Packard HP 35, der mit wissenschaftlichen Funktionen gespickt war und sich damit angehenden Ingenieuren geradezu aufdrängte. Fraling hatte schon 1973 mit zwei anderen Kommilitonen eine GmbH gegründet, die derartige Produkte preiswert einkaufte. Es war daher nicht verwunderlich, dass der Weg von Fralings GmbH über mein Lehrmittelbüro im AStA wie geschmiert lief. Allerdings schätzten Fralings Mitgesellschafter die Absatzmöglichkeiten für den 1.298 Mark teuren Superrechner HP35 nicht besonders groß ein; dass so etwas heute gerade noch zehn Mark kosten würde, konnte damals freilich niemand ahnen, doch ein bisschen dämmerte es uns beiden schon. 1975 beschlossen wir daher, unsere eigene Firma zu gründen.

Den Namen hatte Fraling schnell gefunden, denn er erinnerte sich noch lebhaft an den Lateinunterricht in der Schule. Da wir von Anfang an die Kundenorientierung als unsere größte Maxime ansahen, wählten wir zuerst die Bezeichnung „Vero“, und ab 1980 „Vobis“, was soviel bedeutet wie „Euch“ oder „für Euch“. Dass wir dabei zu keinem Zeitpunkt das „Pro Nobis“ (= für uns) aus den Augen verloren haben, versteht sich. Jeder von uns beiden erhielt 50 Prozent der Geschäftsanteile, und das Prinzip „Halbe-Halbe“ ist bis zum Schluss geblieben.

Damit ist diese ungewöhnliche Entstehungsgeschichte aber noch nicht zu Ende, denn Fralings Altgesellschafter stänkerten gegen unsere neue Firma und forderten deren sofortige Löschung. Weil sie damit bei uns auf wenig Gegenliebe stießen, hetzten sie uns die Steuerfahndung auf den Hals. Zu diesem Zeitpunkt hatten wir alle Hände voll zu tun mit der Auftragsabwicklung und deshalb auch keine Zeit gehabt, das neue Gewerbe anzumelden. Nach eingehenden Diskussionen mit den Herren im steifen Kragen ließ sich das Versäumnis nachholen – Gott sei Dank, denn sonst hätte unsere aufstrebende Firma schon zumachen müssen, ehe es überhaupt richtig losgegangen war!

Um beim Zufall zu bleiben: Wir hatten VOBIS ja eigentlich als reinen Versandhandel geplant und als Kunden vornehmlich die Studenten befreundeter Hochschulen angepeilt. Die erste Versandzentrale war meine Studentenbude im Aachener Hochschulviertel, und die Nachnahmepakete habe ich eigenhändig auf meinem Bett verschnürt. Erst als mir das mit Bindfaden und Pappkarton auf so engem Raum zu bunt wurde, haben wir uns für 30 Mark im Monat einen Hinterhofschuppen gemietet.

Von diesem Zeitpunkt an war das unsere „Vertriebszentrale“, von der aus wir unsere Versandaktivitäten koordinierten. Allerdings lief es auch dort anders als geplant, denn es kamen immer mehr Studenten vorbei, die sich bei uns die modernen Errungenschaften der Mikroelektronik ansehen wollten. Ich erinnere mich da besonders an die programmierbaren Taschenrechner HP 65 von Hewlett-Packard und den SR 52 von Texas Instruments – beide mit Magnetkarten ausgestattet und für mich bis heute regelrechte Wunderwerke der Elektromechanik. Angesichts der wachsenden Besucherzahlen blieb uns nichts anderes übrig, als ein Ladenlokal aufzumachen. So eröffneten wir auf der Aachener Pontstraße unser erstes Ladengeschäft und waren mächtig stolz!

Erst 1980 kam in Düsseldorf ein weiteres Ladenlokal dazu, das eigentlich auch wieder nicht zum Verkaufen gedacht war, sondern vielmehr zur Beratung von Kunden, die sich einen der ersten PCs hatten zuschicken lassen. Aber anstelle der Reklamationen, mit denen wir vornehmlich gerechnet hatten, kamen täglich bis zu 100 Kunden, die für 349 Mark den Sinclair ZX 81 kaufen wollten. Aus dem technischen Beratungsbüro, als das das Ladenlokal geplant war, wurde eine Verkaufsfiliale – allerdings als Reaktion auf die Kundenwünsche und nicht aufgrund unserer Planung. Wieder einmal war es vollkommen zufällig und visionslos einfach so gekommen, getreu der alten VOBIS-Erfolgsstory.

Was in Düsseldorf funktionierte, ließ sich dann auch auf Hannover, Stuttgart, Frankfurt und München übertragen. Ab 1982 war VOBIS zu einem Filialnetz für PCs geworden; lange Zeit bleib es das einzige auf der Welt.

Wenn vom Zufall die Rede ist, denke ich auch an Otto Kern (Jahrgang 1950), den es als angehenden Juristen in die Modebranche verschlagen hat, wo er inzwischen zu einem weltweit bekannten Modemacher aufgestiegen ist. Er schildert diese Anfänge so:

> *„Eigentlich hatte ich nach der Schule mit Mode nicht viel im Sinn und hatte vor, Wirtschaftsanwalt zu werden. Weil ich immer schon davon überzeugt war, dass eine praktische Ausbildung die beste Basis für das Berufsleben ist, habe ich zunächst einmal eine Lehre als Anwaltsgehilfe absolviert und erst dann das Studium der Juristerei und Wirtschaftswissenschaft aufgenommen. Damit stand ich vor dem Problem, wie ich mein Studium finanzieren könnte. Als engagierter Vertreter der 68-er-Generation, der auch in der APO (Außerparlamentarische Opposition) tätig war, stand es für mich außer Frage, dass ich das Geld selbst aufbringen würde. Neben den Auftritten mit meiner Band habe ich, als sich per Zufall die Gelegenheit bot, noch einen zweiten interessanten Nebenjob angenommen: Ich arbeitete an den Wochenenden beim Frankfurter Herrenausstatter ‚annas' als Aushilfsverkäufer.*
>
> *Anfang der 70-er Jahre waren dort eng taillierte Herrenhemden der absolute Renner. Eine französische Firma hat diese engen Hemden in den Modefarben Dunkelbraun und Schwarz auf den Markt gebracht. Sie waren so gefragt, dass Hunderte davon im voraus verkauft wurden und wir regelrechte Strichlisten führen mussten, welche Kunden bei der nächsten Lieferung in welcher Reihenfolge berücksichtigt werden konnten. Obwohl andere Hersteller schnell auf diesen Zug aufgesprungen waren und diese Hemden kopiert hatten, entstanden weiterhin kaum vorstellbare Engpässe.*

Und so kam ich auf die Idee, solche Hemden selbst zu machen! Meine Überlegung war, die Hemden schnell und billig bei meiner Mutter in Kaiserslautern produzieren zu lassen, die dort eine Wäschefabrik besaß. Meine Mutter war bereit, mich zu unterstützen, und kurz darauf wurden die ersten 1.000 Hemden geliefert; nach drei Tagen waren sie schon wieder restlos ausverkauft! Das war für mich der Auslöser: Wenn ein neuer Schnitt und neue Farben einen derartigen Ansturm auslösen konnten, war da offensichtlich etwas in Bewegung geraten. Mein Beitrag zur ‚Emanzipation' der Männer als vermeintliche Modemuffel sollte daher eine komplette Hemdenkollektion sein."

Aus dieser anfangs reinen Hemdenkollektion für den modebewussten Herrn ist inzwischen ein Rundumangebot für Damen und Herren geworden, in dem auch die erforderlichen Accessoires nicht fehlen, angefangen bei der Krawatte über das Leder bis hin zum passenden Parfüm; hinzu kamen die Erfindung der Waschseide und des Rouleauxdrucks, durch die Otto Kern für weiteren Wirbel in nunmehr „seiner" Branche gesorgt hat.
Ich möchte die Zufälligkeiten auf keinen Fall überbewerten. Wer seine Hände in den Schoß legt und dann nur noch auf den großen Knall wartet, der kann vieles werden, aber kein erfolgreicher Unternehmer. Auf der anderen Seite aber gibt es immer wieder Situationen, in denen man so viel Glück hat, dass es den „normalen" Rahmen sprengt. Diese Überraschungsmomente gibt es wohlgemerkt auch in der anderen Richtung, zum Pech hin, aber da hat dann oft genug auch jemand nachgeholfen, der einem den eigenen Erfolg nicht so recht gönnen mag. Und aus misslichen Situationen müssen sich Unternehmer ständig befreien.
Einen richtigen Zufall, meinetwegen auch ein günstig verlaufenes Missverständnis, hat die Engländerin Anita Roddick (Jahrgang 1942) bei ihrer Firmengründung erlebt. Sie hat 1976 in Brighton ihren ersten „Body Shop" mit Naturcremes eröffnet und dabei natürlich auch auf eine möglichst gute Lage ihres Ladenlokals geachtet; dies und weitere günstige Umstände haben ihr aber kaum so viel gebracht wie ein witziger Zufall, der ihr an anderer Stelle zu Hilfe gekommen war. Aus heutiger Sicht – sie besitzt in 50 Ländern rund 1.500 Filialen – sieht sie das so:

„Mein Beweggrund, in die Kosmetikbranche zu gehen, war hauptsächlich Verärgerung. Ich ärgerte mich darüber, dass man ganz normale Kosmetikprodukte für den alltäglichen Bedarf nicht in kleinen Portionen zu fairen Preisen kaufen konnte. Außerdem ging es mir gegen den Strich, dass ein großer Teil des Geldes, das ich für ein Produkt bezahlte, in aufwendige Verpackungen floss, die ich gar nicht haben wollte.
Meine Geschäftsidee war geboren: Ich wollte ein kleines Geschäft eröffnen, in dem das Angebot aus einer kleinen Auswahl von Kosmetikartikeln mit natürlichen Inhaltsstoffen bestand. Diese Kosmetikartikel sollten in einfachen, günstigen Plastikgefäßen abgepackt sein. Ich hatte es nicht bewusst darauf angelegt, einen neuen Trend ins Leben zu rufen – ich wusste ja nicht einmal, was ein Trend war!
Ich habe nie eine wirtschaftswissenschaftliche oder sonstige akademische Ausbildung absolviert. Allerdings hatte ich klare Vorstellungen, wie ich meine Sache anpacken wollte. Ich kannte weder Regeln noch Risiken und agierte auf meine eigene, unbeschwerte Weise, gewissermaßen aus dem Bauch heraus. Heute bin ich fest davon überzeugt, dass ich es nicht geschafft hätte, wenn ich eine fundierte kaufmännische Ausbildung gehabt hätte. Man hätte mir eine Menge Dinge beigebracht, die meiner Meinung nach für eine erfolgreiche Existenzgründung irrelevant sind. So sind beispielsweise Controlling und Logistik Fähigkeiten, die in jeder wirtschaftswissenschaftlichen Ausbildung gelehrt werden. Dem Unternehmensgründer wird aber durch sein ständiges Bestreben, die gelernten Methoden und Fähigkeiten anzuwenden, der Blick auf das Wesentliche verstellt.
Den Namen für mein zukünftiges Geschäft hatte ich aus den Vereinigten Staaten mitgebracht, wo man die Karosseriewerkstätten für Autos mit ‚Body Shop' bezeichnet (Body = Karosserie). Ich hatte ihn irgendwie im Hinterkopf behalten und fand meine Verwendung für den Namen erheblich passender.
Eine Woche vor der geplanten Eröffnung erhielt ich einen Anwaltsbrief mit der Aufforderung, unverzüglich den Namen für das Geschäft zu ändern. Es gab in der Nähe nämlich zwei Beerdigungsinstitute, die befürchteten, dass ihr Umsatz durch meinen Laden beeinträchtigt würde. Dazu muss man wissen, dass ‚Body' im Englischen nicht nur ‚Karosserie', sondern auch noch ‚Leichnam' bedeuten kann …
Nachdem der erste Schreck überwunden war, kam mir die Idee, diese Geschichte als kostenlose Werbung für mich zu nutzen. Ich

schilderte die Situation einem Journalisten der örtlichen Lokalzeitung, der die Story prompt in großer Aufmachung publizierte. Von dem Anwalt habe ich nie wieder etwas gehört, aber schon wenige Stunden nach der Eröffnung schwirrte mir vor lauter Kunden der Kopf. Als ich am Abend die Einnahmen aus der Brusttasche meiner Latzhose zählte, war ich trunken vor Freude: Ich hatte 130 Pfund eingenommen!
Durch diese Ereignisse habe ich gleichsam nebenbei die Erfahrung gemacht, dass es nicht unbedingt nötig ist, viel Geld für Werbung auszugeben!"

Das Märchen von den Unternehmervisionen

Von den viel zitierten Visionen, die Unternehmer angeblich schon immer von ihrer späteren Firma gehabt haben sollen, halte ich überhaupt nichts. Man mag mit dem Begriff spielen, wie man will, aber „Visionen" sind für mich nicht irgendwelche vagen Vorstellungen, sondern eher zu Hirngespinsten neigende, übernatürliche Eingebungen. Ich halte das Gerede von solchen Visionen schlicht für ein Märchen. Möglich, dass Journalisten im Nachhinein Visionen davon haben, was ein erfolgreicher Unternehmer früher einmal gedacht haben mag; auch in den einschlägigen Unternehmer-Büchern wird im nachhinein etwas zur Vision hochstilisiert, was in Wirklichkeit jedoch nie stattgefunden hat. Ich habe es schon beim Thema Zufälligkeiten erwähnt, dass ich selbst nie Visionen hatte – sieht man einmal von jenen Schreckensvisionen ab, die einen des Nachts überkamen: Der Lagerbestand ist viel zu groß, die Ware wurde viel zu teuer eingekauft, die Zahlung von Kunden ist schon seit drei Wochen überfällig, bei den Banken ist kein neues Geld in Aussicht, und niemand weiß so recht, wie es am nächsten Tag weitergehen soll.

Nehmen wir einmal Bill Gates: Er hatte 1979 auch keine Visionen von dem, was einmal kommen würde. Der ist nur deshalb so billig an den IBM PC-DOS-Deal herangekommen, weil der zuständige Mann bei Digital Research, dem damals eigentlich führenden Betriebssystemhersteller, gerade fliegen lernen wollte und deshalb für den Kunden IBM nicht zu sprechen war. Die gingen dann zu Bill Gates. Dass dieser außerdem ein guter Programmierer ist und sein damaliges Microsoft-BASIC den anderen durch seine Schnelligkeit weit überlegen war, steht völlig außer Zweifel. Das ändert aber nichts daran, dass er mit 18 Jahren noch keine Visionen hatte. In so etwas stolpert man mehr oder weniger hinein! Nicht einmal Napoleon hat am Anfang gewusst, was letztlich bei seinen Unternehmungen herauskommen würde und dass er irgendwann einmal die Welt beherrschen wollte. Und er hat schon gar nicht davon geträumt, auf St. Helena seinen Lebensabend verbringen zu müssen.

Ich würde solche noch unscharfen Vorstellungen ganz anders beschreiben: Man greift in dieser frühen Phase gewissermaßen nach den Sternen, weil man da etwas funkeln sieht. Man weiß nicht genau, was es ist, aber man greift danach bzw. versucht es einfach mal. *Das* ist in meinen Augen Unternehmertum – und nicht die nachträglich gestylten Lebensläufe von Leuten, die zwar noch keine Mark umgesetzt hatten, aber angeblich schon genau wussten, wann sie an die Börse gehen werden. Das alles kann man vergessen. Und selbst wenn es so etwas mal gegeben haben mag – mir ist es jedenfalls unbekannt.

Erfolgreiche Unternehmer, von denen ich schon einige zitiert habe, hatten am Anfang auch keine Visionen, sondern einfach eine Idee, zu deren Realisierung ihnen in der Regel das nötige Geld gefehlt hat. Dem Geldmangel und anderen Mängeln mussten sie eisernen Erfolgswillen entgegensetzen, und oft stand ihr Unternehmen dabei auch unter einem günstigen Stern.

Die Idee mit VOBIS ist auch keiner Vision entsprungen, sondern das hat sich alles einfach so entwickelt, Schritt für Schritt. Natürlich denkt man bei zehn Millionen Mark Umsatz, dass man auch 20 oder 30 Millionen machen könnte, das ist ganz normal. Ein gesundes Wachstum sollte fester Bestandteil einer jeden Firma sein, aber dass man von vornherein weiß, in soundso viel Jahren macht man 100 Millionen und vier Jahre später eine Milliarde (so war es bei VOBIS) – das alles sind Überlegungen, die sich jeglicher Vorstellungskraft widersetzen.

Wenn man mit seiner Firma allmählich wächst, dann entsteht in einem irgendwann einmal ein Bild, das sich langsam konkretisiert. Natürlich hat man auch schon von anderen Unternehmer-Karrieren gehört, aber für einen selbst weist man das zunächst noch weit von sich; man hält es für unerreichbar und meint, etwas ähnliches sowieso nie schaffen zu können. Aber mit dieser bildhaften Vorstellung entdeckt man gewissermaßen kleine Bausteine, die sich zu einem Mosaik verdichten. Plötzlich findet man weitere Steinchen, die in dieses Gefüge hineinpassen und man beginnt damit, das Bild Schritt für Schritt nachzubauen. Dabei ist es problematisch genug zu erkennen, was nun letztlich hineinpasst und was nicht; aber gerade dieses Zusammenfügen des Puzzles ist ja das Interessante an der ganzen Angelegenheit.

Wenn heute in Unternehmer-Büchern immer wieder von Visionen die Rede ist, dann grenzt das fast schon an Überheblichkeit. Natürlich ist die Presse an derlei Geschichten lebhaft interessiert, und entsprechend stellt sie sie auch dar. Bei der METRO zum Beispiel unterstellen sie den Gründern, sie hätten lange vorhergesehen, dass daraus einmal ein internationaler Konzern werden würde. Diese Wunschvorstellung passt ja auch ganz toll zum Namen METRO, der etwas von internationalem Flair hat. In Wirklichkeit aber war es nichts anderes als der Name eines Geschäftes im Ruhrgebiet, das einer der Gründer betrieben hatte. Wahrscheinlich war einer von ihnen kurz zuvor in der Pariser Metro gewesen und hat sich irgendwie daran erinnert. Ich bin sicher, dass sie seinerzeit keinen blassen Schimmer davon hatten, was aus ihrer Gründung einmal werden würde. Diese Entwicklung ist viel zu unglaublich verlaufen, als dass jemand sie hätte vorausahnen können.

Ein anderes exzellentes Beispiel für eine unvisionäre, aber dennoch erfolgreiche Unternehmensgründung finden wir beim BODY SHOP. Die Gründerin Anita Roddick erinnert sich an den Beginn:

> *„Von geschäftlichen Dingen hatte ich keine Ahnung, als ich 1976 den ersten ‚The Body Shop' in Brighton, Süd-England eröffnete. Ich war 34 Jahre alt und hatte zwei kleine Kinder, die ich allein ernähren musste, denn mein Mann Gordon unternahm gerade eine Expedition zu Pferd von Buenos Aires nach New York. Das Vokabular des Geschäftslebens war Teil einer Sprache, die mir fremd war. Außerdem hatte ich in keiner Weise den Ehrgeiz, einen internationalen Konzern zu gründen oder gar die Welt zu verändern. Der Grad meines geschäftlichen Scharfsinns ging gerade so weit, dass ich wusste, ich muss 300 englische Pfund die Woche einnehmen, um über die Runden zu kommen."*

Welch ein langweiliger Start für ein Imperium, das heute mit fast 1.650 Filialen in 50 Ländern zwei Milliarden Mark umsetzt! Der einzige, der eine Vision hatte, war wohl nur ihr Mann, hoch zu Ross zwischen Buenos Aires und New York.

Zum Thema Visionen sei Peter Dussmann zitiert, der auch im Kapitel „Unternehmensideen" noch einmal zu Wort kommt; er leitet heute eines der führenden international tätigen Unternehmen auf dem Dienstleistungssektor, beschäftigt über 37.000 Mitarbeiter und setzt jährlich rund 1,9 Milliarden Mark um. Bezug nehmend auf seine Senioren-Wohnheime ‚Kursana' sagt er, dass die ungeplant und gewissermaßen aus der Not heraus geborenen Projekte oftmals die erfolgreichsten werden; von weitreichenden Vorstellungen hält er in diesem Zusammenhang gar nichts.

Wenn er auf seine Erfolgsgeschichte zurückblickt, sagt er ganz klipp und klar:

> *„Auch wenn die Flut der Wirtschaftsliteratur und so mancher durch den Erfolg geschönte Lebenslauf etwas anderes nahe legen, so möchte ich doch betonen, dass ich am Start 1963 keine große unternehmerische Vision hatte. Ich wollte Unternehmer sein und bin es mit Leib und Seele geworden. Darüber hinaus erkannte ich schon früh: Der Kunde ist König. Nur wenn der Kunde glücklich ist, kann ich Geschäfte machen. Der Kunde ist die erste und letzte Instanz, nur der Kunde hat Recht."*

Auch der 1923 geborene Hans Riegel jr. aus Bonn hat alles andere als Visionen gehabt, als er nach dem Krieg vor den Trümmern des väterlichen Betriebs für Bonbons und Süßigkeiten (HAns – RIegel – BOnn) stand. Der einzige Aktivposten, den er damals aufzuweisen hatte, war neben den geheimen Produktrezepturen aus der väterlichen Hinterlassenschaft im Grunde nur sein Instinkt. An überzogene Vorstellungen brauchte er überhaupt keine Energie zu verschwenden, denn es ging für ihn und seine Familie zunächst nur ums nackte Überleben:

> *„Als ich anfing, hatte ich nicht im Mindesten die Vorstellung, dass HARIBO Mitte der 60-er Jahre rund 1.000 Mitarbeiter beschäftigen würde. Es mag sich heute klischeehaft anhören, aber für denjenigen, der damals den festen Willen hatte, etwas zu schaffen, war Arbeit genug da. Und der Erfolg ließ auch nicht lange auf sich warten.*
> *Meines Erachtens lauten die wichtigsten unternehmerischen Überlegungen: Wer sind die Verbraucher? Was sind meine Zielgruppen? Was kann und was muss ich tun, um die Wünsche meiner Kunden zu erfüllen?*
> *All das habe ich nicht aus einer trockenen, theoretischen Überlegung heraus beantwortet, sondern es passierte intuitiv; ich folgte einfach meiner Eingebung!"*

Hugo Mathis gründete 1978 die Rund-Stahl-Bau GmbH. Heute setzt sie 350 Millionen Schilling um. Er erinnert sich:

> *„Doch der endgültige Anstoß zur Unternehmensgründung kam nicht direkt von mir. Mein damaliger Chef, der sich dann auch im neuen Unternehmen finanziell engagierte, hatte meine Unruhe*

richtig erkannt. Er machte mich auf die Einsatzmöglichkeiten von Rundschalungen bei Kläranlagen aufmerksam und ermutigte mich, in dieser Marktnische ein eigenes Unternehmen zu gründen. Zum Glück war mir zum damaligen Zeitpunkt die Tragweite meiner Entscheidung, Unternehmer zu werden, bei weitem nicht voll umfänglich bewusst. Ein rein rationell denkender Mensch hätte das Vorhaben wahrscheinlich sofort wieder abgebrochen. Heute weiß ich, dass diese Furchtlosigkeit oder ‚Ahnungslosigkeit‘ ein wesentlicher Vorteil beim Aufbau meines Unternehmens war.“

Man sollte sich diese Erkenntnis eines erfolgreichen Unternehmers mehrmals durchlesen: Das ganze Gerede von den Visionen, die angeblich zur erfolgreichen Gründung erforderlich sind, hält junge Menschen eher davon ab, sich selbstständig zu machen. Wer glaubt schon ernsthaft von sich, ein Imperium wie Bill Gates aufbauen zu können? Jeder würde einen für verrückt erklären.

Anders verhält es sich mit Vorbildern: Sie kommen leider etwas aus der Mode, nach dem Motto: „No father, no mother, selfmade-man!“ Aber zu Vorbildern kann man noch aufschauen, ohne sich etwas zu vergeben. Nicht die Vision, von der keiner weiß, wie man sie erreichen kann, treibt einen an, sondern der Blick auf einen Menschen, der in ganz bestimmten Situationen ein Vorbild war. Dabei muss es zur gegenwärtigen Situation nicht unbedingt eine direkte Parallele geben.

Ich erinnere mich an Neujahr 1981. Wir hatten gerade wenige Wochen zuvor die Klage des damals bedeutendsten Mikrocomputerherstellers (COMMODORE) erhalten, die uns verbieten sollte, seine PCs im Ausland zu kaufen und hier billiger anzubieten als andere. Damit wäre VOBIS am Ende gewesen. Wir befanden uns also in einer ziemlich ausweglosen Situation.

An diesem Neujahrsmorgen lief im Fernsehen der Film „Indianapolis“. Es geht darin um einen Rennfahrer, der in Unfrieden mit seiner Frau lebt, die sich gerade in einen anderen Rennfahrer verliebt hat. Sein Sohn, der zu ihm hält, sagt ihm kurz vor dem entscheidenden Rennen: „Ich will sehen, wie Du ihn besiegst!“ Mag es die verhalten besinnliche Katerstimmung am Morgen nach Silvester gewesen sein oder die Tatsache, dass Paul Newman als Sieger triumphierte – seit diesem Erlebnis war mir klar, dass wir „unser“ Rennen unbedingt gewinnen mussten. Und wir gewannen am Ende auch.

Solche Beispiele persönlicher „Selbstzentrierung“ habe ich oft erlebt. Idole, Ideale und Vorbilder statt Visionen! Sie sind die Leitgedanken für viele Unternehmer, ein Geländer, an dem sie sich festhalten können. Und im Gegensatz zu Visionen, die angeblich schon früh als Ziel vor Augen stehen, sind „Ideale wie Sterne – auch wenn Sie diese niemals ganz erreichen, können Sie sich doch an ihnen orientieren.“ (Klaus Kobjoll, Gründer des Landhotels Schindlerhof).

Die „Erbanlagen" eines Unternehmens

Obwohl oder gerade weil vieles durch Zufall entsteht, sollte man sich nicht täuschen lassen. Denn gerade die Entwicklungen zu Beginn hinterlassen Spuren, die sich tief in das Langzeitgedächtnis eines Unternehmens eingraben. Da werden noch nach Jahren Erinnerungen wach an die Tage, wo man das erste Geld zur Bank brachte, die erste Filiale aufmachte oder die ersten Kunden gewann. Bereits da werden die Weichen für viele Abläufe gestellt, die noch Jahre, wenn nicht Jahrzehnte, unverändert bestehen bleiben, weil man sie später nicht mehr ändern kann oder will. Dann heißt es „Das haben wir immer schon so gemacht". Und manchmal bleibt am Ende nur die Erkenntnis: „Nichts ist dauerhafter als ein Provisorium."

Ich bezeichne die ersten Gehversuche eines neuen Unternehmens als die Phase, in der sich seine „DNS", also seine Erbanlage, herausbildet. Denn ein Unternehmen ist ein lebendiges Gebilde. Es atmet, benötigt Ressourcen und entwickelt eigene Abläufe und Energien zwecks Austausch mit seiner Umgebung. Die Erbanlagen dieses Körpers, darüber muss sich jeder Jungunternehmer im Klaren sein, sind im nachhinein meistens überhaupt nicht mehr oder nur unter größten Schwierigkeiten zu ändern.

Wenn die ersten Mitarbeiter kommen, bildet sich ein Betriebsklima. Hier liegt der Grund für die Beständigkeit einmal angenommener Verhaltensweisen: Sie werden von Mitarbeitergeneration zu Mitarbeitergeneration vererbt. Solange auch nur noch ein Mitglied der vorigen Generation vorhanden ist, werden alle nachfolgenden „infiziert". Manchmal meine ich sogar, die Wände eines Unternehmens würden diese Verhaltensmuster übertragen.

Man hat mir einmal von einem Beispiel berichtet, wo ein sehr erfolgreicher Cash&Carry-Großmarkt seine Kunden mit günstigen Preisen über Eintrittsausweise gewann. Diese Ausweise waren sehr begehrt, weil sie zum vermeintlich günstigen Einkauf berechtigten. Die Verkäufer dieses Großmarktes wussten natürlich um die Bedeutung dieser Scheine. Es wurde dann schnell zur Gewohnheit, Kunden, die eine Reklamation vortrugen, mit der Drohung abzuwimmeln, ihnen die Ausweise abzunehmen.

Die Konkurrenz schlief natürlich nicht, und nach ein paar Jahren wurde das Klima für unseren Großmarkt immer rauer. Aber glauben Sie, die Verkäufer hätten ihre Einstellung zum Kunden geändert? Keineswegs! Die rüden Praktiken gehörten ab der ersten Stunde einfach zur „Erbmasse“ dieses Unternehmens. Und was noch schlimmer war: Wenn neue Filialen eröffnet wurden, halfen selbstverständlich altgediente Mitarbeiter des ersten Großmarktes beim Aufbau mit. Dadurch wurden die „Gene“ auf die nächste Generation übertragen. Eine durch und durch verhängnisvolle Entwicklung. Ich habe Manager dieser C&C-Läden sagen hören, dass zur Abschaffung dieser Angewohnheiten nur eines helfe: die alten Märkte zumachen und rückstandsfrei verbrennen. Ich bitte um Entschuldigung für diese martialische Ausdrucksweise. Aber alle, die dieses Phänomen kennen, werden mir beipflichten: Sämtliche Belehrungen, Umschulungsprogramme, Incentives usw. kommen gegen die einmal angelegten Erbanlagen eines Unternehmens einfach nicht an!

Das klingt bedrohlich, und das ist es auch. Nicht wegen der *schlechten* Angewohnheiten – ein kluger Unternehmensgründer kann von vornherein Sorge dafür tragen, dass die Mitarbeiter keine annehmen. Aber was ist mit den einstmals *guten* Angewohnheiten? Mit denen, die beim Start des Unternehmens einmal gut waren, dann aber einer Korrektur bedürfen, weil sich der Markt geändert hat?

Nehmen Sie als Beispiel die Kaufhäuser. In den 60-er Jahren waren sie die erfolgreichsten Einzelhändler. Aufgrund der großen Nachfrage nach Waren aller Art in der Zeit des Wirtschaftswunders bestimmten ausschließlich die Einkäufer, was „gespielt“ wurde. Die Verkäufer hatten nicht mehr zu tun, als die Waren zu verteilen. Auf den Kundenwunsch brauchte nicht näher eingegangen zu werden – er kaufte sowieso alles. Dementsprechend war die Präsentation: viel auf engem Raum in vier Etagen.

Die Kaufhäuser lebten gut damit. Der Erfolg gab ihnen Recht, und die eingeübten Verhaltensweisen gehörten einfach zur Erbmasse. Als dann aber in den 70-er Jahren die ersten großen Supermärkte auf der grünen Wiese auftauchten und noch später die Fachmärkte zum Beispiel für Baubedarf, Elektronik und Spielzeug, hätte die Kaufhaus-Erbmasse mit ihrer einkaufsorientierten Warenpolitik dringend einer Korrektur bedurft. Man kann darüber streiten, ob die Schwierigkeiten der „alten“

Kaufhäuser daher rührten, dass die Innenstadtflächen zu teuer sind. Aber ich glaube nicht, dass es an der absoluten Höhe der Kosten gelegen hat, denn immerhin gibt es ja den Vorteil der leichten Erreichbarkeit und die Möglichkeit eines einzigartigen Shopping-Erlebnisses.
Aber da jene Verkäufer, die etwas von Warenpräsentation und Marketing verstehen, in der alten Struktur nichts zu sagen hatten, mühte man sich jahrelang mit Kostendämpfungsmaßnahmen ab. Denen fielen zuallererst das Verkaufspersonal zum Opfer, so dass die Kaufhausetagen fast nur noch aus Wühltheken bestehen. Und die Verkäufer, die noch da sind, erkennt man nicht. Mir passiert es regelmäßig bei meinen Kaufhausbesuchen, dass man mich selbst für einen Verkäufer hält oder dass ich einen anderen Kunden nach etwas frage, weil ich ihn für einen Verkäufer halte – eine ganz neue Form der Selbstbedienung. Klar, dass hier die Fachmärkte eindeutig die Nase vorne haben.
Jetzt erst beginnen die Kaufhäuser sich langsam zu zeitgemäßen Einzelhandelsformen zu mausern, nachdem die Altvorderen aus der Ära der Einkaufsmacht-Dynastie endlich abgedankt haben (oder „wurden“).
Aber welch ein schmerzlicher Prozess ist dieser tiefe Einschnitt in die Erbanlagen eines Unternehmens! Stellen Sie sich zum Beispiel die vielen Firmen vor, die mit oder rund um die Kohle ihr Geld verdient haben: Die Finanzierung der Strukturanpassungen bei der Kohleförderung – der Vorzeigeindustrie der 50-er Jahre – übernimmt der Steuerzahler. Aber was ist mit den Kohleofenbauern? Die vielen Mitarbeiter, die im Glauben an die guten Anlagen ihres Unternehmens jahrzehntelang Kohleöfen gebaut haben, sollen nun alle umerzogen werden? Eine schier unlösbare Aufgabe.
In Deutschland ist es leider tabu, zu fragen, ob ein Unternehmen überhaupt noch überlebensfähig ist. Der Bestandsschutz für die Arbeitsplätze hat Vorrang. Aber manchmal müsste man sich doch ehrlicherweise eingestehen, dass es für die eine oder andere Firma keine Überlebenschance gibt: Man kann eben aus einem Dieselmotor keinen elastischen Viertaktbenziner machen!
Wird weiterhin ein breites Warensortiment angeboten – was früher vielleicht zur herausragenden Eigenschaft des Unternehmens gehörte, jetzt aber am Markt, aus welchen Gründen auch immer, nicht mehr gefragt ist –, hat das Unternehmen ab sofort eine „falsche“ Erbmasse. Und da man weiß, wie schwer diese umzustrukturieren ist, möchte man es am liebsten gleich ganz lassen. Manchmal, selbst wenn es nicht

sehr populär ist, geschieht es auch so – zum Beispiel bei der Schließung der Fokker-Flugzeugwerke.

An dieser Stelle einen weisen Rat zu geben, ist sehr schwer. Vor allem müßte der Verfasser ihn dann erst einmal selbst beherzigen. Bei der Unternehmensgründung wäre ich heute viel genauer und pedantischer als vor 25 Jahren. Wenn ich daran denke, welche Abläufe, die damals vielleicht ganz gut passten, über Jahrzehnte unverändert mitgeschleppt wurden! Heute würde ich dreimal überlegen, wie ich eine Sache anfasse, und immer im Auge behalten, dass einmal auf den Weg Gebrachtes lange Zeit halten muss, weil man es nicht mehr ändern wird.

Was die globale Ausrichtung eines Unternehmens anbetrifft, also die genetischen Veranlagungen, die es heute am Markt erfolgreich machen sollen, fällt mir ein Rat besonders schwer. Denn die Ausrichtung verändert sich immer schneller. Es wird wohl nichts anderes übrig bleiben, als auch ab und zu das gesamte Unternehmen in Frage zu stellen: Neuanfang durch Zerschlagung. Für den Unternehmer klassischer Prägung mit seiner Beständigkeit und der Bindung an sein Werk ist das natürlich eine echte Zumutung. Aber ich befürchte, dass wir es lernen müssen.

Mein Partner Rainer Fraling und ich haben einen einigermaßen akzeptablen Weg zum Ausstieg gefunden, ohne dass es uns in Anbetracht des Verlustes *unseres Werkes VOBIS* das Herz gebrochen hätte.

Unternehmer kontra Manager

Nachdem es um die typischen Eigenschaften und die typischen Schwächen des Unternehmers gegangen ist, muss ich unbedingt noch einmal die Abgrenzung zum Manager präzisieren. Dieses Buch wurde verfasst für Unternehmer und soll eine Werbung für das Unternehmertum sein. Ein Manager ist aber kein Unternehmer und deswegen kommt er hier nicht so gut weg. Dabei geht es mir ganz gewiss nicht darum, Manager in Bausch und Bogen in die Pfanne zu hauen, sondern darum, die wesentlichen Unterschiede zwischen diesen beiden Welten herauszustellen.

Der Manager ist und bleibt Angestellter seiner Firma, ein „Lohnknecht". Der Unternehmer dagegen ist frei und von der „Geburt" seines Unternehmens an der Herr im Haus – selbst in Partnerschaften, in denen sich zwei oder mehrere Teilhaber die Verantwortung teilen. Alle Manager dieser Erde haben nur ein Ziel: Die Führung des Unternehmens an sich zu ziehen – manchmal auch zu reißen. Unternehmer haben hier keine Probleme: Ein Blick in das Handelsregister genügt, um jedem zu beweisen, wer der Chef ist. Das ist ein großer Vorteil, denn um die Sicherung seiner Machtposition braucht er sich nicht mehr zu kümmern.

In der Bevölkerung herrscht oft genug die irrige Vorstellung, dass man, um erfolgreich zu sein, von morgens 6 bis abends 20 Uhr stramm arbeiten muss. Das mag für den Manager gelten, der einem ständigen Gruppenzwang ausgesetzt ist und allein schon durch seine Anwesenheit betriebliche Beflissenheit und Einsatzwillen dokumentiert. Der Unternehmer dagegen hat die Freiheit, morgens erst um 10 Uhr zu kommen und um 12 schon wieder im Biergarten zu sitzen – solange sein Betrieb funktioniert und er ihn durch seine Entscheidungen am Laufen hält. Im Übrigen ist ein Quäntchen Faulheit gar nicht verkehrt: Erstens konzentriert man sich nur auf das wirklich Wesentliche und zweitens denkt man immer wieder darüber nach, wie man Abläufe zum Zwecke des Zeitgewinns rationalisieren kann.

Ganz sicher gibt es viele Unternehmer, die für ihren Erfolg unheimlich wühlen müssen und dazu den sprichwörtlichen Bienenfleiß, verbunden mit harter Kleinarbeit und vielen Gesprächen, an den Tag legen. Andere Unternehmer arbeiten weniger hart und haben trotzdem die zündende Idee, nach der sich alles richtet, und die sich am Ende als gut erweist. Ich möchte damit nur darauf hinweisen, dass es nicht nur den einen, den fleißigen, Unternehmertyp gibt.

Beim Manager ist das schon anders. Man hat ein fest gefügtes Bild von ihm, eben weil er fremd- und nicht selbstbestimmt ist. Also müssen Manager diesem Bild genügen, sonst wird nichts aus der Karriere. Sie könnten viel effektiver sein, wenn sie nicht die meiste Zeit damit verbringen müssten, ihren eigenen Posten abzusichern und dafür zu sorgen, dass niemand an ihrem Stuhlbein sägt. Ich schätze, dass sie ein Drittel der Arbeitszeit damit verbringen, die eigene Position zu fundamentieren und unzählige Aktennotizen zu verfassen, die einerseits im Archiv landen, andererseits aber auch nach oben lanciert werden, um höheren Orts auf sich aufmerksam zu machen. Wenn Manager dann zwölf statt acht Stunden am Tag arbeiten müssen, so geschieht ihnen das nur recht. Wie viel Zeit alleine dafür verschwendet wird, die Reisekostenabrechnung hieb- und stichfest zu machen! Aber es führt kein Weg daran vorbei. Unliebsam gewordene Manager bekommen die lieben Kollegen nur deswegen so schnell hinausbefördert, weil es irgendwelche Ungereimtheiten bei den Flug- oder Hotelbelegen gab. Ein betrieblich bedingter Flug nach London kann zur bösen Falle werden, wenn der Manager seine Frau mitnimmt. Das Flugticket kann sie ja noch selbst bezahlen – aber wie teilt man die Rechnung für das Doppelzimmer? Lachen Sie nicht über solch einen Schwachsinn, es ist Manageralltag.

Jede Aktivität des Managers ist immer auch darauf ausgerichtet, sich der Meute zu erwehren, die von unten drückt, um seinen Posten zu ergattern; gleichzeitig aber muss er sich gegenüber allen Ranggleichen profilieren, die auf denselben, nächsthöheren Posten scharf sind wie er selbst. Wenn ich an großen Konzernzentralen vorbeifahre, meine ich, das sonore Geräusch hunderter Manager zu vernehmen, die an den Stuhlbeinen ihrer Kollegen herumsägen. Wie viel Zeit und Energie das kostet!

Dabei ist der Manager grundsätzlich nicht schlechter als der Unternehmer. Im Gegenteil: Häufig ist er sogar wesentlich besser ausgebildet und hat zur Bewältigung seiner Standardaufgaben auch einen besseren Apparat zur Verfügung. Aber er kann seine Werkzeuge nicht voll nutzen: Immer muss er auf der Hut sein. Wenn der Unternehmer sagt:

„Da geht's lang!“, muss ein Manager sich vorsichtig ausdrücken: „Unter Abwägung aller Basisdatenvoraussetzungen bin ich (besser: sind wir) für ein entschiedenes Sowohl-als-Auch.“ Daraus kann ihm so schnell keiner einen Strick drehen. Außerdem beweist er mit solch gekonnten Sprüchen Überlegenheit in der Formulierungskunst und obendrein noch Teamgeist.

Manager verdienen nicht unbedingt schlechter als Unternehmer, jedenfalls nicht, wenn sie in profitablen Firmen arbeiten. Einer Studie des amerikanischen Wirtschaftsmagazins Forbes Global zufolge geht der Vorstandsvorsitzende der DaimlerChrysler AG mit jährlich 5,3 Millionen Mark nach Hause. Damit liegt er außerhalb der USA aber nur auf Platz vier; angeführt wird diese Liste derzeit vom Chef des kanadischen Medien- und Getränkekonzerns Seagram, der 8,3 Millionen Mark einstreicht – wohlgemerkt im Jahr und nicht als einmalige Abfindung! Bezieht man aber die US-amerikanischen Manager mit ein, dann wirken selbst diese acht Millionen Mark noch sehr bescheiden: Der Chef des Disney-Konzerns hat 1998 rund 590 Millionen Dollar verdient bzw. bekommen, auch wenn das nicht alles Bargeld war, sondern dieser Betrag zum Teil aus Gewinnen seiner Aktienbeteiligungen bestand.

Es steht außer Frage, dass solche Gehälter von Spitzenmanagern die Ausnahme sind und nicht unbedingt als Richtschnur für die eigene Entlohung dienen, jedenfalls nicht in der Anfangszeit. Aber wissen sollte man es: man überschätzt sich dann nicht so leicht.

Kennzeichnend für unternehmergeführte Firmen sind flache Hierarchien mit sehr wenig Ebenen. Dort ist der Weg von oben nach unten sehr kurz, und demzufolge hat der Chef sein Ohr auch viel näher am Markt, weil er mitbekommt, was „unten“ passiert. Mächtige Hierarchien mit sieben oder acht Stufen komplizieren alles: angefangen bei der Kommunikation von unten nach oben bis hin zu dem Bestreben, dass tatsächlich alle auch noch an einem Strang ziehen. Das ist dann der Nährboden, auf dem die Machtkämpfe gedeihen, die die Führungskräfte in jeder Ebene ausfechten. Sie sehen sich nämlich gezwungen, ihren eigenen Einfluss zu stärken und möglichst noch auszubauen, und das gelingt nur dadurch, dass sie immer mehr Menschen hinter sich scharen. Die neu geschaffenen Hierarchie-Ebenen sind so etwas wie eine völlig antiquierte Feudalstruktur, in der der jeweilige Fürst Lehen an seine Untertanen vergibt. Andererseits brauchen Manager, weil sie oft nicht in der Lage sind, frei zu entscheiden, immer Leute, die sie für sich einsetzen und als Deckung missbrauchen.

Die gut funktionierende Struktur bei VOBIS – wo wir nur drei Ebenen hatten – wurde nach dem Eintritt von Kaufhof/METRO innerhalb von sechs Monaten so weit aufgebläht, dass es auf einmal sieben oder acht Stufen gab. Anfangs bildeten Fraling und ich die oberste Ebene der Geschäftsführer, darunter kamen dann fünf Abteilungsleiter, und danach folgten schon die Filialen. Durch die spätere Aufgliederung entstanden so viele Ebenen, dass ich als Vorstandsvorsitzender ganz oben kaum noch eine Ahnung davon hatte, was die Filialleiter oder Verkäufer vor Ort machten.

Eine aufgeblähte Struktur blockiert jeden Informationsfluss und kann auch sehr schnell dem Allgemeinwohl einer Firma schaden. So ist es nicht verwunderlich, dass in großen Firmen regelmäßig Trainingsprogramme für erfolgreiches Teamwork ablaufen, was wir bei VOBIS nie nötig hatten – wir waren einfach ein erfolgreiches Team!

Das Thema „Team“ ist sowieso sehr zweischneidig. Läuft alles glatt, will es jeder gewesen sein; geht es daneben, haben alle hinten gesessen. In einer Managerzeitschrift habe ich vor etlichen Jahren den selbstkritisch-satirisch nachgezeichneten Zeitablauf für die Stufen eines Projektes gefunden: Begeisterung – Ernüchterung – Suche nach dem Schuldigen – Bestrafung der Unschuldigen – Auszeichnung der Unbeteiligten – Vernichtung des noch brauchbaren Materials.

Man muss es selbst erlebt haben, sonst kann man darüber nicht lachen: Wir hatten 1992 Luigi Colani als Designer für unsere PCs gewonnen. Als es 1994 nicht mehr opportun erschien, die Computer mit seinem Namen zu schmücken, beendeten wir das Projekt. Als Folge davon hat ein übereifriger Einkäufer 5.000 PC-Frontblenden mit den handschriftlichen Original-Autogrammen von Colani in den Schredder geworfen.

Bei Unternehmern findet man immer unterschiedlich veranlagte Menschen: Manche fackeln nicht lange und tun ihre Meinung schnell und unmissverständlich kund, ohne lange zu fragen. Andere haben schon eher ein offenes Ohr. Aber immer haben die Unternehmer eigene Ideen – sonst wären sie keine. Bei Managern ist das anders. Es gibt manche, die aufgrund irgendwelcher Umstände nach oben gekommen sind, nicht aber aufgrund eigener Ideen. Sie verkörpern dann demonstrativ den Typus des Vorgesetzten, der gut zuhören kann. Die Mitarbeiter, denen diese Art lieber ist als ein besserwisserischer Chef, vertrauen sich ihnen gerne an. Leider stellen sie dann später fest, dass das geduldige Zuhören nur dem Zwecke diente, sie ihrer Ideen zu berauben. Die sollen jetzt plötzlich alleine auf dem Mist des Managers gewachsen sein. Ich habe schon Untergebene mit Tränen in den Augen und sprachlos vor Wut erlebt, weil sie an einen Manager von dieser Sorte geraten sind. Solche Manager gehören auf der Stelle „abgesägt". Wenn man die Mitarbeiter ihrer Ideen und somit der entsprechenden Anerkennung beraubt, ist es mit der Innovationskraft eines Unternehmens vorbei.

Zwischen Unternehmern und Managern gibt es neben der ungleichen Abhängigkeit noch einen weiteren charakteristischen Unterschied: Ein Unternehmer ist aufgrund seiner Kreativität, seines Tatendranges und vor allem seiner Unabhängigkeit handlungsorientiert. Es muss sich etwas bewegen. Bei meinen Gesprächen und Verhandlungen frage ich am Ende immer: *Was ist eigentlich herausgekommen; wie geht es weiter?* Manchmal einige ich mich nur deshalb auf einen Kompromiss, um überhaupt eine positive Antwort auf diese Fragen geben zu können. Nichts nervt den Unternehmer so sehr wie Ergebnislosigkeit.

Manager sind anders: Ihr positives Ergebnis ist zuerst einmal das persönliche Fortkommen. Das kann sogar dadurch gesichert werden, dass man die Unternehmensentwicklung bremst, weil man dem Kollegen den Erfolg nicht gönnt. Aber auch aus seiner ganz normalen Veranlagung heraus ist der Manager nicht *handlungs*-, sondern *lage*orientiert. Ihn interessiert die *Phänomenologie*. Er fragt, „wie es dazu kommen konnte", während der Unternehmer nur daran interessiert ist, wie man aus der misslichen Lage wieder herauskommt.

Manager fragen bei schwierigen Problemen gerne externe Berater. Manchmal suchen sie auch Rat. Aber häufig wollen sie nur die Verantwortung abschieben: „Nicht ich habe die Entscheidung getroffen, sondern sie ist mir von Beratern empfohlen worden", heißt dann die Ausrede. Auch darin zeigt sich die Unterlegenheit gegenüber dem Unternehmer, der sich nicht gegenüber anderen rechtfertigen muss: *Er* ist ein Macher.

Macher haben gegenüber Denkern – wie ich Manager und vor allem Berater bezeichne – einen großen Nachteil: Wenn der Macher nichts macht, merkt man das sofort. Wenn der Denker nicht denkt, merkt man gar nichts! Wollen deswegen so viele studierte Wirtschaftswissenschaftler keine Unternehmer werden? Sie hätten doch das beste Rüstzeug dazu. Laut trendence-Institut entscheiden sich 37 Prozent dieser Gruppe für den Beruf des Unternehmensberaters. Unter den zehn Firmen, die in ihrer Gunst am höchsten stehen, sind gleich vier Beratungsunternehmen vertreten: McKinsey, KPMG, Boston Consulting, Andersen Consulting. Wer so gut beraten kann, müsste doch eigentlich auch selbst Unternehmer werden können. Oder stimmt der Vergleich, dass Berater wie Leute sind, die 46 Stellungen kennen, aber keine Frau haben?

Manager sind da schon einen Schritt weiter. Aber wegen ihrer Abhängigkeit und der hierarchischen Zerklüftung vieler Unternehmen müssen fortwährend Meetings veranstaltet werden. Dann zeigt sich der wahre Meister unter ihnen. Dass wir bis 1992 bei VOBIS auf solche Meetings verzichtet haben, lag einerseits daran, dass sie bei uns nicht erforderlich waren, sie sich andererseits aber wegen des fehlenden Platzes auch schlecht durchführen ließen. Stattdessen waren bei uns auf den zwei Etagen sämtliche Bürotüren geöffnet, so dass ein Informationsaustausch auch so stattfinden konnte. Erst als wir genügend Geld hatten, uns für 50 Millionen eine neue Firmenzentrale zu bauen, gab es eine ganze Etage nur mit Versammlungsräumen. Die Folge war, dass es auch bei uns ab 1992 täglich 15 Meetings gab; wenn ich keine große Lust zum Arbeiten hatte, bin ich dort auch mal hingegangen.

Ich wundere mich immer wieder über die Zusammensetzung der meisten Meeting-Runden: Drei Viertel der Teilnehmer sind in der Regel Präzisionsanalytiker, die genau sagen können, warum eine bestimmte Sache so und nicht anders abgelaufen ist – typisch fallbezogen und ohne Handlungsanweisung, wie man die Probleme in den Griff bekommt. Der Einzug der PCs in die Arbeitswelt hat das Ausdrucken nichts sagender Charts mit vielen ins Leere zeigenden Pfeilen leider so vereinfacht, dass auch weniger Begabte in der Lage sind, ihre Umwelt mit einem Haufen Papier zu beeindrucken. Oft genug liegt mir schon zu Beginn solcher Tagungen die Frage auf der Zunge, ob der Vortragende Folien präsentieren will oder ob er auch etwas zu sagen hat.

Man kommt schnell dahinter, dass Präzisionsanalytiker keine Macher sind, aber davon findet man in den Meetings sowieso nicht viele. Macher nämlich sind, wie es der Name schon sagt, mit Machen beschäftigt, und in Meetings wird selten etwas gemacht. Viele Management-Experten sehen Sinn und Zweck solcher Veranstaltungen ebenso kritisch wie ich. Ich erinnere mich sogar an eine Umfrage, nach der mehr als die Hälfte aller Mitarbeiter den Nutzen solcher Veranstaltungen nicht erkennen. Umso erstaunlicher ist es, dass die Leute ständig in einem Meeting hocken, ganz egal, wo man gerade anruft.

Der Unterschied zwischen *handlungs*bezogenem Unternehmer- und *fall*bezogenem Angestelltendenken wurde mir 1992 bewusst. Damals kam ein richtiger Bilderbuch-Manager zu uns. Während wir als Firmengründer uns ständig fragten, wie uns die vielen Meetings beim Konzern weiterbringen, war er nach Aufsichtsratssitzungen überglücklich, wenn überhaupt nichts passiert war: „Ist doch heute wieder toll gelaufen", meinte er dann strahlend. Gar nichts war gelaufen. Aber gerade das hat ihm so gefallen: keine Kritik, keine neuen Ideen, keine neue Arbeit, nur Kaffee und Gebäck. Damit war der *Fall* für ihn erledigt.

Der Informationsfluss, der durch Meetings verbessert werden soll, müsste meiner Meinung nach ganz anders in Gang kommen. Informationsbeschaffung ist für mich eine Hol-Schuld, und warum soll man Mitarbeitern, die man gut bezahlt, die Informationen auch noch hinterhertragen? Natürlich muss man sie als Verantwortlicher zur Verfügung stellen, zum Beispiel in einem Warenwirtschafts- oder Produktionsplanungssystem, zu dem jeder Zugang hat. Aber nicht nur im gehobenen Management wird man rasch feststellen, dass ein derartiges Informationsangebot nicht angenommen wird. Es ist ein erstaunliches Phänomen in Managementhierarchien: Die Leute lesen den Kompass nicht ab! Einem Schiffseigner und Kapitän auf der Brücke ist die ständige Positionsbestimmung in Fleisch und Blut übergegangen. Er weiß, wo er hin will. Und er weiß, dass er bei andauernder Fehlnavigation ruiniert ist. Managern scheint das weniger auszumachen. Sie ertrinken irgendwie nicht so leicht, sondern schwimmen nach dem Untergang des alten Schiffes einfach wieder an Land. Deshalb sind sie eher daran interessiert, ihren Bereich sauber zu halten, und schrecken häufig nicht davor zurück, die Dinge zu beschönigen. Das ständige Erinnern an lauernde Gefahren durch allzu genaue Informationssysteme wäre da doch nur lästig. So wird in den Meetings viel zu viel „gelabert", ohne Fakten hinzuzuziehen.

Die Sozialwissenschaftler Wilhelm Eberwein und Jürgen Tholen haben 1989 die Mentalität von Managern untersucht. In ausführlichen Gesprächen haben sie über 100 Manager aus den unterschiedlichsten Firmen befragt. Bezüglich der innerbetrieblichen Kommunikation kamen sie zu dem Ergebnis, dass die „interne Konkurrenz zur Monopolisierung von Information und Wissen führt und unter anderem Herrschaftswissen produziert, das zur wesentlichen Störgröße wird". In ihrem Bericht ist außerdem die Rede von Einzelkämpfertum, das einige aus falsch verstandenem Ehrgeiz entwickeln und das jede vernünftige und auch notwendige Form von Kommunikation und Kooperation blockiert. Sie kommen zu dem Schluss, dass die Teamarbeit mit zunehmender Hierarchie-Stufe abnimmt – auch wenn Topmanager das Gegenteil verlauten lassen. Gegenüber den eigenen Kollegen wird die offene Kommunikation nur so weit eingesetzt, wie sie den eigenen Zielen förderlich ist. Das ist genau das, was ich als Sicherung der eigenen Machtposition ansehe mit dem unausgesprochenen Ziel, persönlich voranzukommen.

Nun werden mich viele zu Recht fragen, was mir dann als Alternative vorschwebt, wenn mir die Manager nicht genehm sind. Und wie eine „managerfreie" Firma aussehen soll. Da gibt es nur eine Antwort: Ein Unternehmen gründen, das nicht über einen Umsatz von 500 Millionen Mark hinauswächst und nicht mehr als 500 Mitarbeiter hat. Solche Firmen können vom Unternehmer alleine geführt werden. Er sieht alles, kennt noch alle und behält leicht den Überblick über den gesamten Betrieb. Filialen stellen auch keine allzu große Komplexität dar; es werden ja nicht allzu viele, denn sonst ist man schnell wieder über eine der beiden genannten Grenzen hinaus. Wenn man das Glück hat (aber wer hat das schon!), können die Kinder dem Gründer bei der Arbeit helfen. Dann können Umsatz und Belegschaft noch wachsen. Aber die großen Familien-Unternehmen wie OTTO oder die Meyer-Werft in Papenburg sind Ausnahmen.

Aber an irgendeinem Punkt braucht man sie dann doch, die Manager. Im Kapitel über die Unternehmerschwächen haben wir schon gesehen, wozu ungestüme Expansion mit nur einem charismatischen Patriarchen an der Spitze führen kann. Ich kann es allen dreien – Borgward, Grundig und Nixdorf – nachfühlen, dass sie sich nicht an den Gedanken gewöhnen konnten, Macht und Einfluss an Manager abzugeben. Auch sie kannten die oben geschilderten Schwächen. Aber irgendwie hätten sie es schaffen müssen; so aber sind sie an der Komplexität ihrer eigenen Werke gescheitert.

Dabei *kann* man es schaffen. Beispiele: Der große Unternehmer Reinhard Mohn und sein Bertelsmann-Imperium, das mittlerweile von einem professionellen Management geschickt geführt wird. Oder Otto Beisheim, der Gründer des sagenhaften METRO-Imperiums. Er hatte schon frühzeitig nach einem Topmanager Ausschau gehalten. Der Erfolg: METRO ist eines der größten Handelsimperien Europas. Ob Beisheim das allein geschafft hätte?

Der Zeitpunkt für eine solche schrittweise Übergabe sollte dann sein, wenn man sieht, dass das Unternehmen die Grenzen von 500 Millionen Mark Umsatz oder 500 Mitarbeitern überschreitet – wobei diese Zahlen aus dem Handel stammen und nicht für alle Wirtschaftszweige bindend sein müssen. Aber Sie werden sich wundern, was Ihrem Unternehmen alles blüht, wenn gewisse Komplexitätsgrenzen überschritten sind.

Schimpfen wir also nicht zu sehr über unsere Manager! Irgendwann brauchen wir sie, und wir haben keine anderen. Außerdem steht es jedem Manager frei, sich von alt eingeübten Verhaltensstrukturen zu lösen und sich eine Arbeitsweise zuzulegen, die selbst unternehmerische Züge annimmt.

Unternehmer und die Politik

Politiker genießen von allen Berufsgruppen das schlechteste Image. Aber immer wieder wird der Ruf nach der Politik laut. Der Tenor ist immer gleich: „Wenn ich zu bestimmen hätte!" Die Politiker sollen lenken, die Politiker sollen helfen, und die Politiker sollen überall den Weg ebnen. Erstaunlich ist dabei, dass auch viele Unternehmer in diese Rufe einstimmen. Warum eigentlich? Wer außer ihnen ist denn sonst noch in der glücklichen Lage, „selbst bestimmen" zu können?

Natürlich haben Unternehmer nicht alles in der Hand. Auch sie müssen sich den Umständen anpassen. Aber sie haben auch die Freiheit, sich anzupassen, und zwar mehr als jeder andere. Welche Aufgaben bleiben dann für die Politik? Sie soll für alle ihr anvertrauten Beteiligten günstige Bedingungen schaffen – also auch für Unternehmer und Selbstständige. Sie werden nämlich nur dann das unternehmerische Risiko eingehen, wenn sie damit Geld verdienen und dieses auch behalten können.

Die wichtigste Aufgabe der Politik ist damit schon formuliert: Sie muss dafür sorgen, dass Frieden herrscht und dieser Zustand auf absehbare Zeit auch erhalten bleibt. Ich gehöre einer glücklichen Generation an, die in der westlichen Hemisphäre eine Friedenszeit von über 50 Jahren hinter sich hat – was vor dem Hintergrund der jüngsten Geschichte eine wahnsinnig lange Zeit ist. Hoffentlich bleibt es so. Glücklicherweise sind wir international so weit ineinander verzahnt, dass alle gegenseitig auf sich aufpassen. Das gilt für die Europäer genauso wie für die Amerikaner, und wenn wir einen ehemaligen Gegner nach dem anderen mit ins europäische oder atlantische Boot ziehen, gehen die Risiken, wirtschaftlich wie militärisch, immer weiter zurück. Das klingt ein wenig banal nach „Ich will meinen Frieden und in Ruhe arbeiten!" Aber ich glaube, dass dies ziemlich genau den Wunsch aller Menschen wiedergibt, nicht nur den der Unternehmer. Die Politiker werden in freien Staatengemeinschaften hauptsächlich dazu gewählt, diesen Wunsch zu erfüllen.

Aus Sicht der Unternehmer kann man die Aufgabe der Politiker aber auch noch anders ausdrücken: Sie müssen eine Umgebung schaffen, die für den Unternehmer akzeptabel ist. Wir haben hier noch längst nicht die unternehmensfreundliche Kultur wie in den USA, wo jede berufliche Aktivität immer von der Alternative zur Selbstständigkeit begleitet wird. Umgekehrt ist es aber auch nicht so, dass der Staat bei uns nun unternehmerfeindlich wäre.

Wie viel kann ein Unternehmer vom Staat erwarten? Die Frage kann man relativ einfach beantworten: Es gibt nämlich so viele verschiedene Staaten, die alle unterschiedlich regiert werden, und trotzdem gibt es überall erfolgreiche Unternehmer. So viel kann der Staat also gar nicht tun – oder besser gesagt: egal was der Staat tut, einen Unternehmer bringt das noch lange nicht um. Umgekehrt heißt dies aber auch, dass der Unternehmer nicht allzu viel von der Politik erwarten darf. Außer der angesprochenen Friedenssicherung bin ich der Meinung, dass die Politik beim Unternehmertum häufig nicht so sehr viel bewirken kann, weder positiv noch negativ. Sie darf den Unternehmer nicht zu sehr gängeln und muss ihm die persönliche Freiheit lassen, seine Entscheidungen in eigener Verantwortung zu treffen.

Einem richtigen Unternehmer ist es ohnehin in den meisten Fällen gleich, in welcher politischen Umgebung er sich entfalten kann. Hauptsache, er kann sich überhaupt entfalten. Unternehmer sind nämlich eine ausgesprochen genügsame und pflegeleichte Spezies. Ich vergleiche den Staat und seine Politik gerne mit einem Bauern und die Unternehmer mit den Kühen auf der Weide: Es muss nicht immer das fetteste Weideland sein, und es besteht keine Vorliebe für flaches oder hügeliges Gelände. Ob es regnet oder ob die Sonne scheint, ist dem Wiederkäuer ebenfalls egal. Freundlich und beständig gibt die Kuh ihre Milch, die den Bauern und sein Gesinde ernährt, ja sie freut sich sogar, wenn sie regelmäßig gemolken wird. Freilich, ein wenig Gras muss sein. Wer versucht, seine Herde in eine allzu garstige Umgebung zu verfrachten und so weit zur Genügsamkeit zu erziehen, bis sie nichts mehr frisst, wird sie letztendlich verlieren. Und wer die Kuh zu sehr an den Zitzen reißt, um auch noch den letzten Tropfen herauszupressen, handelt sich ein erzürntes „Muh“ ein, und der Strom der köstlichen Milch versiegt. Oder die Kuh nimmt Reißaus – dorthin, wo sie es besser hat. Dann ist der Bauer böse.

Kluge Politiker wissen: Nicht die Unternehmer brauchen den Staat, sondern der Staat die Unternehmer; denn die nehmen ihm schließlich die Aufgabe ab, Arbeitsplätze zu schaffen und durch ihren Einsatz Steuern einzufahren. Sie helfen, den Staat zu ernähren.

Vielfach hat man versucht, den Staat selbst zur zentralen Steuerung von Arbeitsbeschaffung zu machen. Der Staat aber ist kein Unternehmer und arbeitet deshalb auch völlig anders, auch wenn er viele Angestellte beschäftigt. Der Staat ist ein Moloch, und seine Mitarbeiter sind bestenfalls wieder Manager, die viel zu viel Zeit auf die Sicherung ihrer Pfründe verwenden.
Natürlich könnte man sagen, dass der Staat die Arbeitsplätze selber schafft, indem er Staatsbetriebe einführt. Die Idee ist ja nicht neu, und es gab sie ja schließlich, die „volkseigenen" Betriebe. Nur funktioniert so etwas nicht, weil dabei der Antrieb fehlt, es durch die eigene Tüchtigkeit zu etwas zu bringen und dabei auch gutes Geld zu verdienen. Zu behaupten, es fehle den Menschen die Befriedigung ihrer Profitgier, wäre zu einfach. Aber es ist tatsächlich das Ausbleiben der Belohnung, was zu Desinteresse und letztendlich innerer Emigration führt. Wo bleibt „sein Werk", wenn der Direktor des VEB erfolgreich gewirtschaftet hat? Bestenfalls könnte man hier von „Managerkulturen" sprechen (der Begriff „Meeting" war übrigens in der DDR genauso populär wie bei uns). Aber mit Unternehmertum, Pioniergeist und kreativem Schaffensdrang hat das nichts zu tun. Und die Freude an der Erfüllung missionarischer Visionen – die möglicherweise als Motivation in totalitären Gemeinschaften ausreicht – ist nicht jedem gegeben.
Dann fehlt den Politikern natürlich auch das Verständnis dafür, wie ein Unternehmen funktioniert. So etwas kann man von einem Partei- oder Staatsapparat auch nicht erwarten. Dies ist eine wertfreie Feststellung, denn wo sollten Politiker das gelernt haben? Es ist auch nicht ihre Aufgabe, ständig mit neuen kreativen Ideen „quer" zu denken. Politik in der Demokratie ist ein ständiger Prozess der Meinungsbildung, zu dem viele gehört werden wollen. Das unternehmerische „Da geht's lang!" bleibt die Ausnahme. Man kann ja immer wieder feststellen, wie heftig die Reaktionen der Partei – ob links oder rechts – sind, wenn selbst charismatische Regierungschefs solche Alleingänge starten. Die damit provozierten Trotzreaktionen sollen eindeutig vermitteln: „Wir sind auch noch da!"
Politiker sollen die Unternehmer so weit als möglich gewähren lassen und sich ansehen, was dabei herauskommt. Dieses So-weit-als-möglich ist natürlich ein dehnbarer Begriff, aber als Unternehmer können wir es den Politikern überlassen, über die Feinheiten nachzudenken. Es gibt in der freien Welt alle möglichen Schattierungen: von der sozialen Marktwirtschaft bis zur angebotsorientierten Nachfragepolitik, von

der Grundversorgung der Bevölkerung bis zum Rundum-Sorglos-Paket. Aber überall gedeihen Unternehmen. Keiner – und das ist meine grundsätzliche Forderung – soll behaupten, es läge an der Politik, wenn er nicht Unternehmer werden kann oder wenn er als Unternehmer versagt. Der Blick in den Spiegel hilft auch hier am besten bei der Suche nach dem Schuldigen.

Der Staat aber soll sich schon bewusst sein, dass alles, was er tut, Folgen für die Unternehmen hat. Kurz gesagt: Der Unternehmer soll sich von der Politik nichts versprechen, aber der Staat soll die Wünsche der Unternehmer so weit als möglich erfüllen.

Es gibt übrigens Unternehmer, die es überhaupt nicht so schlimm finden, wenn die Politik die Daumenschrauben etwas anzieht. Für die Gesamtwirtschaft mag das schlimme Folgen haben, aber bei den Unternehmen gibt es dann einen oft erwünschten Ausleseprozess. Denn bei Epidemien überleben immer nur die widerstandsfähigsten Exemplare. Man verzeihe mir das Wort Epidemie, aber manchmal sind staatliche Maßnahmen wirklich Gift für Unternehmen. Man sollte meinen, als solche seien sie auch geplant. Dass die negativen Folgen für Unternehmen aber möglichst ausbleiben sollen, hat man jedoch in neuerer Zeit erkannt. Und wenn man erschreckt feststellt, dass sich diese oder jene Maßnahme zu einer Epidemie für Unternehmen auswachsen könnte, kommt es zu den berühmt-berüchtigten Nachbesserungen, wie zum Beispiel die siebte Änderung zur dritten Nachbesserung der sechsten Gesetzesnovelle. Die dadurch entstehende Rechtsunsicherheit ist aber das allergrößte Gift für Unternehmen.

Regierungen, die nur widerwillig anerkennen, dass Unternehmen eine treibende Kraft im Staate sind, erschrecken dennoch, wenn durch ihre Maßnahmen das Wohlergehen der Gemeinschaft geschmälert wird. Daraufhin gibt man zur Ankurbelung der Konjunktur ein bisschen Geld aus. Wie bei einer Suppe, die zu fahl schmeckt, kommt ein bisschen „Maggi" dran, und zwar in Form von Subventionen oder Beihilfen. Weil das aber nach dem Gießkannenprinzip passiert, wird damit bloß eine allgemeine „Geschmacksverfeinerung" erreicht, durch die die Suppe insgesamt nichts an Substanz dazugewinnt. Außerdem kommen – wegen der komplizierten Antragswege und dem häufig verwendeten Windhundprinzip („Wer zuerst kommt, mahlt zuerst") – nur die großen Unternehmen in den Genuss dieser Mittel. So kann es kommen, dass die Großen zur Nettobilanz des Steueraufkommens weniger beitragen als die Selbstständigen und mittelständischen Unternehmen.

Natürlich schadet so ein Schuss „Maggi“ nicht, wenn genügend Geld vorhanden ist, und es gibt mittlerweile wirklich clevere staatliche Finanzierungshilfen. Aber der Unternehmer muss sich, unabhängig von den äußeren Umständen, letztlich immer alleine durchsetzen, denn jeder Zuschuss ist eines Tages aufgebraucht.

Eine weitere wichtige Aufgabe der Politik ist es, dafür zu sorgen, dass ein Austausch stattfinden kann. Dieser Austauschgedanke ist ja ein fundamentaler Gesichtspunkt aller Volkswirtschaftstheorien. Nehmen Sie einmal die Schweiz, die jahrhundertelang bettelarm war, weil sie nur Bauern hervorgebracht hat, die sich mit ihrer Umgebung nicht ausgetauscht haben. Als sie aber anfingen, mit ihren Nachbarn Handel und Geldgeschäfte zu treiben, ging es ihnen blendend – und Handel ist ja nichts anderes als Austausch. Der eine hat dieses, und der andere jenes; hier gibt es Arbeitskräfte und dort Rohstoffe. Und durch diesen Austausch entsteht Handel, der auf Dauer funktionieren muss. Dies zu gewährleisten ist eine wesentliche Aufgabe der Politik, letztlich auch der Finanzpolitik. Die Aufhebung von Handelsschranken war nach dem Zweiten Weltkrieg eines der obersten Ziele internationaler Politik, und es wurden großartige Erfolge dadurch erzielt. Wie aufwendig war es vor zwanzig Jahren, Waren vom oder ins europäische Ausland zu transferieren! Und wie einfach ist es heute! Fast ganz Europa ist Binnenland. Ist man sich eigentlich bewusst, dass wir unseren heutigen Wohlstand zum großen Teil jenen Politikern zu verdanken haben, die durch Ausdauer und Weitsicht das Ziel der wirtschaftlichen und politischen Einigung Europas verfolgt haben? Dies ist eines der besten Beispiele für das Zusammenspiel von Politik und Unternehmen. Natürlich konnte man sich auch in den Zeiten der Zölle arrangieren. Auch damals wurde reichlich Handel getrieben. Aber die Politik hat die Dinge erheblich vereinfacht und die Unternehmen profitieren davon. Dass wir alle davon profitieren, kann jeder an seinem eigenen Geldbeutel ablesen.

Die Politik sollte sich hüten, Unternehmer nur als Arbeitstiere zu betrachten oder sie gar als solche zu missbrauchen. Unternehmer wollen nicht nur dazu dienen, den Karren zu ziehen und ansonsten den Mund zu halten.

Aber es macht sich noch ein weiterer Trend bemerkbar, der ebenfalls bedenklich ist: Politiker biedern sich bei Unternehmern an – oder besser: bei Topmanagern von Großkonzernen. Wenn beim Bundeskanzleramt die dicken Wagen vorfahren, dann sitzen darin in Wirklichkeit keine Unternehmer, sondern Manager; jeder von ihnen ist austauschbar und eher Funktionär als Unternehmer im eigentlichen Sinn – gleich und gleich gesellt sich gern. Wenn bei derartigen Treffen Ergebnisse wie das Bündnis für Arbeit herauskommen sollen, dann ist der Erfolg eher fraglich. Man soll doch nicht glauben, dass solche Manager neue Arbeitsplätze schaffen, wo sie genauso gut ohne diesen Klotz am Bein auskommen können. Man spricht sich durch solche Maßnahmen lediglich gegenseitig Mut zu und verbessert dadurch die Stimmung. Neue Arbeitsplätze aber entstehen nur dann, wenn es auch neue Unternehmen gibt!

Dass die politische Führung mit ihrem Eingreifen in unternehmerische Abläufe massiv Schaden anrichten kann, zeigen die Firmenpleiten des Bremer Vulkan und der Borgward-Werke. Ein positives Beispiel politischer Einflussnahme dagegen ist der vehemente Einsatz der niedersächsischen Landesregierung für das Ems-Sperrwerk, das die Meyer-Werft im emsländischen Papenburg so dringend benötigt, denn damit finden die immer größeren Ozeanriesen ihren Weg ins offene Meer. Man lässt das Unternehmen, das seit ewigen Zeiten unternehmerisch und entsprechend erfolgreich geführt wird, in Ruhe arbeiten und ebnet ihm die Wege in die Zukunft. Die Politik kann sich in diesem Fall dieses Vorpreschen leisten, weil sie hier sogar die Gewerkschaften auf ihrer Seite hat, und es in einer mehr als strukturschwachen Region um die Sicherung von über 2.000 Arbeitsplätzen geht. Nebenbei straft dieses Beispiel das Märchen vom schlechten Standort für die Werftenindustrie Lügen.

Möglicherweise hat man hier auch aus den Fehlern der ehemaligen Olympia-Werke im benachbarten Wilhelmshaven gelernt, die sich in kritischer Lage einfach nicht von ihren Mitarbeitern trennen konnten. Anfang der 90-er Jahre wurden dadurch rund 2.500 Mitarbeiter arbeitslos, von denen später allerdings die Hälfte wieder zu Arbeit und Brot kam – wenn auch in einem anderen Tätigkeitsbereich, der vorwiegend auf dem Gebiet der Dienstleistung und Software-Entwicklung liegt.

Schließlich sei noch an eine Begegnung der etwas anderen Art erinnert, bei der sich Politik und Wirtschaft so nahe gekommen sind, dass dies – zunächst – zum Nachteil eines Betroffenen ausgegangen ist: Lothar Späth, einstmals unumstrittener CDU-Ministerpräsident in Baden-Württemberg, hatte 1991 eine Affäre wegen einer industriefinanzierten Urlaubsreise. Diese hat ihn seinen Job gekostet, weil man ihm vorhielt, dass er dadurch den Kopf nicht mehr frei habe für unvoreingenommene Entscheidungen.

Auf diese Freisetzung schien einer nur gewartet zu haben: der damalige Thüringische Ministerpräsident Josef Duchac, der Späths Qualitäten offenbar richtig einschätzte. Duchac war damals von schweren Sorgen geplagt: Nach der Wiedervereinigung war das Zeiss-Kombinat als ein marodes Firmen-Konglomerat übrig geblieben, in dem zu DDR-Zeiten 60.000 Menschen beschäftigt gewesen waren. Nach der Wende zerfiel dieser Firmenverbund in Einzelunternehmen, die allesamt hoch verschuldet waren. Eins davon war die Jenoptik, in der optische Präzisionsinstrumente gefertigt werden sollten, um die Tradition der ehemaligen Rüstungsschmiede fortzuführen. Thüringens Ministerpräsident wusste sich in dieser misslichen Lage nicht besser zu helfen, als Lothar Späth für den Posten des Sanierers zu begeistern.
Den damals noch 27.000 Mitarbeitern erklärte der frisch importierte „Wessi“ dann offen und ehrlich, dass man sich von Altem trennen müsse, um Neues zu erreichen. Und das hat er auch sofort zielstrebig in die Tat umgesetzt: Binnen Monatsfrist wurden erst einmal 16.000 Mitarbeiter entlassen, und zwar mit dem erklärten Ziel, durch diesen Aderlass die übrigen Arbeitsplätze zu erhalten. Mit hochqualifizierten Wissenschaftlern aus der Laser- und Weltraumtechnik begann der Wiederaufbau, bei dem 1992 noch über 500 Millionen Mark Verlust zu verschmerzen waren. 1994 kaufte die Jenoptik das Stuttgarter Unternehmen Meissner&Wurst, das sich auf den Bau von hochreinen Halbleiterfabriken spezialisiert hatte – wohlgemerkt gegen jede Logik und gegen jeden Trend, denn Ost hat damals West aufgekauft! Späth hat das sehr treffend formuliert:

> *„Wir hatten nicht die Zeit, die Märkte erst aufzubauen. Stattdessen haben wir Firmen im Westen gekauft, um dort an die Märkte heranzukommen und sie zu erschließen.“*

Mit diesem Know-how gelingt es dem ostdeutschen Unternehmen, auch international Fuß zu fassen, worüber man mehr als erstaunt sein kann: Unter der Federführung der Jenoptik entsteht für die amerikanische Halbleiterfirma Texas Instruments in Fort Dillon ein Halbleiterwerk, und die Siemens-Halbleiterfertigung in England wird automatisiert. Als sich der US-amerikanische Konzern Advanced Micro Devices (AMD) in Dresden niederlässt, vergibt er den Auftrag für die Chipfabrik an das Jenoptik-Konsortium – immerhin ein Volumen von 450 Millionen Mark! 1997 erwirtschaftet die Firmengruppe bereits einen

Gewinn von 60 Millionen, im Jahr darauf rund 70 Millionen; der Umsatz klettert gleichzeitig über die Drei-Milliarden-Mark-Grenze, und Späth führt die Jenoptik an die Börse.
Dies ist einer der wenigen Fälle, wo ein Politiker in die Wirtschaft geht, und Späth kann man auch nicht böse sein, denn man hat ihn ja schließlich aus dem Amt gedrängt. Doch wenn Politiker freiwillig ins andere Lager wechseln, rümpfen Kollegen doch häufig die Nase ob der Profitgier dieser Opportunisten. Ich finde es aber ganz normal und durchaus ehrenhaft, wenn jemand seine in der Politik erworbenen Kenntnisse der Wirtschaft zur Verfügung stellt – und umgekehrt! In den USA ist das Alltag. Bei uns indes herrschen andere Gesetze.
Da zieht es umgekehrt manchen Unternehmer schon eher in die Politik. Oft deswegen, weil von zwei wichtigen Grundbedürfnissen, die die Menschen umtreiben – die Anfangssilben beider klingen nach Geld: Geld-Gier und Gelt-ungsdrang – beim Unternehmer die Geldgier bereits gestillt ist. Jetzt gelüstet es ihn nach dem, was überhaupt die Triebfeder jeglichen Politikers ist: nach Macht und Einfluss.
Früher konnten Unternehmer neben ihrer Haupttätigkeit noch ehrenamtlich an den Parlamentssitzungen teilnehmen. Bei den heutigen Apparaten ist das nicht mehr möglich – und ehrlich gesagt, man will sie dort auch nicht haben, weil man befürchtet, dass sie ihren Einfluss übermäßig zum eigenen Nutzen geltend machen. Außerdem geben Unternehmer ihre Firma ungern ganz auf, so dass nunmehr hauptsächlich Beamte und Lehrer die Abgeordnetenbänke drücken. Und dann haben wir eben manchmal einen Lehrer zum Finanzminister. Nun ja!
Eine der wichtigsten Aufgaben der Politik ist die Gewährleistung der Rahmenbedingungen für erfolgreiches Unternehmertum. Oberste Voraussetzung hierzu sind die geordneten Verhältnisse derjenigen Gesellschaft, in der sich der Unternehmer etabliert, und diese Ordnung lässt sich am besten in Friedenszeiten aufrechterhalten. Eine nur vom Staat verordnete Ruhe reicht bei weitem nicht aus. Denn zu deren Durchsetzung muss er zu oft tief in die Rechte des Einzelnen eingreifen, was wiederum die Eigeninitiative – die wichtigste Voraussetzung der Selbstständigen – behindert.
Als im alten Rom die festgefügte Ordnung durch soziale Spannungen und innenpolitische Reibereien verloren ging, verschwand auch die genannte Form des frühen Unternehmertums. Man kann das ziemlich genau auf jene Zeit festlegen, als die inneren Spannungen mit dem Triumvirat 60 v. Chr. nur notdürftig gekittet wurden, und die späteren

Bürgerkriege letztlich das Ende der Republik einläuteten. Erst sehr viel später, als erneute umfassende Reformen ein verändertes Umfeld und somit ein entsprechendes Klima geschaffen hatten, konnte ein ähnliches Unternehmertum neu entstehen.
Wir begegnen diesem untrennbaren Zusammenhang zwischen Friedenszeit und aufstrebendem Unternehmertum im Lauf der Geschichte immer wieder. Geradezu beispielhaft zeigt sich hier das 15. Jahrhundert, als mit der Renaissance in Italien und Flandern die großen Handelshäuser entstanden. Diese Zeit des Aufbruchs ist innereuropäisch gekennzeichnet durch Frieden, und territoriale Ausdehnungen werden eher durch Heirat (Spanien, Habsburg) als durch kriegerische Auseinandersetzungen erreicht.
Neuzeitliches Unternehmertum entstand Anfang des letzten Jahrhunderts. In die Zeit bis zum Ersten Weltkrieg fällt die Gründung vieler namhafter Unternehmen, die auch heute noch bestehen. Man braucht nur an Namen zu denken wie Krupp (1811), Zeiss (1846), Siemens (1847), Bayer (1863), AEG (1883), Daimler-Motoren (1890), Benz&Cie. (1883) – um nur einige zu nennen. In dieser Zeit steigt auch die Bedeutung der Börsen, die zum Gradmesser des wirtschaftlichen Aufschwungs wurden.
Allmählich setzte sich auch die Erkenntnis durch, dass es den Unternehmen besser geht, wenn es allen gut geht, also auch den Arbeitern und Angestellten. Und dass es allen besser geht, wenn es den Unternehmen gut geht. Auf diese segensreiche Wechselwirkung kann man nicht oft genug hinweisen.
Durch den Ersten Weltkrieg erlitten viele der neuen Unternehmen Rückschläge oder wurden zumindest gestoppt, aber in den 20-er und 30-er Jahren gab es dann erneut eine Phase, in der es relativ ruhig war. Dies war die Zeitspanne, in der mit den großen Waren- und Versandhäusern ganz neue Handelsformen entstanden. 1923 gründete Max Conrad in Berlin seine Radiohandlung, die heute als Familienunternehmen in der vierten Generation weitergeführt wird und als Europas größter Fachversand inzwischen mehr als eine Milliarde Mark umsetzt.
Eine vergleichbare Welle von Neugründungen gab es dann erst wieder nach dem Ende des Zweiten Weltkrieges. Hier fallen mir mit Grundig (1945) und Nixdorf (1952) zwei Namen ein, die die Gunst der Stunde genutzt haben. Beide haben aber – wie schon beschrieben – später durch persönliche Fehler ihre Firmen in so große Schwierigkeiten ge-

bracht, dass ihnen nur noch der Verkauf geblieben ist (Grundig ging 1984 an Philips und Nixdorf 1990 an Siemens).

All diesen Entwicklungen ist gemeinsam, dass sie in Zeiten relativen Friedens stattfanden, in denen sich das persönliche Engagement lohnte und es auch reelle Aussichten auf persönlichen Erfolg gab. Dem Unternehmer redete niemand in seine Geschäfte hinein, jedenfalls nicht so weit, dass er dadurch seine (Entscheidungs-)Freiheit verloren hätte. Der Staat hat hier also eigentlich nur die Aufgabe, für ein ruhiges Umfeld und ein Klima zu sorgen, in dem Geschäftsbeziehungen gedeihen können. Unsichere Zeiten hingegen sind Gift für jedes privat initiierte Wirtschaftswachstum, weil sich niemand für eine Sache einsetzt, deren Ausgang mehr als fraglich ist. Das unternehmerische Risiko steht nämlich dabei in keinem Verhältnis zu einem möglichen Erfolg, wenn er ohne eigenes Zutun von einer Stunde auf die andere zunichte gemacht werden kann.

Der Unternehmer braucht einen Freiraum, in dem er sich entfalten kann. Diesen Freiraum muss der Staat zur Verfügung stellen. Ein Staat, der alles besser weiß, erstickt eigenverantwortliches Handeln im Keim. Es ist kein Wunder, dass Demokratie und Unternehmertum zusammenhängen.

Viele Unternehmer verhalten sich ziemlich unpolitisch und achten nur auf ihren eigenen Vorteil. Auch das ist einer ihrer Wesenszüge. Manchmal vergleiche ich dies mit einem Baum, der eigentlich an gar nichts denkt. Wenn man ihn in kargen Boden setzt, geht er ein. Aber in der richtigen Umgebung gedeiht er prächtig. Und siehe da: er gibt reichlich Früchte für alle. Besondere Pflege benötigt er in der Anfangsphase. Was er aber überhaupt nicht vertragen kann, sind unruhige Zeiten, wo die Leute an ihm herumschneiden, den Boden vergiften oder ihn gleich absägen.

Deutsche Steuern haben Strafcharakter

In anderen Ländern könnte man das Thema Unternehmen und Steuern in einem Nebensatz abhaken. Hier benötigen wir ein ganzes Kapitel. Nirgendwo gibt es so viel Literatur zum Steuerrecht wie in Deutschland. Es ist ein Teufelskreis. Auch wenn Steuerberater immer wieder eine Vereinfachung fordern – sie meinen es nicht so: schließlich leben sie von diesem Chaos!

Unser Steuerproblem ist tief im deutschen Denken verankert: Bei uns interpretieren die Verantwortlichen das Wort „Steuern" immer falsch, weil sie meinen, es käme von „lenken"; in Wirklichkeit aber kommt es von „beisteuern". Steuern dienen ausschließlich der Mittelbeschaffung für Gemeinschaftsaufgaben. Darin eingebettet ist der Gedanke, dass es auf die Leistungsfähigkeit des Einzelnen ankommt. Wer leistungsfähiger ist, der soll auch mehr beisteuern. Kurioserweise gelten Familien, in denen kurz hintereinander mehrere Generationen sterben, als besonders leistungsfähig: Jedes Mal wird Erbschaftssteuer fällig. Doch das hat wohl mehr mit Neid zu tun. In Amerika will man diese Steuer gerade abschaffen.

Deutsche sollen mit ihren Zahlungen an den Fiskus Buße tun. Man nimmt dem Steuerpflichtigen etwas weg. Ich empfand es immer als Strafe („Strafe" und „Steuer" werden übrigens auch gleich abgekürzt: „St"). LohnSt(rafe), EinkommensSt(rafe), GrunderwerbsSt(rafe). Sie haben einen eigenen Betrieb? Dann hagelt es GewerbeStrafe! (Die kennt man außer in Deutschland in keinem Land.)

Warum macht man es nicht wie in anderen Ländern? Statt ein Rund-um-Sorglos-Paket zu versprechen, ermuntert man die Menschen, selbst einen Pfennig fürs Alter zurückzulegen. Und der Staat belohnt das auch noch! Er bestraft nicht die, die Geld verdienen, sondern belohnt jene, die es auf die hohe Kante legen und dafür Zinsen einstreichen. Denn wer die Zinsen anlegt, zahlt auch darauf keine Abgaben. Weil der Einzelne sich selbst absichert, muss der Staat nicht für alles einspringen, also braucht er weniger Steuereinnahmen. Ergo: keine Zinsabschlagssteuer, keine Kapitalflucht nach Luxemburg, keine Bankenbespitzelung, keine Strafverfahren! Richtiges Handeln belohnen und nicht vermeintlich falsches bestrafen ist richtige Steuerpolitik. Und es ist keineswegs so, dass sich Leute meines Unternehmer-Schlages solche Theorien aus den Fingern saugen würden: Amerikaner, Engländer, Holländer, Belgier, Italiener usw. haben es doch längst geschafft!

Die Deutschen wollen so gerecht sein. Dabei verlieren sie den Überblick und handeln völlig unpraktisch. Die ganzen Kommentare zum deutschen Steuerrecht rühren nur daher, dass man beim gerechten Bestrafen des Abgabepflichtigen nicht übers Ziel hinausschießen möchte. Alle schimpfen über ungerechte Belastungen und soziale Unausgewogenheit, und immer wieder sind Nachbesserungen erforderlich. Konzerne zum Beispiel stellen einen großen Faktor im Arbeitsmarkt dar. Wie leicht hat der Kanzler Angst, der eine oder andere könnte überbelastet werden. So war es bei der Ökosteuer, als man den Ölverbrauch bestrafen wollte: Erschrocken stellte man fest, dass große Unternehmen besonders betroffen sind. Daraufhin wurde erwogen, diejenigen, die richtig Erdöl wegschlucken, steuerfrei zu belassen. Das hat man davon, wenn man die Welt verbessern will! Warum macht man es nicht einfach umgekehrt, zum Beispiel durch bessere Abschreibungsfristen für Energie sparende Investitionen? Diese führen zu ökologischen Verbesserungen, und bei den Investitionen sind auch noch Steuermehreinnahmen drin: Irgendein Unternehmer muss die neuen Anlagen ja liefern. Und auf seinen Gewinn zahlt er wiederum Steuern.

Ein System, das darauf aufbaut, direkt jeden Einzelnen so zu belasten, dass es allen recht wird, gibt es nicht: zu viele Ausnahmen, zu viele Schlupflöcher (übrigens ein typisch deutsches tendenziöses Unwort, denn so will der Staat die legale Ausnutzung der von ihm selbst geschaffenen Ausnahmeregelungen wenn nicht kriminalisieren, so doch wenigstens öffentlich an den Pranger stellen). Jede Steuerrechtsnovelle ist nichts anderes als des Staates Antwort auf des Steuerzahlers Schlupfloch für des Staates vorherige Antwort auf ein noch älteres Schlupfloch.

Bei den Verbrauchssteuern ist das anders. Wer mehr ausgibt, der zahlt auch mehr Steuern. Man braucht nur die indirekten Steuern wie die Mehrwertsteuer zu nehmen. Ist es Unsinn zu sagen, dass die Kleinen bestraft werden, weil sie wenig Geld haben und prozentual mehr abführen müssen? Wenn jemand tausend Mark im Monat ausgibt, dann zahlt er, absolut gesehen, nur ein Zehntel dessen, was der andere mit der zehnfachen Höhe an Ausgaben bezahlt. Viele stört daran die nicht vorhandene Progression. Sie wollen, dass die Viel-Ausgeber überproportional „bestraft" werden. Aber die Vorteile überwiegen: Es gibt keine Schlupflöcher mehr. Ob ein Unternehmer ein Brot kauft oder ein Angestellter, die Steuerpflicht bleibt gleich, ja sogar der Schwarzarbeiter muss auf diese Weise erstmalig Steuern abführen.

Der andere Vorteil von Verbrauchssteuern ist psychologischer Natur, und Psychologie ist bei Steuern, deren grundsätzlichen Sinn und Zweck wohl keiner ernsthaft bestreiten will, sehr wichtig: Bei direkten Steuern nimmt man den Leuten das Geld erst einmal ab, um es dann – nach welchen Gesichtspunkten auch immer – wieder zu verteilen. Bei indirekten Steuern überlässt man den Bürgern erst einmal ihr sauer Verdientes. Alle Staaten, die auf eine belohnende Komponente des Steuersystems setzen, kommen mit einem wesentlich niedrigeren direkten Spitzensteuersatz aus, dafür ist die Mehrwertsteuer höher.

Die weltanschaulichen Steuern wirken genau dann am besten, wenn sie nichts einbringen. Die beste Ökosteuer ist die, die nichts einbringt: weil sich die Menschen dann ökologisch richtig verhalten. Die Steuer ist somit nichts anderes als eine Strafe. Der Grund für diese Steuerproblematik liegt darin, dass wir Deutschen von dem Drang besessen sind, alles abzusichern und zu regeln. Wir meinen immer, genau zu wissen, was für andere Menschen gut ist und was die anderen brauchen. Das gilt für Sozialangestellte genauso wie für Politiker, die das größte Problem darin sehen, wie man Geld richtig verteilt. Bei uns wird in jeden Lebensbereich eingegriffen: Das fängt bei der Geburt an, reicht über das Kindergeld, Schulgeld und BAföG bis hin zur Arbeitslosenunterstützung, Krankenkasse, Rente, Pflegeversicherung und hört beim Sterbegeld auf. Der Staat weiß alles besser und bestimmt, was gut ist für die Leute. Und dafür braucht er Geld, viel Geld sogar.

Es ist einleuchtend, dass sich so etwas hemmend auf das gesamte Wirtschaftssystem auswirkt, weil alles, was ausgegeben wird, vorher eingenommen werden muss. Wer den Menschen von der Wiege bis zur Bahre 100-prozentig umsorgen will, muss dieses Geld seinen Bürgern schon vorher abgenommen haben. Das ist Solidargemeinschaft verkehrt herum.

Sehen wir in andere europäische Länder – manche werden zu Unrecht als Steueroase hingestellt –, dann ist das dort grundsätzlich anders: Zwar zahlt man auch dort bis zu 60 Prozent Einkommenssteuer, so dass das alles andere als Niedrig-Steuerländer sind. Aber wenn man sein Geld verdient und versteuert hat, dann ist das erst mal Eigentum. Wenn man dann zur Bank geht und Zinsen dafür bekommt und die Zinsen wieder anlegt, dann braucht man dafür keine Steuern mehr zu bezahlen. Dafür sind die sozialen Absicherungen nicht so groß und kosten den Staat auch nicht so viel. Beispiel Holland: Es gibt im Wesentlichen eine Grundrente, zu deren Finanzierung jeder – entsprechend seiner Leistungsfähigkeit – unterschiedlich viel einzuzahlen hat. Wer mehr will, muss sich auch mehr absichern. Andersherum: Wer zu Lebzeiten mehr auf den Kopf haut, hat am Ende weniger zu Verfügung. Das ist nicht mehr als gerecht. Wenn es zu Härten führt, sollen diese ruhig durch Sozialhilfen abgefedert werden. Aber nur wegen dieser Härten vorher alle über die Maßen zu belasten, ist nicht gerecht.

Alle sind der Meinung, dass wir in Deutschland zu hohe Unternehmenssteuern haben; es ist ein Wunder, dass nicht mehr Steuerzahler davor weglaufen und viele Jungunternehmer immer noch ihre Ideen hier verwirklichen wollen. Als Jungunternehmer muss man unter Umständen auch mit dem Zehntel Pfennig rechnen – aber das betrifft niemals die grundsätzliche Entscheidung, ob man sich nun selbstständig macht oder nicht.

Es gibt ja durchaus auch positive Beispiele, wie etwa die Abschaffung der Vermögenssteuer. Das hat im Endeffekt zum Entstehen des gewaltigen Neuen Marktes geführt, wo den jungen Unternehmern Milliarden zur Verfügung gestellt werden.

Früher, zu Zeiten der Vermögenssteuer, wäre das nicht möglich gewesen. Da kam das Finanzamt am Jahresende und sagte, dass man laut Börsenstatistik ein paar Millionen Mark an Vermögen hat. Der Jungunternehmer hat aber kein Geld, sondern nur Aktien, die er zu Geld machen könnte, wenn sich jemand findet, der sie ihm abkauft. Aber es ist nicht leicht, jedes Jahr zur Bezahlung der Vermögenssteuer ein ganzes Aktienpaket an den Mann zu bringen, ohne dass der Kurs rapide einbricht. Etwas ähnlich Segensreiches wie den Neuen Markt wird es in Ländern mit Vermögenssteuer nicht geben.

Als die von Rainer Fraling und mir gegründete VOBIS 1991 an die Börse gehen sollte, wurde dies nur dadurch vereitelt, dass mir ein guter Bekannter seine Erfahrungen mitgeteilt hat: Er war zwei Jahre zuvor mit einer satten Börsenkapitalisierung von rund 800 Millionen Mark an die Frankfurter Börse gegangen. Wohlgemerkt: er hat das Geld nicht in bar erhalten, lediglich ein kleiner Teil floss in das Unterneh-

men, wo es auch hingehörte. Der Rest schlummerte als Aktien-Papiere im Tresor. Trotzdem stellte der Fiskus ihm unverzüglich nach. Zwecks Eintreibung von 1 Prozent Vermögenssteuer auf 800 Millionen Mark; so viel habe er ja als Aktien im Schrank liegen. Aber erstens hatte er nur Papier im Tresor, und zweitens war die Aktie im Laufe der Zeit kräftig gefallen. Doch am Ende musste er acht Millionen Mark Vermögenssteuer zahlen – bei einem fiktiven Aktienwert von nur noch ein paar Mark! Das interessierte das Finanzamt aber nicht: Zum Zeitpunkt der Steuererhebung war der Wert 800 Millionen, neuere Erkenntnisse aus jüngerer Zeit spielten da keine Rolle.
Der Mann, ein schwäbischer Unternehmer, wie er im Buche steht, hatte keine Freude mehr an seiner Firma und schied zusammen mit seinem Bruder aus. Die Hälfte der Belegschaft verlor ihren Arbeitsplatz. Jetzt lebt die Firma in einem strukturschwachen Gebiet von staatlichen Zuschüssen, die weit höher sind als die acht Millionen Mark, die man dem Unternehmer abgenommen hat. Kein Wunder, dass selbst eingefleischte „Bestrafer“ die Vermögenssteuer nie mehr zurückhaben wollen. Sie ist eine reine Neidsteuer, die wichtigen Hoffnungsträgern unserer Gesellschaft schwer an die Substanz gegangen ist.
Genau ab dem Tag, wo diese Unglückssteuer abgeschafft wurde, funktionierte auch der Neue Markt für Aktien von innovativen Unternehmen an der Frankfurter Börse. Darauf können die Deutschen nun wieder stolz sein, denn so etwas gibt es nur noch als Vorbild NASDAQ in den USA – dort, wo seit 1980 eine Gründerwelle sondergleichen stattfindet, wo man die Konkurrenz aus Japan und Fernost (und Europa) deutlich in die Schranken weisen konnte. Man muss doch jungen Firmen, die aufgrund der Zukunftserwartung einfach überbewertet sein müssen, erst einmal eine Chance geben, zu Betriebskapital zu kommen! Was hat da das Finanzamt zu suchen? Noch ist überhaupt kein Pfennig verdient, alles ist Wagnis, „Venture“.
Für den Unternehmer, der seine täglichen Prioritäten setzt, bedeutet jeder Steuersatz über 40 Prozent eine persönliche Beleidigung. Ab sofort wird er sich darum kümmern, wie man diese 40 Pfennig und mehr von jeder Mark retten kann. Erst wenn der Steuersatz deutlich darunter fällt, wird er wieder zum richtigen Unternehmer. Dann kümmert er sich wieder vorrangig um seine Gewinne. Und nur solches Gewinnstreben führt nachhaltig zu neuen Arbeitsplätzen. Ich weiß, dass dieser Kausalzusammenhang vielen nicht gefällt. All jenen will ich ein anschauliches Beispiel geben:

Wenn dem Finanzminister morgen einfiele, alle Flüge über den Atlantik zu versteuern – würde er da während eines turbulenten Schlechtwetterfluges gleich zum Captain gehen und ihn um zügige Zahlung bitten? Da wäre er doch lebensmüde! Aber immer noch ist vielen Finanzpolitikern nicht klar, in welch schwieriger Situation man sich befindet. Oder sie glauben, man könne den Flieger auch selbst nach Hause bringen. Jeder vernünftige Mensch ließe den Captain in Ruhe. Aber immer noch gibt es Politiker, die die Ochsen, die den Karren schleppen, gleich schlachten möchten. Dabei denken sie gar nicht einmal an große Steuereinnahmen. Jeder weiß, dass es relativ wenig Unternehmer gibt. Und selbst wenn man ihnen das Zigfache der anderen abnähme, käme dabei kaum etwas heraus (300 Passagiere, die je 1 Mark zahlen, bringen 300 Mark – also viel mehr als ein Captain, der das Zehnfache löhnen muss, nämlich 10 Mark). Aber erinnern Sie sich: Es geht um Weltanschauung! „Der Staat hat seine Gerechtigkeitslücke nicht geschlossen", habe ich einmal gehört. Steuerpolitik kann nie ganz gerecht sein: Entweder sie ist einfach und ungerecht, oder gerecht aber kompliziert – also wiederum ungerecht. Dann lieber einfach.

Keine Sorge, Herr Finanzminister, der Captain aus unserem Beispiel wird seinen Flieger nicht gleich abstürzen lassen, wenn Sie ihn schröpfen wollen. Er wird sicher landen, vielleicht auch noch das nächste und übernächste Mal. Aber irgendwann macht jede Kuh, der man zu sehr an den Euter geht, ein letztes „Muh". Auch hier keine Sorge: Die Milch ist nicht weg – aber jetzt bekommt sie ein anderer! Darin liegt die Gefahr: Zu Beginn nehmen die Unternehmer die Sache nicht ernst, und später resignieren sie völlig. Was mir Sorgen bereitet, sind deshalb auch nicht die Jungunternehmer, die vom Steuerzahlen genauso viel wissen, wie ein Neugeborenes vom Rentensystem. Sie sagen sich: „Wenn's denn erst einmal Gewinne gibt, dann ist es immer noch früh genug, über Steuerersparnisse nachzudenken." Aber ich habe Sorge um die vielen Investoren, die unsere jungen Firmen unterstützen sollen. Nach den tatsächlich völlig unsinnigen, gleichwohl vom Staat gewollten Steuerschlupflöchern mit Abschreibungsruinen in egal welchen bedürftigen Regionen Deutschlands schlägt das Ruder nun in die andere Richtung: Jetzt sollen Einkünfte nur noch mit Verlusten aus demselben Erwerbsbereich verrechenbar sein. Das Prinzip ist einfach: Jemand, der verdient hat, will irgendwo anders investieren. Natürlich nicht dort, wo er sich auskennt – man will ja mal was anderes machen.

Aber genau das wird ihm zum Verhängnis: Denn Gewinne soll man nicht mehr mit Verlusten aus dem neuen Investment verrechnen können, wenn es ein anderes Geschäftsfeld ist.
Sie können sich vorstellen, was die Investoren tun werden, wenn solche Ideen Wirklichkeit werden. Ich habe aber die Hoffnung, dass der jeweils amtierende Kanzler die verheerende Wirkung solcher Steuereintreibtricks durchschaut und allzu Unwissenden beim Fiskus Einhalt gebietet.

Das Märchen vom schlechten Wirtschaftsstandort

Dabei ist Deutschland ein so wunderbarer Wirtschaftsstandort! Dass wir in der Nationen-Rangliste insgesamt soweit hinten liegen, liegt nur an den Kosten der Arbeit, der Rundum-Versorgung und dem damit verbundenen Abgabensystem. Aber ansonsten belegt Deutschland fast immer einen der Spitzenplätze: Infrastruktur, Rechtssystem, Verkehr ...
Als Wunderwaffe im rhetorischen Wettstreit der verschiedenen Gesellschaftsgruppen muss immer wieder die Sorge um den Wirtschaftsstandort Deutschland herhalten. Vertreter der Wirtschaft fürchten im globalen Wettstreit um die Wettbewerbsfähigkeit einer vorwiegend exportorientierten Nation, Gewerkschaften fürchten aus demselben Grund, den einmal erreichten Besitzstand – der sich im Vergleich zum Ausland wirklich sehen lassen kann – aufgeben zu müssen.
Diese Diskussion mag einen gewissen akademischen Reiz haben. Aber in der Praxis kommt für die Mehrzahl der Unternehmen nichts dabei heraus, denn sie wird grundsätzlich von den Großkopfeten geführt, also von Großkonzernen, Großpolitikern und Großfunktionären von Großgewerkschaften. Für einen globalen Automobilhersteller, die IG Metall und den Bundeskanzler mag es von entscheidender Bedeutung sein, wo das nächste Werk gebaut, was die Arbeitskräfte kosten, wie hoch die Produktivität ist und ob ausländische Unternehmen in Deutschland nicht nur durch Vertriebszweigstellen, sondern auch produzierend ansässig werden. Man kann diesen Teil der Diskussion relativ leicht damit abhaken, dass Deutschland ein ausgezeichneter Wirtschaftsstandort war und ist, und dass es im Leben längst nicht so ist, dass man immer dem Billigsten hinterherläuft – den billigsten Arbeitskräften zum Beispiel. Auch in Büchern über den angeblichen Stillstandort gibt man unumwunden zu, dass Deutschland im Prinzip erstklassig ist.
Als ich vor Jahren vor der Entscheidung stand, eine mittelgroße Druckerei in ein Billiglohnland gleich über die Bundesgrenze zu verfrachten, dachte auch ich an die günstigen Arbeitskräfte. Aber schon

die Anfahrten zum ausgesuchten Grundstück, die ständigen Gängeleien der Behörden und vor allem die Menschen selbst haben mich schließlich davon abgehalten. Man hat mir klipp und klar gesagt, dass man zwar mit drei Schichten am Tag arbeiten könne und der Lohn unglaublich gering sei, aber dafür die Standzeiten der Maschinen wegen fehlender Ersatzteile oder Mechaniker umgekehrt proportional in die Höhe steigen würden. Ich habe dann von diesem Vorhaben Abstand genommen, ärgere mich weiterhin am Standort Deutschland über die unverschämten Forderungen der Druckgewerkschaft, genieße aber gleichzeitig die Früchte einer der höchsten Produktivitäten in der Welt. Die Leute sind halt (noch) fleißig.

Natürlich gibt es auch andere fleißige Nationen auf der Welt, die dennoch preiswert arbeiten, wie zum Beispiel die „Tiger"-Staaten in Fernost. Aber hier spielt die Entfernung eine Rolle. Fast alle deutschen PC-Hersteller betreiben ihre Produktionsstätten in Deutschland. Natürlich könnte man in Fernost etwa 80 Dollar pro Gerät sparen. Dann aber muss man die fertigen Computer per Luftfracht kommen lassen, denn als Seefracht benötigen sie vier bis fünf Wochen. In dieser Zeit verlieren PCs bekanntermaßen bei jeder Umdrehung der Schiffsschraube ein Promille an Wert. Bis sie dann in Deutschland in den Geschäften stehen, sind sie 30 Prozent zu teuer, veraltet oder überhaupt nicht mehr zu verkaufen. Aus Schaden klug geworden, produzieren alle cleveren PC-Hersteller ihre Computer jetzt so nah am Kunden wie möglich.

So weit zum produzierenden Gewerbe. Der Handel, der bekanntlich in Deutschland zu den großen Wirtschaftszweigen gehört, hat überhaupt keine Möglichkeit, seine Betriebsstätten ins Ausland zu verlegen. Er muss seine Geschäfte und Märkte in der Nähe des Kunden betreiben. Über irgendwelche Abwanderungsgedanken kann man sich vielleicht dann unterhalten, wenn der elektronische Handel zunimmt. Aber selbst dann muss die Ware noch zum Kunden transportiert werden. Das Speditionsgewerbe – keine kleine Abteilung unserer deutschen Wirtschaft – muss also auch bleiben. Und wie man ganze Dienstleistungsbereiche und die Verwaltung „verpflanzen" will, ist mir auch nicht klar. Solange die Menschen nicht alle nach Mallorca auswandern, ist Deutschland ein guter Wirtschaftsstandort.

Ich habe mir nicht die Mühe gemacht, die Gesamtzahl der Arbeitsplätze auszurechnen, die überhaupt „auswandern" könnten. Außerdem entscheidet man sich nicht einfach für die billigste Lösung – eben weil sie häufig nicht die beste ist. Regelmäßig läuft in einem deutschen Fernsehsender kurz vor den 20 Uhr-Nachrichten der Werbespot eines deutschen Textilbekleidungsherstellers, der stolz verkündet: „Wir produzieren nur in Deutschland und werden auch weiterhin die Arbeitsplätze sichern!" Wenn es um Hightech ginge, könnte man ihn vielleicht noch verstehen, aber Textilherstellung? Die haben die Deutschen doch schon vor zwanzig Jahren aufgegeben und ins Ausland geschickt!? Wenn die Vertreter der Stillstandort-Theorie Recht hätten, müsste der Mann völlig verrückt sein. Ist er aber nicht. Denn hier kann er seine Mitarbeiter besser führen. Wenn man Insiderberichten glauben darf, lieben sie ihren Chef und legen sich mächtig für ihn ins Zeug. Das soll man einmal mit einer Betriebsstätte in Malaysia versuchen.

Wir kommen nun zu den vielen Unternehmern, die überhaupt nicht daran denken, ihr Werk irgendwohin in die Welt zu verfrachten. Die Verlagerung ganzer Produktionsstätten ins Ausland ist eine hochgradig komplexe Angelegenheit. Und die Führungsprobleme werden nachher nicht weniger. Im Gegenteil. Als mittelständischer Unternehmer würde ich es mir dreimal überlegen, ob ich diesen gewaltigen Schritt gehen würde.

Wenn also demnächst wieder einmal ein Großkonzern droht, seine Betriebsstätte ins Ausland zu verlegen, sollte man Ruhe bewahren: Das ist politisches Ränkespiel zwischen Großmanagern, Großpolitikern und Großgewerkschaftern. Wahrscheinlich geht es um die Vergabe weiterer Subventionen oder die Befreiung von Milliardensteuern bei einem Fusionsdeal. Es liegt in der Natur der Sache, dass diese Multis Arbeitskräfte einsparen müssen, um im globalen Wettbewerb bestehen zu können. Also werden sie es auch tun. Ob es nun direkt vor der Haustür geschieht, oder ganze Fabriken abwandern, ist letztendlich egal – die Arbeitsplätze sind weg. Und diese Tatsache erleben wir seit Jahrzehnten.

Daraus gibt es nur einen einzigen Ausweg: Neue Unternehmen müssen her! Für die hat die Standortfrage überhaupt keine Bedeutung. Das Unternehmen wird fast immer dort gegründet, wo der Jungunternehmer bisher seinen Lebensmittelpunkt hatte. Das ist der Hochschulort, der Arbeitsplatz oder der Wohnort. Diese neuen Arbeitsplätze entstehen also mit Sicherheit in Deutschland. Das global-galaktische Gerede vom problematischen Wirtschaftsstandort Deutschland irritiert solche Jungunternehmer nur. Die haben genug Probleme, sich erst einmal darüber klar zu werden, ob sie überhaupt zum Unternehmer geeignet sind oder nicht. Wenn dann die Funktionseliten über die miserablen Umstände jammern, kann selbst einem mutigen Menschen die Lust vergehen. Aber wir brauchen diese Menschen!

Ich behaupte, dass eine Gründungswelle wie die in den USA zwischen 1980 und heute jede noch so beliebige Abwanderung von Unternehmen kompensieren kann. Statt zu jammern – was Anfang der Achtziger wegen der starken japanischen Konkurrenz an der Tagesordnung war –, haben sich an amerikanischen Hochschulzentren wie dem MIT (Massachusetts Institute for Technology) Netzwerke aus Unternehmen, Wissenschaftlern und Studenten zusammengefunden, um durch Businessplanwettbewerbe neue Geschäftsideen auszutüfteln. So wurde die derzeitige Führungsstellung der USA im Bereich der Informationstechnologie begründet.

Natürlich waren die Japaner lange Zeit „fleißiger" und haben für weniger Geld mehr gearbeitet. Aber in jeder Volkswirtschaft kommt eine Phase der Konsolidierung. Auch die Deutschen – immer noch führend in der Produktivität – werden sich den Arbeitsgewohnheiten anderer Länder angleichen. Einfach gerechnet, bedeutet die hohe Produktivität, dass die Arbeitsstunde zwar sehr viel teurer ist als anderswo, dafür in einer Stunde aber mehr produziert wird. Der Begriff „zu teure Arbeit" gibt also immer nur die halbe Wahrheit wieder: er bezieht sich lediglich auf die Nebenkosten für die soziale Absicherung und die mangelnde Flexibilität bei Einstellung und Kündigung. Die eigentlichen Löhne und Gehälter sind zwar hoch, aber dem Fleiß der Deutschen angemessen.

Aber wenn der Produktivitätsvorsprung nicht erhalten werden kann, entstehen Gefahren für den Standort. Dann kann Arbeit tatsächlich insgesamt zu teuer werden. Früher sagte man einmal scherzhaft: „Wenn die Deutschen täglich eine Stunde länger essen und die Italiener eine Stunde länger arbeiten würden, könnte man sich noch besser verstehen." Ich habe manchmal das Gefühl, dass sich beide Volkswirtschaften in diese Richtung bewegen. Was die Lebensqualität und den Wohlstand anbetrifft, empfinde ich jedenfalls nicht mehr so große Unterschiede wie noch vor 25 Jahren.

Wenn die in Deutschland Beschäftigten sich dafür entscheiden, etwas weniger zu arbeiten (zu leisten), dafür aber auch bereit sind zu akzeptieren, dass ihre Gehälter nicht mehr so schnell steigen, ist das erst einmal ein normaler Prozess. Was aber ist mit jenem Teil der Bevölkerung, der Zeit seines Lebens richtig „rangeklotzt“ hat und jetzt im Rentenalter den Lohn für seine Mühe ernten möchte? Die Bezüge dieser Menschen zu schmälern oder sogar das ganze Rentensystem zu ändern, wird nicht einfach werden. Die Rentner werden sich zu wehren wissen: Bald sind sie als Wähler in der Mehrzahl. Denn es geht hier nicht mehr um direkte Kosten der Arbeit – die so hoch nicht sind –, sondern um indirekte, die der Standort mitschleppen muss, eigentlich aber nicht hergibt. Und keinesfalls mit zehn Prozent Arbeitslosen, die ihrerseits nur Geld kosten und nichts für den Staat einbringen.

Man kann es nicht oft genug wiederholen: Was der Standort Deutschland braucht, um auch in Zukunft noch erstklassig zu sein, sind neue Unternehmen – mit neuen Unternehmern, die von Politikern ermuntert werden, sich selbstständig zu machen und reich und glücklich zu werden. Dann kommen die neuen Arbeitsplätze von selbst. Beim jungen Unternehmen gibt es auch noch nichts wegzurationalisieren. Und es ist somit kein Wunder, dass jede neu gegründete Firma schon nach ein paar Jahren rund zehn Arbeitsplätze schafft.

Was aber tun die Politiker? Nach wie vor trifft man sich mit der Funktionselite aus der Großwirtschaft bei Einweihungen von Großprojekten – gleich und gleich gesellt sich eben gern. Da werden Festreden gehalten und Loblieder gesungen auf die Schaffung von hundert neuen Arbeitsplätzen – die anderweitig gerade abgebaut worden sind. Als ich 1991 meine Druckerei im Lippischen eingeweiht habe, war „nur“ jemand vom Amt für Wirtschaftsförderung da. Aber auch ohne Besuch des Ministerpräsidenten sind dort nachhaltig 80 neue Arbeitsplätze entstanden. Ich komme mit dieser Missachtung der hohen Politik einigermaßen zurecht, aber ich könnte mir vorstellen, dass der Besuch hochkarätiger Würdenträger bei der Einweihung eines jungen Unternehmens mit nur 20 Mitarbeitern ein wesentlich besseres Signal für die junge Generation darstellen würde als der Klüngel mit Topmanagern aus Großkonzernen, die doch überhaupt nicht anders können, als den Speck, den sie in den fetten Jahren des Wirtschaftswunders angesetzt haben, loszuwerden. Daran wird auch ein Bündnis für Arbeit nichts ändern. Vielleicht wird dadurch die Stimmung zwischen den Tarifparteien etwas besser, aber der Arbeitsplatzabbau ist landauf landab zwischen allen Beteiligten längst beschlossene Sache. Die Lobbyisten versuchen lediglich, die Folgen für sich selbst so schmerzlos wie möglich zu gestalten.

Leider haben Jungunternehmer keine Lobby. Nicht einmal Gewerkschaften interessieren sich für neu gegründete Unternehmen. Erst ab einer Belegschaftsgröße von 100 und mehr wacht man auf, weil Mitgliedsbeiträge winken.

Natürlich gibt es auch hier kluge Politiker, die längst wissen, wie der Hase läuft – vorrangig in solchen Gebieten, die bereits große Strukturanpassungen hinter sich haben und die Erfahrung machen mussten, dass alle Bündnisse für Arbeit langfristig nichts nutzen. In einigen Bundesländern gibt es bereits vorbildliche staatliche Initiativen für Menschen, die sich selbstständig machen wollen.

Aber noch besser wäre es, wenn sich die, die es eigentlich wissen müssten – nämlich die alteingesessenen Unternehmen –, selber um den Nachwuchs kümmern. An manchen Orten gibt es schon solche Aktivitäten, wie zum Beispiel den Verband Neues Unternehmertum Köln-Bonn-Aachen. Hier handelt es sich nicht um eine staatliche oder halbstaatliche Aktion, sondern um namhafte Unternehmen aus der Region, die große Beträge bereit stellen, um junge Menschen bei der Planung und Durchführung einer Unternehmensgründung zu beraten. Und nicht nur das: Viele Angehörige beratender Berufe – Rechts-, Patentanwälte, Steuerberater und Wirtschaftsprüfer – stehen den Teilnehmern am Businessplan-Wettbewerb ehrenamtlich und ohne Vergütung zur Verfügung.

Alle sind sich völlig im Klaren darüber, dass die Vorstände dieser Mitgliedsunternehmen mit dieser Unterstützung eine Art Wiedergutmachung für ihre eigenen Rationalisierungsprogramme betreiben. Aber was ist daran auszusetzen? Und wenn die ehrenamtlichen Berater ihre Dienste jetzt nur kostenfrei anbieten, weil sie sich nachher einen neuen zahlenden Kunden versprechen, warum soll das schlecht sein? Alle profitieren davon und den Staat kostet es keinen Pfennig: So funktioniert eben ein attraktiver Wirtschaftsstandort.

Von der Idee zur Gründung

Wenn bisher weder die Anforderungen an einen Unternehmer, die hohen Steuern noch der angeblich schlechte Wirtschaftsstandort Sie abschrecken konnten, gehören Sie zu denen, die selbstständig werden wollen. Vorausgesetzt, es ist die berühmte Idee vorhanden, deren Umsetzung regelrecht in den Fingern juckt, dann gibt es bis zum Vollzug noch eine Fülle von Problemen, von denen bereits das kleinste das Scheitern des Vorhabens verursachen kann. Mehr oder weniger unausgesprochen bleibt nämlich immer die eine Frage im Raum stehen: Was passiert dann, wenn es wirklich schief geht?

In einer Umfrage aus dem Jahr 1999 haben potentielle Unternehmensgründer ihre größten Sorgen genannt, die sie auf dem Weg zur Selbstständigkeit sehen. Dass es die Finanzierung und Kapitalbeschaffung sei, gaben 49 Prozent der Befragten an; es folgten dann, in dieser Reihenfolge: die Balance zwischen Beruf und Familie (43 Prozent), steuerliche Bestimmungen (33 Prozent), Bürokratie (31 Prozent), Informationsbeschaffung (23 Prozent), Versicherungsfragen (23 Prozent), Betriebsaufbau und -organisation (21 Prozent) sowie Wahl der Rechtsform, Firmierung (21 Prozent).

Dass hierbei die Abgrenzung zwischen Beruf und Familie ziemlich weit vorn steht, macht mich schon wieder nachdenklich. Wie soll man sich engagiert ins Zeug legen, wenn man von vornherein schon Angst hat, dass die Familie nicht mitspielt? Auch die Informationsbeschaffung dürfte keine wesentliche Rolle spielen, denn jedes Arbeitsamt und jede Industrie- und Handelskammer, aber auch jedes Geldinstitut und jede Meldestelle haben zumindest so viel an Informationen parat, dass man damit auf den richtigen Weg kommt.

Vor diesem Hintergrund ist es sicher nicht verwunderlich, dass das Unternehmertum in Deutschland immer noch unterentwickelt ist. 1997 lag der Selbstständigen-Anteil im Schnitt der OECD-Länder bei 11,4 Prozent und in Deutschland nur bei 9,8 Prozent; rechnerisch fehlen bei uns danach 600.000 Selbstständige, um nur den Schnitt der anderen zu erreichen! 600.000 neue Unternehmen mit durchschnittlich

vier Angestellten (niedrig geschätzt): das macht 2,4 Millionen Arbeitslose weniger!
Diese Problematik haben glücklicherweise nicht nur private Initiativen, sondern auch der Staat erkannt. So finden inzwischen regelmäßig sogenannte Gründerwettbewerbe statt, die ganz gezielt potentielle Unternehmensgründer ansprechen, um Anreize für die Selbstständigkeit zu schaffen und den Weg dorthin zu ebnen. Dort lassen sich jetzt ab und zu auch mal Politiker der zweiten Reihe sehen – die aus der ersten Reihe bevorzugen nach wie vor ihre Chef-Kollegen aus der Wirtschaftsfunktionselite zwecks Schmiedung eines nutzlosen Bündnisses für Arbeit. 600.000 neue Unternehmen mit 2,4 Millionen Arbeitsplätzen: *das* wäre ein Bündnis für Arbeit!
Aber immerhin – was in den Siebzigern noch tabu war, setzt sich heute allmählich durch: Politiker werden unternehmerfreundlich.
Aus den vielfältigen, oft auch regional begrenzten Angeboten für junge Gründer möchte ich drei hervorheben, die inzwischen eine beachtliche Resonanz und hervorragende Ergebnisse erreicht haben.
Ohne damit eine Rangfolge auszudrücken, will ich mit dem schon so oft gescholtenen Staat beginnen. Das Bundeswirtschaftsministerium (BMWi) hat erstmals 1998 einen Gründerwettbewerb Multimedia ausgeschrieben, dessen Ziel es ist, breitenwirksam zur Existenzgründung in diesem zukunftsweisenden Hightech-Bereich zu motivieren. Gerade die Multimedia-Branche zählt heute zu den dynamischsten auf dem Technologie-orientierten Dienstleistungssektor. Während Deutschland bei den Telekommunikationsnetzen weltweit Standards setzt und dort über ein klares Konzept verfügt, gibt es bei Endgeräten und Multimedia-Angeboten noch einen erheblichen Nachholbedarf.
Die 1999 auf rund 1.500 geschätzte Anzahl an Multimedia-Firmen soll nach Ansicht des BMWi deutlich erhöht werden; dort geht man bis zum Jahr 2001 sogar von einer Verdoppelung dieser Zahl aus, durch die allein in diesem Segment 260.000 bis 280.000 neue Arbeitsplätze entstehen könnten. Von Hightech-Gründungen gehen derzeit die größten Impulse für den Arbeitsmarkt aus. Man hat festgestellt, dass diese Firmen im vierten Jahr nach der Gründung im Schnitt bereits 23 Mitarbeiter beschäftigen – dreimal mehr als konventionelle Unternehmen!
An der ersten Runde dieses Wettbewerbs haben 363 Interessenten teilgenommen, von denen 20 mit einem Preisgeld von jeweils 20.000 Mark und weitere 80 mit je 10.000 Mark ausgezeichnet wurden. Wei-

tere 20 x 40.000 Mark wurden für diejenigen ausgesetzt, die anschließend auch tatsächlich ein Unternehmen gegründet haben; unabhängig davon haben sich fast 90 Prozent der Preisträger selbstständig gemacht und auf diese Weise einen nachhaltigen Impuls erhalten.
Aber es geht noch weiter: Die zehn erfolgreichsten Neugründer erhalten zusätzlich die Chance, sich vor einem Investmentforum zu präsentieren, das weitere Preise ausgelobt hat. Dieser Kreis von Sponsoren setzt sich zusammen aus der Technologie-Beteiligungsgesellschaft der Deutschen Ausgleichsbank (TBG; Anstalt des öffentlichen Rechts), der Deutschen Venture Capital Gesellschaft (DVCG, Partner-Unternehmen der Deutschen Bank), der T-Venture (VC-Gesellschaft der Deutschen Telekom), der Technologie-Holding und der WGZ-Venture-Capital Gesellschaft.
Die 20 besten Beiträge decken ein breites Spektrum ab, das von der interaktiven Marktforschung über das Internet und Kompressionstechnologien zur kostensparenden Übertragung von Java-Applets bis hin zum Multimedia-Terminal für Entertainment und Kommunikation reicht.
Auch die wirtschaftlichen Vorstellungen der Gründer sind in jeder Hinsicht vielversprechend: Sie streben zum großen Teil schon kurzfristig ein Umsatzvolumen von 10 bis 20 Millionen Mark an und wollen bis zu 50 Mitarbeiter einstellen. Ein Team hat bereits nach einem Jahr 35 Mitarbeiter in weltweit sechs Standorten beschäftigt und ein Eigenkapital von über vier Millionen Mark erwirtschaftet.
Direkt vom BMWi oder auch aus dem Internet ist ein ‚Gründerleitfaden Multimedia' abrufbar, der die bisherigen Erfahrungen zusammenfasst und neue Existenzgründer bei der Planung und Durchführung unterstützt. Darüber hinaus ist diese Broschüre eine ständig aktualisierte Informationsquelle, die alle im Gründungsprozess auftretenden Fragen anspricht, angefangen beim Marketing und Controlling über den Ideenschutz bis hin zu der für Multimedia-Unternehmen relevanten Rechtsprechung.
Runde zwei dieses Wettbewerbs wurde im Sommer 1999 gestartet. Das Bundeswirtschaftsministerium stellt dafür in einem Fünf-Jahres-Zeitraum jährlich zwei Millionen Mark an Preisgeldern zur Verfügung.
Ein weiterer Gründungswettbewerb namens ‚StartUp' dürfte, zumindest vom Namen her, auch all denjenigen bekannt sein, die nicht direkt mit der Selbstständigkeit befasst sind. Dieser Wettbewerb geht auf

eine Initiative des Magazins ‚Stern', der Sparkassen und der McKinsey-Unternehmensberatung zurück und ist nicht nur thematisch sehr viel weiter gefasst als die Multimedia-Ausschreibung des Bundes.
StartUp greift den Gedanken auf, dass wir in Deutschland eine neue Kultur der Selbstständigkeit brauchen: Risikofreudige Unternehmerpersönlichkeiten schaffen für sich und andere neue Arbeitsplätze und stärken die hiesige Wirtschaft im internationalen Vergleich. StartUp ist kein Ideenwettbewerb, denn eine gute Idee allein reicht nicht aus. Hier werden vielmehr Erfolg versprechende Unternehmenskonzepte gesucht, die sich auf alle Branchen verteilen können – angefangen beim Handwerk über den Dienstleistungssektor bis hin zur Hochtechnologie.
Die eingereichten Geschäftspläne werden von branchenerfahrenen Juroren, neutralen Institutionen und Finanzexperten bewertet. Ein detaillierter Geschäftsplan ist schließlich die Voraussetzung für jede erfolgreiche Unternehmensgründung, weil sich der Gründer damit über sein Konzept klar wird und Chancen sowie Risiken seines Vorhabens besser einschätzen kann. Außerdem ist der Geschäftsplan die unverzichtbare Basis für die Verhandlung mit den Banken. Das Teilnehmer-Handbuch enthält eine detaillierte Anleitung zur Erstellung aller für den Geschäftsplan wichtigen Elemente; die zusätzlich erhältliche Kalkulationssoftware hilft sogar beim Erstellen der Finanzplanung.
Im Jahr 1998 haben über 50.000 Gründer an diesem Wettbewerb teilgenommen. Mit mehr als zwei Drittel aller Einreichungen lagen die Dienstleistungsunternehmen eindeutig an der Spitze, wobei Beratungs- und Consulting-Ideen führend waren, dicht gefolgt von Online- und Multimedia-Firmen. Auf Regional-, Landes- und Bundesebene haben die Sparkassen Geldpreise in Höhe von insgesamt zwei Millionen Mark vergeben; in jedem Bundesland wurden bis zu zehn Ideen mit Geldpreisen belohnt, und die Landessieger haben noch einmal 50.000 Mark zusätzlich bekommen. Die fünf Bundessieger wurden mit 50.000 bis 100.000 Mark prämiert und erhielten außerdem für das erste Unternehmensjahr eine individuelle Beratung von McKinsey.
Wichtiger noch als die spektakulären Geldpreise erscheint mir, dass jeder Teilnehmer ein individuelles, schriftliches Feedback bekommt, bei dem sein Konzept analysiert und bewertet wird. Dies wird sozusagen zur Trockenübung der geplanten Unternehmensgründung, bei der bereits falsche Ansätze erkennbar sind und sich ohne finanzielle Verluste korrigieren lassen. So wenig ich von irgendwelchen theoretisierenden

Gründer-Seminaren halte, so sehr kann ich allen Gründungswilligen nur zur Teilnahme an solchen Wettbewerben raten, weil man mit nahezu Null-Einsatz eine in jeder Hinsicht fundierte Rückkopplung bekommt.

Ein Beispiel für die vielen regionalen Einrichtungen ist der Verband Neues Unternehmertum Köln-Bonn-Aachen e.V. (NUK). Auch hier ist man der Meinung, dass wirtschaftliches Wachstum von Innovationen getragen wird und diese oft von jungen, neu gegründeten Unternehmen ausgehen. Erfolgreiche Unternehmensgründungen zeichnen sich erfahrungsgemäß durch die Bündelung von technologischem Know-how, unternehmerischen Fähigkeiten und finanziellen Ressourcen aus. Genau hier setzt der NUK ein, der 1997 auf Initiative der Stadtsparkasse Köln, des Gerling-Konzerns und der Unternehmensberatung McKinsey gegründet wurde; mittlerweile gehören dem Verband 37 namhafte Mitgliedsunternehmen an, die den Kontakt zwischen etablierten Unternehmen und potentiellen Gründern herstellen bzw. verbessern wollen. Er ist somit eine der wenigen Einrichtungen, die sich selbst finanziert und keinerlei staatliche Beihilfen erhält. Man hat sich ganz einfach gefragt: Wer kann den jungen Unternehmern besser helfen als die Unternehmer selbst?

Dazu hat der Verband ein umfangreiches Netzwerk geschaffen, das auf der einen Seite aus erfahrenen Unternehmern, Fachberatern und Kapitalgebern besteht und auf der anderen Seite aus kreativen jungen Leuten von Hochschulen, studentischen Initiativen und Forschungseinrichtungen.

Auch hier hat man die Wettbewerbs-Idee aufgegriffen und 1997 den ersten Businessplan-Wettbewerb ausgeschrieben, der wegen des großen Erfolges seitdem jährlich veranstaltet wird.

Der Ursprung geht auf eine ähnliche Veranstaltung am Bostoner Massachusetts Institute of Technology zurück, das in den 80-er Jahren damit begonnen hat, die Gründung innovativer Unternehmen aus Hochschulen und Forschungseinrichtungen zu forcieren und damit die wirtschaftliche Entwicklung der Region zu stärken.

Der Businessplan ist gewissermaßen die Visitenkarte beim Eintritt in den Wirtschaftsprozess; aus ihm geht die Strategie hervor, mit der man aus einer Idee ein tragfähiges Firmenkonzept entwickeln will. Auch beim NUK ist ein detailliertes Handbuch mit allen Einzelheiten zur Erstellung eines solchen Plans erhältlich (siehe Adressen im Anhang).

Durch die enge Verbindung zu bestehenden Firmen und möglichen Geldgebern schafft der NUK gute Voraussetzungen, öffentliche und private Geldquellen (Venture-Capital-Gesellschaften, Kreditinstitute) anzuzapfen und auch den steuerlichen bzw. juristischen Rahmen abzustecken. Ein umfangreiches Angebot an praktischen Tipps, Lehrveranstaltungen und individuellem Coaching rundet dieses Angebot ab.

Von den Teilnehmern wird nicht von Anfang an eine Geschäftsidee erwartet. Man will – im Gegensatz zum bundesweiten Start-Up-Wettbewerb, der die Gründung eines Unternehmens voraussetzt – junge Menschen motivieren, darüber nachzudenken, ob sich aus ihrem jetzigen Tätigkeitsbereich eine Unternehmensidee entwickeln lässt. Das gilt insbesondere für den Hochschulbereich, den man bisher eher als Hort der zweckfreien (manche sagen zwecklosen) Forschung sah. Wenn manche Politiker sagen, 9,5 Prozent der Hochschulabgänger machten sich selbstständig, ist das wieder eine typisch statistische Halbwahrheit. In diesen 9,5 Prozent sind nämlich alle Sowieso-Selbstständigen enthalten wie Ärzte, Rechtsanwälte, Architekten, Designer usw., die überhaupt keine Alternative haben. Aber kennen Sie einen selbstständigen Chemiker oder Biologen? Nur ein Prozent von ihnen macht sich selbstständig. Aber gerade in den Naturwissenschaften liegt ein ungeahntes Unternehmerpotential. Auch der NUK hat hier geholfen, so manche Biogentech-Idee aus der Taufe zu heben.

Zentrales Instrument des NUK ist kein Ideenwettbewerb, sondern ein Businessplan-Wettbewerb. Er läuft in drei Stufen ab, wobei der Einstieg in jeder Stufe möglich ist. Von Stufe zu Stufe steigen die Anforderungen an den Inhalt und den Umfang des Businessplans, bis zum Schluss ein vollständiges, in sich geschlossenes Konzept vorliegt. Bei den NUK-Meetings stehen jede Menge Fachberater zur Verfügung (Patentanwälte, Rechtsanwälte, Steuerberater, Wirtschaftsprüfer), ergänzt durch Coaches (Unternehmer bzw. Unternehmensberater) und Financiers (Venture Capitalists). Für die Teilnehmer sind alle diese Leistungen kostenlos. Auch hier bekommt jeder Teilnehmer ein individuelles Feedback zum eingereichten Konzept, das von mindestens zwei Gutachtern erstellt wird.

Ich würde mir heute sofort die Ratschläge aus einem solchen Wettbewerb holen, wenn ich noch einmal vor der Selbstständigkeit stünde. Was ich daraus machen würde, steht auf einem ganz anderen Blatt. Aber ich hätte dann entweder die Bestätigung meiner eigenen Auffas-

sung oder eine Alternative für den Weg, den dann letztlich jeder selbst einschlagen muss.
Dass man aus Seminaren etwas Greifbares für das praktische Unternehmertum mitnehmen kann, ist ebenso unwahrscheinlich wie das Erlernen des Klavierspiels beim bloßen Zusehen; die eigene, praktische Erfahrung ist in jedem Fall unersetzlich, und den guten sowie gutgemeinten Ratschlägen am Rande kann man sich sowieso nicht entziehen.
Eigentlich ist es vollkommen überflüssig, jemandem zu sagen, er solle sich mit dieser oder jener Idee selbstständig machen. Dieser Antrieb und das im wahrsten Sinne des Wortes unstillbare Verlangen nach der Realisierung eines Gedankens muss in einem stecken und fest verwurzelt sein. Nur durch diesen Pioniergeist ist gewährleistet, dass man sich nicht gleich vom ersten kleinen Problemchen entmutigen lässt, das irgendwo auftaucht; und wenn sich dann noch ernste Schwierigkeiten in den Weg stellen, hätte man ohne Pioniergeist ohnehin keine Chance.
Ich sage das, weil am Anfang jeder erfolgreichen Karriere eine solche fixe Idee gestanden hat, die sich in den meisten Fällen auch noch gegenüber herben Widerständen behaupten musste. In allen Schilderungen taucht irgendwo der entscheidende Satz auf: *„... da kam mir die Idee ...“*
Bei Anita Roddick lag der Anstoß in den aufwendig verpackten, großen und teuren Kosmetikartikeln, die noch dazu mit Produkten hergestellt wurden, die in Tierversuchen getestet worden waren (vgl. Kapitel „Zufälle“). Ihre Idee, mit der sie sich durchgesetzt hat, besteht letztlich darin, pflanzliche Produkte in kleinen, preiswerten Gebinden anzubieten und ihren Kundinnen mit einfachen Worten die Wirkung zu erklären. Sie setzt damit weltweit rund 600 Millionen englische Pfund um, ohne damit die herkömmliche Kosmetikindustrie mit ihren Tierversuchen und Mogelpackungen in irgendeiner Weise zu „gefährden“. Dennoch füllt ihr Anteil weit mehr aus als nur eine Nische, und sie kann sich problemlos neben den etablierten Kosmetikanbietern behaupten.
Der 1923 geborene Peter Dussmann bekennt sogar ganz freimütig, dass seine Idee „geklaut“ ist. Er war unzufrieden damit, als Angestellter ständig Rechenschaft ablegen zu müssen, und wollte deshalb auf Biegen und Brechen selbstständig werden.
Die Idee dazu findet er – mehr oder weniger zufällig – bei der Lektüre des SPIEGEL, der in seiner Rubrik ‚Hohlspiegel‘ über eine Kölner Fir-

ma berichtet, die Junggesellenwohnungen in Ordnung hält und dort, vom Sockenstopfen bis zum Blumengießen, alle Arbeiten übernimmt. Dussmann werden in diesem Augenblick schlagartig zwei Dinge klar: Erstens gibt es so etwas bei ihm in München noch nicht, obwohl es dort doch vor Junggesellen nur so wimmelt; und zweitens braucht er keinen weiteren Gedanken mehr darauf zu verschwenden, eine zündende Idee zu finden, denn die existiert ja bereits!

Er besorgt sich also beim Gewerbeamt in München für fünf Mark einen Gewerbeschein und schafft es außerdem, bei einer Bank einen Kredit über 2.000 Mark zu bekommen – was 1963 noch eine ganze Menge Geld ist!

Dussmann schaltet in der Zeitung verschiedene Kleinanzeigen und gewinnt dadurch sowie über Mundpropaganda seine ersten fünf Kunden. Es sind Junggesellen, deren Wohnungen die von ihm angebotenen Dienstleistungen bitter nötig haben. Um weiterhin neue Kunden akquirieren und außerdem den „Betrieb" organisieren zu können, arbeitet er von Anfang an mit Angestellten. Das sind vornehmlich Hausfrauen, die sich etwas dazuverdienen wollen, und die sich als motivierte Helfer anbieten. Wenn hin und wieder eine der Frauen ausfällt, ist sich der „Chef" niemals zu schade, auch selbst einmal den Putzlappen in die Hand zu nehmen, einzukaufen oder Blumen zu gießen – selbst wenn es mit den eigenen „hausfraulichen" Qualitäten nicht sonderlich weit her ist.

Es dauert nicht lange, bis sich auch die ersten Unternehmen als Kunden melden – für den Jungunternehmer eine ganz neue Herausforderung. Mit diesem Schritt ist ein grundlegender Wandel in der „Firmenstruktur" verbunden, denn erstens haben die Unternehmen eine deutlich bessere Zahlungsmoral als Junggesellen, und zweitens geht es dort um wesentlich größere Aufträge.

Als unschätzbarer Vorteil erweist sich außerdem die Tatsache, dass Dussmann als Neuling auf diesem Gebiet noch keine eingefahrenen Verhaltensmuster kennt – die so genannten Scheuklappen bzw. die Betriebsblindheit – und deshalb für alle neuen Wege aufgeschlossen ist. Viele seiner Anregungen erhält er aus Fachzeitschriften aus den USA, dem Mutterland aller Dienstleister.

Eigentlich eher der Not gehorchend und weniger aus Innovationsstreben, spezialisiert er seine Mitarbeiter dahingehend, dass jeder nur noch eine bevorzugte Tätigkeit ausführt, also nur noch Staub putzt oder Teppiche saugt oder Papierkörbe leert. Durch diese Konzentrati-

on geht die Arbeit plötzlich viel schneller, sauberer – und vor allem kostensparender vor sich.
Was in München so gut geklappt hat, probiert Dussmann mit einer zweiten Niederlassung in Berlin. Sie wird nicht minder erfolgreich. Eine weitere Nische erkennt er, als er einen Krankenhaus-Neubau in Garmisch sieht, wo ein immenser Hygienebedarf bestehen muss. Nach einigem Bemühen bekommt er auch hier den Auftrag zur Reinigung, dem sich in rascher Folge eine Vielzahl weiterer Krankenhäuser anschließen. Nachdem in der Nähe jedes neuen Krankenhauses immer auch eine neue Niederlassung entsteht, hat er Deutschland flächenmäßig in wenigen Jahren erschlossen.
Es dauert nicht lange, bis eines Tages in der Frankfurter Niederlassung ein Saudi erscheint, der für seine Krankenhäuser nicht nur die Reinigung, sondern gleichzeitig auch die Verpflegung, Haustechnik und Sicherheit einkaufen will.
Damit ist die Diversifikation komplett, denn nun gilt es, sämtliche Dienstleistungen rund um ein Gebäude anzubieten. In Deutschland sind zu dieser Zeit solche Dienstleistungen aus einer Hand aber noch gar nicht möglich, weil die Handwerkerordnung die einzelnen Gewerke peinlich genau trennt; entsprechend problematisch ist es anfangs, das Saudische Modell auf deutsche Verhältnisse zu übertragen.
Auch hier spielt wieder eine gehörige Portion Glück mit: In einem ziemlich abseits gelegenen deutschen Krankenhaus auf dem Feldberg gibt es Probleme mit dem Personal; wegen der weiten Anfahrt will dort niemand arbeiten, so dass Dussmann mit seinem Komplett-Angebot einen verlockenden Ausweg signalisiert. Er bekommt schließlich auch diesen Auftrag und ist damit ein weiteres Mal zu einem neuen Tätigkeitsbereich aufgebrochen.
Ganz ähnlich verläuft der Einstieg in das Geschäftsfeld der Seniorenresidenzen. Ein Bauträger, der sieben solcher Altenheime verwaltete, steht 1985 vor der Pleite, und als die Banken ihre Felle davonschwimmen sehen, fordern sie Dussmann mehr oder weniger direkt zur Übernahme auf. Der lässt sich auch hier nicht lange bitten und entwickelt ein Konzept, bei dem die Heime wie ein Hotelbetrieb geführt werden.
Diese gesamte Entwicklung ist einmal mehr ein exemplarisches Beispiel dafür, dass vieles einfach so gekommen ist. Dussmann selbst äußert sich ganz eindeutig in dieser Richtung und weist die Experten der strategischen Planung diesbezüglich klar in ihre Schranken. Er sagt weiter, dass sich neben Glück und Ideen auch die entsprechenden

Marktnischen auftun müssen – und vor allem muss man sich von der Konkurrenz abheben. Dussmann wörtlich:

> *„Außerdem darf man nicht den Fehler machen zu glauben, jetzt ist man Unternehmer und leistet sich ein tolles Büro. Man soll klein und bescheiden anfangen, und erst, wenn es einmal läuft, kann man sich langsam etwas leisten. Letztlich sollte man mehr arbeiten als andere – das sind so die großen Geheimnisse des erfolgreichen Unternehmertums.*
> *Darüber war mir Delegieren immer wichtig. Neue Geschäftsfelder haben mich stets nur so lange interessiert, bis sie erfolgreich waren. Dann habe ich das jeweilige Geschäftsfeld meinen leitenden Mitarbeitern übertragen. Dadurch blieb mein Gründergeist frei und empfänglich für neue Ideen."*

Die Dussmann-Gruppe beschäftigt heute in 24 Ländern und in mehr als 200 verschiedenen Berufszweigen über 37.500 Mitarbeiter; das Unternehmen umfasst inzwischen fünf Tätigkeitsbereiche, die sich alle mehr oder weniger folgerichtig aus der anfänglichen Keimzelle entwickelt haben. Trotz dieser weitverzweigten Diversifikation sagt Dussmann von sich, dass es nichts erfüllenderes gibt, als Unternehmer zu sein!

Es gibt unendlich viele Ideen – bei den Gründungswettbewerben sieht man es. Und endlich gibt es viele nützliche Einrichtungen, die solchen Ideen durch gezielte Unterstützung zum Erfolg verhelfen.

Bei den Multimedia-Gründern waren die ersten Preisträger 1998 mit folgenden Konzepten erfolgreich: Aufbau eines integrierten Kommunikationsproviders in Berlin (Platz 1); Optimierung des Mediums ‚Smartkarte', um darauf Videoclips mit mehr als vier Sekunden Spieldauer unterzubringen (2); Online-Simulation elektronischer Konsumgüter (3); Software zur Wettkampfvorbereitung bzw. Match-Analyse (4) und automatische Kopfbewegungsmessung (5) – mit Ausnahme des ersten alles Beiträge, bei denen man auf den ersten Blick nicht auf die Idee käme, sie als Idee einzureichen.

Bei StartUp wurden 1999 Gründungsideen prämiert, auf die man auch erst mal kommen muss:

Auf dem ersten Platz landeten zwei Tüftler, die ein maschinelles Verfahren entwickelt hatten, mit dem man Operationsskalpelle mit Diamanten bestücken kann; bisher war dies nur manuell realisierbar, und nun lassen sich auch solche Operationen durchführen, die man bislang

für unmöglich gehalten hatte. – Weil die Dosierung von Medikamenten bei jedem Menschen anders wirkt und im Extremfall sogar zum Tode führen kann, hat ein Jungmediziner nach genetischen Mustern geforscht, um mit den daraus entwickelten Gen-Tests eine individuelle und nebenwirkungsarme Dosierung zu erreichen (Platz 2). – Auf Platz fünf ist ein Verfahren zur Substitution des Cholesterins in Eiern gelandet, das inzwischen weltweit zum Patent angemeldet wurde. – Die Firmenidee ‚Display of Chinese Characters' auf Platz sechs hat dazu geführt, dass die ersten Handys von Bosch bereits chinesische Schriftzeichen anzeigen können.
Geradezu exemplarisch aber ist die Idee auf Platz zehn: Eine Jungunternehmerin war jahrelang Geschäftsführerin eines Zimmerei-Betriebs, in dem auch Dämmplatten aus Styropor verarbeitet wurden; die Verarbeitung dieser Platten war aufwendig, und Styropor gilt auch nicht gerade als umweltfreundlich. Die Unternehmerin hat diesen Zustand geändert, indem sie diese Platten zu 85 Prozent aus Hanf (!) herstellen lässt; damit entfallen die Umweltprobleme, und außerdem vereinfacht sich die Handhabung erheblich. Der Anbau von rauscharmem Hanf ist bei uns seit 1996 zwar wieder erlaubt, aber für ihre Öko-Idee fand die Jungunternehmerin keinen Geldgeber – weder bei den Banken noch aus öffentlichen Fördermitteln. So begann ihr erster Hürdenlauf, den sie aber schließlich doch erfolgreich bestanden hat. Damit hat sie gleichzeitig die „Reifeprüfung" für ihre Idee und für ihre Qualifikation zur Unternehmerin abgelegt, denn man muss eben von seinem Vorhaben so überzeugt sein, dass man es gegen alle Widerstände durchsetzt. Inzwischen ist der Bann gebrochen, und Frau Hock-Heyl peilt 1999 einen Umsatz von sieben Millionen Mark an, den sie im Jahr 2000 auf zwölf Millionen steigern will; die Mitarbeiterzahl ihrer Vertriebs-GmbH hat sie vorsorglich schon mal verdoppelt.
Beim Businessplan-Wettbewerb 1997/98 des Verbands Neues Unternehmertum Köln – Bonn – Aachen e.V. (NUK) ist mir besonders die positive Resonanz aufgefallen, die von den Teilnehmern auf die begleitende Unterstützung bei den Ausarbeitungen zu hören war. Die ersten Preisträger haben als Geschäftsidee „Innovative Transfektionsreagenzien zur Einschleusung von DNA in Zellen" vorgebracht; dies könnte in der Medizin dabei helfen, Krankheiten besser zu erkennen und zu heilen. Und 1999 waren die ersten Preisträger zwei Diplom-Chemiker, also Leute aus jener Berufsgruppe, die so gut wie nie übers Unternehmerwerden nachgedacht haben: Sie haben ein innovatives Beschich-

tungsverfahren für medizinische Implantate entwickelt, um zum Beispiel Herzklappen blutverträglich zu machen.
Zum Thema Ideen fällt mir noch eine erfolgreiche Jungunternehmerin ein, die es 1998 im Alter von 40 Jahren geschafft hat, den Prix Veuve Clicquot für die Unternehmerin des Jahres verliehen zu bekommen. Die Jury hat anerkannt, dass sie an das Vorbild der Champagner-Witwe („Veuve") Clicquot angeknüpft und eine eigene Geschäftsidee zum Erfolg gebracht hat. Diese Idee sind künstliche Fingernägel, die nicht mehr auf den eigenen Nagel aufgeklebt, sondern regelrecht als Verlängerung an diese anmodelliert werden. Innerhalb von knapp zehn Jahren hat sie damit – und mit anderen Kosmetika – ein Unternehmen aufgebaut, das mit 60 Mitarbeitern rund 17 Millionen Mark umsetzt. Allein in Deutschland beliefert ihre Firma derzeit etwa 5.500 Parfümerien, Studios und Schönheitsfarmen und vertreibt ihre Produkte in 26 Ländern der Erde. Angesprochen auf ihren Erfolg, dem ein dornenreicher Weg vorausgegangen ist, macht sie auch anderen Frauen Mut:

> *„Ich kann, weil ich will und muss! Insofern bin ich ein gutes Beispiel, weil ich keinen akademischen Titel habe und es trotzdem zu etwas gebracht habe!"*

Aber mit den Ideen ist das so eine Sache: In den seltensten Fällen reicht eine einzige für ein ganzes Leben. Immer wieder muss der Unternehmer, der erfolgreich sein will, nach neuen profitablen Geschäftsfeldern suchen. Im Normalfall funktioniert von drei Ideen, die einem einfallen, nur eine einzige – und schlimmstenfalls nur eine von zehn. Diese eine muss dann alle anderen miternähren. Das ist so lange kein Problem, wie man zum richtigen Zeitpunkt genau diesen einen zündenden Gedanken hat.
Aber wozu ist man eigentlich Unternehmer?

Wann ist der richtige Zeitpunkt?

Jeder, der sich mit dem Gedanken an die Selbstständigkeit trägt, steht früher oder später vor der Frage nach dem richtigen Zeitpunkt für den Einstieg. Aber: gibt es ihn überhaupt, diesen optimalen Zeitpunkt – und woran kann man ihn messen? Grundsätzlich kann man gar nicht früh genug anfangen, selbstständig zu werden. Und auch wer den „konservativen“ Weg mit Abitur und Studium geht, wird sich die Frage stellen: Wann ist der Zeitpunkt gekommen, um aus dem Studium auszusteigen?

Wenn ich an mich selbst denke, war ich lange genug dem starren Gefüge von Oberschule, Abitur und Studium verhaftet; mein Entschluss, Mathematik zu studieren, war ja nicht gerade der zielstrebige Weg zum späteren Unternehmertum, und mit meinem eigentlichen Wunsch, Konzertpianist zu werden, hatte das rein gar nichts zu tun. Fachlich gesehen war das Mathematikstudium ein Umweg, aber auf der anderen Seite wurde es für mich zum Sprungbrett, denn beim studentischen Nebenjob machte ich ja meine ersten Erfahrungen als Unternehmer: Das fing an bei der Waren- und Kapitalbeschaffung und reichte bis hin zur Logistik und Marktbeobachtung.

Auch wenn hier wieder meine These vom Zufall auftaucht, der immer mit im Spiel ist, so hat sich doch während meiner Studentenzeit eine immer größere Zielstrebigkeit herauskristallisiert, die schließlich zu unserer Firmengründung führte. Aber dazu muss man keine Mathematik studieren. Und eigentlich hätte ich gar nicht studieren müssen, nicht einmal etwas Wirtschaftswissenschaftliches, auch wenn das eher im Bereich meiner späteren Tätigkeit gelegen hätte.

Es gibt ein aberwitziges Beispiel, das die Sache mit dem Fachstudium geradezu auf den Kopf stellt: Einer der erfolgreichsten Unternehmer in den neuen Bundesländern ist der Thüringer Hubert Wolf.

Wolf studiert in der damaligen DDR Automatisierungstechnik. Um überhaupt die Studienreife zu erlangen, hat er neben seiner Ausbildung zum Facharbeiter in Abendkursen das Abitur nachholen müssen. Das schafft er zwar mit Bravour, aber auf der Hochschule wird ihm ausgerechnet das Fach Mathematik zum Verhängnis: Dort schafft er die Prüfung nicht und muss sein Studium abbrechen! Mit 22 Jahren steht er damit vor den Trümmern seiner Berufsausbildung – was er 1999, zehn Jahre nach der Wende, aber eher als Glücksfall ansieht: Er hat nach dem Abbruch des Studiums mehrere Ideen, mit denen er sich selbstständig machen will, und entschließt sich schließlich, einen Computergroßhandel zu gründen. Es ist Sommer 1991, wir haben mit VOBIS die erste Milliarde Umsatz erreicht, und der Computermarkt ist heiß umkämpft ...

Wenn Wolf im Studium erfolgreich gewesen wäre, dann wäre er heute wahrscheinlich Ingenieur für Automatisierungstechnik, und es gäbe eine Erfolgsstory weniger: Im Geschäftsjahr 1997/98 erzielt er mit knapp 100 Beschäftigten rund 100 Millionen Umsatz, und bis zum Jahr 2004/05 will er die Mitarbeiterzahl verdoppeln und den Umsatz auf 460 Millionen Mark steigern.

Es versteht sich, dass beides – sein und mein Werdegang – keine Schulbeispiele für eine erfolgreiche Unternehmerkarriere sind: studieren, in Mathe durchfallen und dann in die Selbstständigkeit überwechseln. Ein Indiz, dass es grundsätzlich auch ohne Studium geht, ist dies aber allemal.

Man muss die Sache aber noch etwas verfeinern: Ich bin der Meinung, dass bei den ganz neuen Technologien das Studium nicht nur überflüssig, sondern manchmal sogar außerordentlich schädlich ist. Wer da heute mit Anfang 20 noch nicht im Geschäft ist, der ist out. Alle Leute, die in diesem Bereich gut sind, waren mit 25 schon voll im Business. Wenn man da bis 30 oder 35 wartet, ist es zu spät. In dem Alter wird man Manager und kann möglicherweise Leute führen, Zirkel beaufsichtigen oder Meetings leiten – aber von der Sache selbst ist man dann zu weit entfernt und versteht nichts mehr davon.

Anders sieht es natürlich aus, wenn man in die Bio-Gentechnik einsteigen will; da kann es durchaus sein, dass man ohne Studium nicht durchkommt. Zu dieser Gruppe gehören die Leute, die es auch mit 30 noch schaffen, aber das sind dann Wissenschaftler, bei denen das vorher einfach nicht möglich ist. Das ist aber nicht die Regel, und es spricht vieles dafür, dass diese Leute schon früher mit dem Gedanken gespielt haben, abzuspringen und sich selbstständig zu machen.

Es gibt noch zwei weitere Gründe, die dafür sprechen, so früh wie möglich zu starten. Erstens bringt die akademische Ausbildung heute nicht mehr viel; es gibt so viele diplomierte Studienabgänger, dass ein

akademischer Grad bei der Einstellung kaum noch nützt. Viele machen heute schon vor dem Studium eine Lehre. Da kann man wenigstens Praxisbezogenheit demonstrieren. Aber es gehen schon wieder drei Jahre verloren. Zweitens aber spricht für den frühen Beginn, dass der Gründer meistens noch ungebunden ist. Die familiären Probleme werden damit ausgeschlossen.
Bitte verstehen Sie meinen eigenen Werdegang nicht als Aufruf, das Studium stehen und liegen zu lassen. Aber man sollte es so schnell wie möglich beenden und sich schon frühzeitig die Frage stellen, ob statt eines tristen Angestelltendaseins nicht auch die Traumberufung Unternehmer in Frage kommt.
Um solche Entschlüsse gezielt zu fördern, gehen wir ja mit dem Verband Neues Unternehmertum (NUK) gezielt an die Hochschulen heran. Oft genug wird dort Forschung als Selbstzweck betrieben, ohne das Ziel der kommerziellen Nutzung ins Auge zu fassen. Was dort an unternehmerischem Potential schlummert, ist ganz erstaunlich, und die Ergebnisse des Businessplan-Wettbewerbs sprechen diesbezüglich eine deutliche Sprache: Die Teilnehmer, deren Ergebnisse prämiert wurden und die daraufhin ihre eigene Firma gegründet haben, reichen von der 25-jährigen wissenschaftlichen Hilfskraft bis zum 58-jährigen Professor, der seine Tätigkeit als Institutsdirektor aufgegeben hat.
Diese Laufbahnen sind aber alles andere als typisch und nicht von vornherein erstrebenswert. Sie belegen nur, dass es oft genug bloß auf den richtigen Anstoß ankommt, um aus der akademischen Selbstbeschäftigung eine voll taugliche Unternehmerpersönlichkeit zu machen, der es ganz offensichtlich nicht an Ideen, sondern nur an der organisatorischen Hilfestellung mangelt.
Irgendwo sehe ich auch noch ein ganz anderes Defizit, das sich in der bei uns erkennbaren Unternehmer-unfreundlichen – wenn nicht gar Unternehmer-feindlichen – Kultur äußert. Wir kennen nur die Unterscheidung zwischen Unternehmer und Angestelltem, und beide „Kasten“ liegen meilenweit auseinander. In den USA hingegen ist dieser Übergang fließend, weil man bei jeder angestellten Tätigkeit stets die Überlegung im Kopf hat, ob man das nicht auch als Selbstständiger schafft. Ich habe auf diesen grundsätzlichen Unterschied beim Unternehmer-Image ausführlich hingewiesen. Bei uns kann man, in Ansätzen, eine Entwicklung wie in den USA auch schon erkennen. Immer häufiger trifft man auf den Typ des Unternehmer-Managers, der mit Aktienoptionen an das Unternehmen gebunden wird: je besser die Er-

gebnisse, desto höher der Wert der Aktien, also der Unternehmensanteile. Aus dem sturen Manager wird somit ein Fast-Unternehmer. Den großen Konzernen passt das allerdings überhaupt nicht, denn durch die vielen Neuzugänge am Neuen Markt der Frankfurter Börse eröffnet sich Nachwuchsmanagern die Möglichkeit, unternehmerisch tätig zu werden. Und die Großunternehmen finden immer weniger Freiwillige für ihren Nachwuchs.

Generell sage ich zur Selbstständigkeit noch einmal: Je früher, desto besser! Denn man darf nicht vergessen, dass die Entwicklung von Ideen Zeit benötigt; man muss lernen, Ideen zu haben, sie auszuprobieren, sie entweder zu verwerfen oder sie weiterzuentwickeln. Wer damit erst im reifen Alter anfängt, hat weder Zeit noch Lust dazu. Außerdem steigen mit zunehmendem Alter die materiellen Bedürfnisse, und man hat einfach keinen Nerv mehr, „herumzutüfteln".

Es gibt natürlich – wie immer – Ausnahmen. Otto Beisheim war schon 40, als er mit seinen Partnern die METRO gründete. Aber er hat sich wie viele, die erst so spät den Schritt in die Selbstständigkeit wagen, lange vorher mit diesem Vorhaben beschäftigt. Der häufigste Auslöser ist, wenn man als Angestellter Krach mit seinem Chef bekommt und sich dann sagt: „Das kann ich auch alleine!"

Doch heute befinden wir uns eher im Zeitalter der „Baby-Boomer" oder der „Teen-Tycoone". Es ist erstaunlich und eine wahre Freude zu sehen, wie Menschen Mitte 20 Unternehmen auf die Beine stellen, die schon nach kurzer Zeit erfolgreich am Markt operieren. Der Unternehmenswert erreicht binnen weniger Jahre dreistellige Millionenbeträge – sofern sie in Zukunftsbranchen tätig sind. Neidische Börsenbeobachter halten nicht viel von solchen vermeintlichen „Luftblasen". Aber weit gefehlt! Denn die Macher in diesen Firmen haben sich meist frühzeitig ein überragendes Know-how in Hightech-Bereichen angeeignet.

Ein Beispiel: Der Gründer einer Aktiengesellschaft fängt mit 22 an, Produkte über das damals stiefmütterlich behandelte BTX anzubieten. Er hat, wie könnte es anders sein, keine Zeit zum Studium gehabt. Mit 29 ist sein kompletter Internet-Shop fertig; Umsatz: 3,5 Millionen Mark. Der ganze Ablauf funktioniert – von der Bestellung über die Abwicklung bis zum Inkasso – reibungslos, ohne dazu fremde Hilfe in Anspruch nehmen zu müssen. Die Basis für diese Leistung liegt 20 Jahre zurück, als er mit neun Jahren einen programmierbaren Rechner Sharp MZ-700 geschenkt bekommt; aus heutiger Sicht ein Gerät aus grauer Vorzeit, das zur Programm- und Datenspeicherung noch Tonband-Kassetten benutzt hat. Das Ding darf er nur unter der Bedingung behalten, dass er innerhalb von drei Monaten ein funktionierendes Fakturierungsprogramm schreibt. Das ist für den damals Neunjährigen Herausforderung genug, sich voll reinzuhängen und die fertige Software einschließlich der Artikel- und Preisdatei termingerecht abzuliefern. Das hat in keiner Weise etwas mit Wunderkind zu tun, sondern mit Einsatzwillen und handwerklichem Können, das er sich frühzeitig angeeignet hat. Erstaunlicher Nebeneffekt: Die ganze Entwicklung des kompletten Internetshops hat gerade einmal zwei Millionen Mark an Investitionen verschlungen. Ich kenne einen Großkonzern, der hat 70 Millionen hingelegt – und funktioniert hat es dann immer noch nicht.

Das Märchen vom fehlenden Kapital

„Die Phönizier haben das Geld erfunden, aber warum nur so wenig!" Wer wünschte sich nicht, dass das Märchen vom Sterntaler in Erfüllung geht und ein warmer Geldregen herabrieselt, noch dazu in der Vorbereitungsphase zur eigenen Existenzgründung?! Verbannen Sie solche Gedanken dorthin, wo sie hingehören: nämlich ins Reich der Märchen! Konzentrieren Sie sich stattdessen auf Ihre Idee, die stimmen muss, und von der Sie restlos überzeugt sein müssen! Meine Prämisse lautet immer: für eine gute Idee ist auch stets Geld da. Aber über die Höhe dieses so genannten Startkapitals kann man streiten. Es ist nämlich ein Fehler zu glauben, dass viel Geld gleichzeitig auch viel Erfolg bedeutet – ganz im Gegenteil: Wo viel Geld vorhanden ist, wird automatisch auch viel ausgegeben!

Unser Weg mit VOBIS zu Europas größtem Computer-Vertrieb war finanziell alles andere als auf Rosen gebettet. Es war auch alles andere als eine visionäre Vorstellung, die uns beflügelte, sondern eher eine nüchterne Überlegung: Nachdem ich bei meinem Studium wenig fachliche Fortschritte erzielt hatte, dafür aber in den Allgemeinen Studentenausschuss (AStA) aufgestiegen war, bot sich über diesen Kanal ein idealer Vertriebsweg für jene Lehrmittel an, die wir dann an die Studenten weiterverkauften.

Damit hatten wir zwar eine Idee – und auch schon die Erfahrung, dass so etwas laufen könnte; was uns jedoch gefehlt hat, waren die Geldmittel, die man für eine solche Unternehmung benötigt. Fraling hatte aus seinen früheren Aktivitäten einiges an Barmitteln zurückgelegt, so dass wir auf 40.000 Mark Startkapital kamen. Ich selbst hatte überhaupt keinen Pfennig, und der Sachbearbeiter bei der Sparkasse meinte, einem 23-Jährigen können man kein Geld leihen. Mit Nichts anzufangen, ist beim Warenverkauf immer problematisch; noch problematischer aber ist es, sich Geld zu leihen. Denn geliehenes Geld kostet gleich wieder Geld, nämlich Zinsen. Was aber noch viel schlimmer ist: Gerade junge Unternehmer verführt zu viel geliehenes Geld zu verhängnisvollen Fehlern. Wenn man nämlich nachvollziehen will, wo solche Kredite versickern, dann stellt man schnell fest, dass sie schon nach kurzer Zeit überhaupt nicht mehr auffindbar sind. Sie stecken häufig in unverkäuflicher Ware, in protzigen Gebäuden, teurer Büroausstattung oder einem „angemessenen" Fuhrpark – alles Dinge, die den Kunden überhaupt nicht interessieren, und die das Geschäft in keiner Weise weiterbringen.

Fraling und ich haben auf solchen Firlefanz verzichtet und unser Geld – anfangs nur in homöopathischen Dosen – in den Wareneinkauf gesteckt; wir haben zunächst auch keinen einzigen Mitarbeiter beschäftigt, weil dafür kein Geld da war. In dieser Anfangsphase mussten wir von unseren Kaufinteressenten sogar Anzahlungen kassieren, um die ersten Rechnungen bezahlen zu können. Das Prinzip der Barzahlung war auch später unser oberstes Gebot. Mit diesem strikten Sparkurs ist es uns immerhin gelungen, im ersten Jahr 1,7 Millionen Mark umzusetzen!

Bargeld auftreiben war also das Gebot in der Anfangsstunde. Wir haben einmal im Monat eine „Inkassotour" durch Deutschland gemacht, um die Forderungen säumiger Zahler einzutreiben; auf diese Weise war dann wieder Geld vorhanden, wenn unsere nächsten Rechnungen fällig wurden. Da diese Touren aber immer sehr anstrengend und mit großem Zeitaufwand verbunden waren, haben wir gelegentlich schon mal auf den Einkauf des einen oder anderen Produktes verzichtet, weil wir die Fahrerei scheuten. Auch das muss nicht unbedingt ein Nachteil sein – denn wenn kein Geld da ist, kann man auch nicht zu viel oder die falsche Ware einkaufen!

Bei meiner jetzigen Tätigkeit als Förderer junger Unternehmer werde ich in meiner Meinung bestätigt, dass der absolut sparsamste Umgang des Gründers mit allen Ressourcen ein aussagekräftiges Indiz für die Erfolgsaussichten des neuen Unternehmens ist. Aber ich kenne auch angehende Jungunternehmer, die ihren Erfolg bereits dann als gesichert ansehen, wenn die Banken die beantragte Startmillion locker gemacht haben. Wo Geld keine Rolle spielt, wird selten welches verdient. Das stellen selbst große Konzerne immer wieder fest, wenn sie versuchen, Tochterunternehmen aufzubauen. Inzwischen gehen sie immer mehr dazu über, Unternehmen aufzukaufen, anstatt selbst welche zu gründen.

Wenn ich an unseren ersten Personal- und Gebäudeeinsatz zurückdenke, dann hat sich das so abgespielt: Wir waren als VOBIS anfangs ein reiner Versandhändler, der vornehmlich an Studenten befreundeter

Hochschulen lieferte. Als „Versandzentrale“ diente meine 20 qm große Studentenbude, und die bis zu 2.000 Mark teuren Nachnahmepakete habe ich eigenhändig auf meinem Bett verpackt. Erst als in dieser Umgebung das Wohnen gänzlich unmöglich wurde, haben wir uns für monatlich 30 Mark einen Hinterhofschuppen gemietet, um von dort aus die Versandaktivitäten zu koordinieren. Und als auch dieser zu klein geworden war, weil sich dort wegen der attraktiven Angebote immer mehr Studenten auf die Füße traten, haben wir uns zur Eröffnung eines Ladenlokals in der Aachener Pontstraße entschlossen: sagenhafte 14 qm für 120 Mark im Monat. Nach den Strapazen der ersten Monate hatten wir also unser erstes richtiges Geschäft. Und billig war es auch!

Mit dem Personal haben wir es genauso gehalten: Weil wir kein Geld hatten, waren wir gezwungen, alles selbst zu machen. Auch das ist kein Nachteil, weil man erstens überall firm ist und außerdem selbst am ehesten sieht, wo man etwas verbessern kann. Ich habe übrigens auch später nie eine Sekretärin gebraucht, die ausschließlich nur für mich da ist. Wenn schon Sekretärin, dann kann sie nebenbei auch noch die Buchhaltung oder die Werbeaktivitäten mitübernehmen. Zum Telefonhörer abheben alleine ist das Gehalt zu schade. Wehe aber, wenn genug oder sogar zu viel Geld da ist! Da muss dann alles vom Feinsten sein, und man leistet sich schnell allen erdenklichen Luxus.

Wenn ich an andere erfolgreiche Unternehmer denke, von denen hier im Buch die Rede ist, dann haben die sich im Prinzip nicht anders verhalten:

Anita Roddick bekennt freimütig, dass sie von geschäftlichen Dingen keinerlei Ahnung hat, als sie 1976 ihre erste Kosmetikfirma gründen will. Ihr geschäftlicher Scharfsinn reicht gerade so weit, dass sie den Ertrag abschätzen kann, den ihr Unternehmen abwerfen muss – nämlich 300 englische Pfund pro Woche. Außerdem hat sie ausgerechnet, dass sie ein Startkapital von 4.000 Pfund benötigen würde, was nicht gerade ein üppiger Betrag ist. Die Beschaffung dieser Geldmittel ist für sie aber problematisch genug, und so ist ihr erstes Ladenlokal noch eine ziemlich heruntergekommene Bruchbude. Akute Geldnot zwingt sie dazu, beim Renovieren der Räume ohne teure Designer auszukommen. Und damit schafft sie gleichzeitig einen Stil, den sie sich bis heute in allen ihren Filialen bewahrt hat:

> *„Seltsam, wie die aus der Not heraus geborene Schlichtheit mit meiner Philosophie in Einklang stand. Selbst wenn mir unbegrenzt Mittel zur Verfügung gestanden hätten, hätte ich kein Geld für teure, müllintensive Dekorationen oder Verpackungen verschwendet."*

Inzwischen sind aus dem armseligen „Kramladen" über 1.500 Filialen in 47 Ländern der Welt geworden, die einen Jahresumsatz von über 600 Millionen englischen Pfund erzielen.

Klaus Kobjoll, Jahrgang 1948, ist heute Inhaber des renommierten Kreativzentrums ‚Schindlerhof' in Nürnberg, das wegen seines innovativen Konzepts bereits mehrere internationale Auszeichnungen erhalten hat. Zurückblickend hält er es für einen wesentlichen Garanten des Erfolgs, klein zu beginnen und nicht gleich teure Mieten und hohe Investitionen zu tätigen. Er hat immer nur so viel riskiert, dass er die auflaufenden Verbindlichkeiten im Falle eines Flops auch noch als Angestellter in überschaubarer Zeit hätte zurückzahlen können. Seine unternehmerischen Anfänge reichen bis ins Jahr 1970 zurück, als er in Erlangen für monatlich 350 Mark einen 20 Quadratmeter großen Hausflur mietet, um dort eine Crêperie zu eröffnen – damals eine recht ausgefallene und bei uns völlig neuartige Idee.

Als Startkapital stehen ihm dabei 1.000 Mark zur Verfügung, so viel, wie ihm sein Arbeitgeber als letztes Monatsgehalt ausbezahlt hatte. Das Material für die Renovierung und das erste Geschirr besorgt er sich auf Lieferschein, und den Kühlschrank erhält er gegen einen Getränkeliefervertrag von der Brauerei. Weitere 400 Mark steuert der Tabakgroßhändler bei, indem er einen Provisionsvorschuss zahlt, und aus alten Wagenrädern improvisiert er vier Stehtische.

Sein Erfolg wird dadurch begünstigt, dass Erlangen und Rennes in der Bretagne Partnerstädte sind, und er erhält deshalb aus Frankreich während der Anlaufphase zusätzliche Unterstützung. Das Geschäft floriert dermaßen, dass Kobjoll in den Jahren 1972 bis 1982 acht weitere Restaurants eröffnen kann, die immer größer und vielschichtiger werden. Seine wichtigsten Finanzierungsquellen bleiben die Darlehen aus Bier-, Kaffee- und Eiskrem-Lieferverträgen, wobei die Waren-Erstausstattung immer auf Lieferschein mit entsprechendem Zahlungsziel erfolgt. 1984 kann er sich dann seinen Lebenstraum erfüllen und für neun Millionen Mark ein brachliegendes Landhotel erwerben, das sich inzwischen, nach völliger Renovierung und vollständigem

Umbau, längst über die Grenzen Bayerns hinaus auch international einen Namen gemacht hat.

Der beste Beweis für die These, dass dort, wo zu viel Geld ist, am wenigsten verdient wird, bin ich selber. Nach meinem Weggang von VOBIS im Dezember 1996, der mir durch den Verkauf der restlichen Aktien versüßt wurde, hatte ich bald Langeweile und habe – in festem Glauben an meine unternehmerischen Fähigkeiten – in neue Projekte investiert. Das Ergebnis ist ernüchternd. Auch wenn die Geschäftsideen so schlecht nicht waren, es blieb doch kein Geld übrig. Im Nachhinein konnte ich mir dann selber ausrechnen, dass es ungesund ist, zu viel Geld im Rücken zu haben. Nicht nur, weil man es sich leicht macht und, statt zu verhandeln, immer gleich das Teuerste nimmt. Auch die Berater und Lieferanten nutzen die Situation schamlos aus, weil sie sich sagen: „Der hat's ja!“

Ich habe dann endlich auch verstanden, warum es großen Konzernen nicht gelingt, neue Unternehmen zu gründen. Es fängt schon ganz vorne an: Da wird ein Manager – oder eine ganze Gruppe davon – abkommandiert, um die notwendigen Maßnahmen zu ergreifen. Kosten pro Monat: 50- bis 100.000 Mark. Der Gesellschaftsvertrag darf natürlich nicht von der Stange sein (wäre in jedem billigen Unternehmensgründungshandbuch zu finden), sondern ein Berater muss her. Kosten für die Satzung, Anmeldung beim Handelsregister usw.: 100.000 Mark. Kosten für Büros, Inventar, Besprechungsräume (sehr wichtig!): eine halbe Million. Glauben Sie ja nicht, es wäre bisher auch nur eine Mark umgesetzt, geschweige denn verdient worden: Wir befinden uns im Stadium des Aufbaus. Da heißt es gründlich sein ...

So kann es kommen, dass ein Konzern für den Aufbau eines Online-Shops im Internet 70 (siebzig!) Millionen Mark verpulvert, ehe der erste Surfer die Homepage aufschlägt. Bei einem anderen Unternehmen, das aus dem Nichts heraus von einem cleveren Jungunternehmer gegründet wurde, betrug die Investitionssumme gerade einmal zwei Millionen Mark. Und während der Entwicklungsphase hat er schon 70.000 Kunden akquiriert. Es würde mich sehr reizen, zum Nachweis der Richtigkeit meiner Behauptungen hier die entsprechenden Internetadressen anzugeben. Aber gegenüber der Konzerntochter wäre es unfair und beim Jungunternehmer Eigenwerbung. Bei dem habe ich mich nämlich sofort mit einem Drittel der Aktien beteiligt. Hier heißt es nun, nach einem eventuellen Börsengang den Daumen auf die zufließenden Gelder zu halten.

Als 1989 ein großer Warenhauskonzern 50 Prozent der VOBIS-Anteile erwarb, war das wie ein warmer Geldregen. Endlich keine Diskussionen mehr mit den Banken. Jetzt waren *wir* am Drücker. Leider kam es aber, wie es kommen musste: Plötzlich ging die Artikel-Anzahl steil in die Höhe: Aus den einstmals 700 Artikeln wurden auf einmal 20.000, die im Sortiment geführt wurden und mit denen das Lager vollgestopft war. Früher hatten wir Glück gehabt: das Warenwirtschaftssystem (das ich anfangs noch selbst in Microsoft Quick-Basic programmiert hatte) konnte aus Speicherplatzgründen nicht mehr als 699 Artikel verwalten; beim 700. gab es einen Crash. Wollten wir also einen neuen Artikel aufnehmen, musste ein alter rausfliegen.
Als dann der Geldhahn aufgedreht wurde, hatten wir Pech. Denn mit den größeren Computern konnte man jetzt mehr als 700 Artikel verwalten – am Ende waren es 20.000. Alle hatten sie dieselbe, wenn nicht gar kürzere Halbwertzeit als die vorhergehenden Produkte, und so wurde notgedrungen viel weggeschmissen, weil sich kein Mensch mehr um die Produkte kümmerte und sie einfach nicht mehr an den Mann zu bringen waren. Dadurch sind uns zehn oder sogar zwanzig Millionen Mark an Warenbestand einfach vergammelt – pro Jahr! Ich könnte Ihnen weitere Beispiele nennen, die Opfer des gleichen Phänomens geworden sind. Zu viel Geld gehabt – zu viel ausgegeben – pleite!
Dem aufmerksamen Leser wird nicht entgangen sein, dass es bei den obigen Firmen fast ausschließlich um Handelsunternehmen ging. Es gibt aber gerade in der heutigen Zeit mehr Neugründungen im Hightech-Bereich, bei denen die Vorlaufkosten erheblich höher sein können als im Dienstleistungssektor. Aber die Kausalkette ist immer gleich: Not macht erfinderisch, und Sparsamkeit zahlt sich am Ende aus.
Aber es kann Situationen geben, wo man einfach nicht die Zeit hat, über Jahre hinweg durch ständiges Klein-Klein voranzukommen – also: ein paar Mark verdienen, vorsichtig investieren, dann wieder zuerst verdienen, um erneut expandieren zu können. Gerade in der rasanten Entwicklung des Internet liegt die Gefahr, am Ende der Entwicklung hinterherzulaufen. Aber ich bin strikt gegen Businesspläne mit einer Viertel Million Reisekosten im Gründungsjahr! Die Budgets, die sich die Ersteller dieser Pläne manchmal selbst genehmigen, grenzen an Unverschämtheit. Solch eine verschwenderische Haltung dürfen Banken oder Venture-Capital-Gesellschaften auch nicht dadurch unterstützen, dass der veranschlagte Kapitalbedarf als zu niedrig ange-

setzt wird. Ich erlebe oft, wie sie dem Gründer vorwerfen, dass er zu knapp gerechnet hat und dass deshalb die Gefahr besteht, nach zwei Jahren durch Geldmangel gefährdet zu werden. Wozu soll diese Verlockung beim Gründer führen?

Mittlerweile habe ich eine ganz pragmatische Einstellung zu diesen Dingen. Wenn es möglich ist, Startgelder auch in Höhen zu erhalten, die nicht unbedingt notwendig sind, so nehmen Sie sie ruhig. Wer weiß, wann Sie sie brauchen? Aber sorgen Sie unbedingt für einen Kosten-Sheriff in Ihrem Unternehmen, der jeden Pfennig dreimal umdreht und sich mit aller Gewalt am Geld festhält. Das ist eine der wichtigsten Botschaften dieses Buches für Unternehmensgründer. Auch später, wenn nach einer weiteren Beteiligung oder sogar einem Börsengang große Beträge fließen, sollten Sie das Geld einfach wegstecken und auf Festgeldkonten sicherstellen. Lassen Sie keinen ohne plausible Erklärung an das Geld. Sie glauben nicht, wie schnell selbst Millionen zerrinnen.

Das Geld liegt auf der Straße

Konsequenterweise dürfte ich zum Thema Geldbeschaffung eigentlich nicht viel sagen, denn der Tenor des vorigen Kapitels lautet schließlich, dass man mit wenig Geld auskommen muss, wenn nicht genug da ist. Mehr noch: Wo Geld nicht im Überfluss vorhanden ist, sinkt automatisch das Risiko, falsche Anschaffungen zu machen. Und noch deutlicher: Wer jede Mark dreimal umdrehen muss, bevor er sie ausgibt, überlegt sich sehr genau, wofür er sie ausgibt. Darum ist die Knappheit von Mitteln grundsätzlich kein Fehler. Denn Not macht erfinderisch!

Trotzdem – auch das habe ich gesagt – wird es ganz ohne Geld problematisch. Folglich stellt sich für den/die angehende(n) Jungunternehmer(in) die Frage, wie er/sie an die benötigten Mittel herankommt. Die vorweggenommene Antwort lesen Sie in der Überschrift: Bei Sichtung des Angebots muss man unwillkürlich den Eindruck gewinnen, dass das benötigte Kapital buchstäblich auf der Straße liegt und man es nur aufzuheben braucht bzw. es beantragen muss. Derzeit gibt es in der Bundesrepublik weit über 1.000 verschiedene Förderrichtlinien und Fördermittel, die für 1995, je nach Quellenangabe, zwischen 116 Milliarden Mark (lt. Subventionsbericht der Bundesregierung) und 240 Milliarden Mark (lt. Deutsches Institut für Wirtschaft) lagen.

Zwei findige Jungunternehmer haben hier sogleich die passende Geschäftsidee gewittert, und so beraten sie andere angehende Jungunternehmer und lotsen sie durch den Dschungel der Fördermöglichkeiten und Antragsformulare: Die WABECO GmbH (Internet: www.wabeco.de) im hessischen Friedberg führt im Firmennamen den Zusatz „Subventionslotse“ und übernimmt diese Selektion für derzeit 1.900 Mark pro Antrag – Kosten, die ihrerseits wiederum förderwürdig sind.

Bei der genannten Größenordnung wird schon eines klar geworden sein: nämlich, dass ich an dieser Stelle weder einen erschöpfenden Überblick über die ständig wechselnden Förderangebote geben kann, noch dass es möglich ist, eine allgemein verbindliche Strategie zur Geldbeschaffung zu entwickeln. Dennoch gibt es ein paar grundsätzliche Fakten.

Der Bund ist mehr oder weniger stark daran interessiert, dass neue Unternehmen entstehen, und so fördert er diese Bestrebungen – ebenfalls mehr oder weniger stark und nicht selten auch nach dem Gießkannenprinzip. Die Finanzierungshilfen, die der Bund für Existenzgründer vergibt, werden zentral von der Deutschen Ausgleichsbank (DtA) betreut. Die DtA ist eine Anstalt des öffentlichen Rechts mit Sitz in Bonn und Berlin und arbeitet bei der Mittelvergabe grundsätzlich mit der eigenen Hausbank zusammen.
Rüdiger Schiller, der seit 1995 das Kreditsekretariat bei der DtA leitet, gibt bezüglich der Neugründungen folgende Statements ab, die hier auszugsweise zitiert sind:

> *„Eine Umfrage der DtA ergab, dass vier von zehn Kreditanfragen von potentiellen Gründern durch Banken und Sparkassen wieder zurückgewiesen werden. Nicht ausreichendes Eigenkapital ist neben fehlenden banküblichen Sicherheiten der häufigste Grund für die Ablehnung. Der Maßstab, den die befragten Firmenkundenbetreuer an die Eigenmittelquote mit durchschnittlich 38,7 Prozent an den Gründungskosten anlegen, entspricht der Eigenkapitalquote börsennotierter deutscher Aktiengesellschaften … Neben Kapitalmangel gaben unzureichende Qualifikation des Gründers, Zweifel an der Rentabilität sowie unrealistische Gründungskonzepte häufig den Ausschlag für eine ablehnende Kreditentscheidung …*
> *Die von der DtA im Jahr 1997 geförderten Gründer konnten im Schnitt nur 45.000 DM an Eigenmitteln beisteuern, Gründerinnen mit 35.000 DM noch weniger. Innovative Gründer, die sich mit neuen Produkten, Dienstleistungen oder technisch-organisatorischen Verfahren auf den Markt wagen, brachten durchschnittlich nur 60.000 DM eigenes Startkapital auf.*
> *Dies steht im krassen Missverhältnis zu den Kosten einer Neugründung, die im Durchschnitt bei rund 300.000 DM liegen oder einer Betriebsübernahme, die rund 500.000 DM verschlingt. Sehr viel größere Beträge sind bei technologieorientierten Gründungen gefragt. Entwicklungs- und Markteintrittskosten summieren sich hier im Schnitt auf eine Größenordnung von drei Millionen DM …*
> *Die Kreditinstitute greifen bei der Kreditabsicherung besonders gern auf Haus- und Grundbesitz zurück: Nahezu jeder zweite neue Selbstständige in Deutschland verfügt über diese ‚Eintrittskarte'. Diese verfestigte Kreditfinanzierungskultur (von gestern) eignet sich aber immer weniger für die Herausforderungen an Unterneh-*

mensgründer von morgen. Denn der zentrale Schlüssel für die Eroberung von Zukunftsmärkten sind Investitionen in das betriebliche Humankapital, in Forschung und Entwicklung sowie in die Markterschließung. Diese ‚weichen' Investitionen schlagen sich aber weniger in der Unternehmensbilanz nieder, noch entstehen klassische Wirtschaftsgüter, die den Banken als dingliche Sicherheiten dienen können ...
Um den Kapitalhunger von schnell wachsenden Unternehmen (‚Gazellen') zu stillen, die sich in dynamischen Wachstumsmärkten tummeln, ist Eigenkapital die adäquate Finanzierungsform. Als rohstoffarmes, hochtechnologieorientiertes und exportabhängiges Land braucht Deutschland daher einen funktionierenden Eigenkapitalmarkt. Mit dem ‚Neuen Markt' an der Frankfurter Börse und vergleichbaren speziellen Marktsegmenten für Wachstumsunternehmen an Regionalbörsen ist Deutschland seit 1997 diesem Ziel ein gutes Stück näher gekommen. Nahezu jeder zweite Gründer eines Hightech-Unternehmens will innerhalb der nächsten fünf Jahre an die Börse."

Nicht nur zwischen den Zeilen kann man deutliche Kritik an den Praktiken der Banken heraushören. Der oberste Grundsatz des Kreditgewerbes, wonach eine Bank erfolgreich ist, wenn sie kein Geld verliert, verhindert allzu oft das Engagement bei riskanten Krediten. Neugründungen aber sind mehr oder weniger riskant. Wer weiß schon mit hundertprozentiger Sicherheit, wie sich das neue Unternehmen entwickeln wird? Dann passiert so ein Mega-Crash wie der Konkurs eines Immobilienhais mit einem Schuldenberg von zwei Milliarden Mark, und schon drehen die Kontrolleure des Bundesaufsichtsamts für das Kreditwesen in Berlin kräftig auf und nehmen bei ihren Prüfungen jeden Kredit auseinander. Manchmal denke ich, die Banken, die in solchen Fällen Milliarden zum Fenster hinausschmeißen, sollten das Geld lieber den Jungunternehmern zum Fenster hineinschmeißen. (Aber auch hier gilt: Gleiche Großbanken und gleiche Großimmobilienhaie gesellen sich lieber zueinander als Banken und mickrige Unternehmensgründer.)
Aber es zeichnet sich eine neue Entwicklung ab: Viele Banken – und insbesondere solche, die traditionell mehr am mittelständischen Unternehmertum interessiert sind, wie Sparkassen und Volksbanken – gründen eigene Venture-Capital-Gesellschaften, die in der Vergabe von Mitteln wesentlich ungebundener sind als ihre Banken-„Mütter". Daraus ist ein ganzes Netzwerk von Beteiligungsgesellschaften entstanden,

die mittlerweile in vielen Fällen Großartiges leisten. Hinzu kommt die Hilfe der DtA mit ihrer tbg (Technologie Beteiligungsgesellschaft).
Von der DtA wurde im Frühjahr 1999 mit dem so genannten „Startgeld" ein Produkt auf den Finanzmarkt gebracht, das speziell auf die Bedürfnisse von Klein- und Kleinstgründungen zugeschnitten ist. Es trägt der Tatsache Rechnung, dass bei uns rund 50 Prozent der angehenden Selbstständigen als Ein-Personen-Unternehmen starten, ihre Firma oft zunächst von zu Haus aus betreiben und sie nebenberuflich oder zusammen mit dem Lebenspartner abwickeln.
In Deutschland ist derzeit nämlich ein regelrechter Gründungsboom zu beobachten: Im ersten Quartal 1999 hat allein die DtA rund 19.500 Kredite mit einem Gesamtvolumen von fast drei Milliarden Mark an Existenzgründer und junge Unternehmer vergeben. Gegenüber dem Vorjahreszeitraum bedeutet das einen Anstieg von 25 Prozent!
Mit dem Startgeld verfolgt die „Gründerbank" des Bundes zwei Ziele: Erstens sollen besagte Mini-Unternehmen gefördert werden, deren Kreditbedarf maximal 50.000 Euro (98.000 DM) beträgt. Dieses Risikodarlehen mit einem günstigen Zinssatz wird über die Hausbank beantragt, hat eine Laufzeit von bis zu zehn Jahren und kann auf Wunsch zwei Jahre tilgungsfrei gestellt werden. Es ist außerdem mit einer 80-prozentigen Haftungsfreistellung ausgestattet, das heißt bei der finanzierenden Bank verbleibt eine Primärhaftung von maximal 20 Prozent des Darlehens (10.000 Euro); das eigentliche Risiko übernehmen die DtA und der Europäische Investitionsfonds (EIF).
Bemerkenswert ist ferner, dass die Banken für die Bearbeitung eine Pauschale von 500 Euro bekommen; in der Vergangenheit hatten die Geldinstitute schon deshalb kein großes Interesse an derartigen Kleinkrediten, weil sie sehr beratungsintensiv, für die Bank aber wenig lukrativ sind. Zwar wird auch durch die Kreditvergabe verdient – was die Banker oft schamhaft verschweigen –, aber eben nicht so üppig wie bei den Provisionsgeschäften und mit sehr viel mehr Aufwand als etwa bei den „automatisierten" Wertpapierumsätzen. Wenn man nicht gerade Geld von ihnen will, dann geben die Banker mehr oder weniger offen zu, dass sie sich für einen 100.000-Mark-Kredit genauso ins Zeug legen müssen wie bei einem fünf- oder zehnmal so großen Rahmen.
Bei den öffentlichen Förderprogrammen ist es bislang meistens leider so, dass man das Geld nur dann bekommt, wenn die Firma noch nicht gegründet („noch nicht in Vollzug gesetzt") wurde. Eigentlich ist das ein bisschen idiotisch, denn wenn man bereits die ersten Erfahrungen

gemacht hat, kann man seine Chancen und Risiken meist sehr viel besser beurteilen, als dies vorher aus rein theoretischer Sicht möglich war. Diese starre Haltung wird aber zunehmend aufgeweicht, das heißt es gibt inzwischen auch Förderprogramme zur Erweiterung bestehender Firmen, und zwar nicht nur aus öffentlichen Mitteln, sondern auch von privaten Geldinstituten.
Das Bundeswirtschaftsministerium hält immer einige spezielle Fördermaßnahmen bereit, die gerade auch auf junge Unternehmen zugeschnitten sind. Die Förderdatenbank des Ministeriums gibt einen aktuellen Überblick über diese Programme und die Voraussetzungen zu ihrer Nutzung. Das schließt Maßnahmen des Bundes ebenso mit ein wie die der Länder oder der Europäischen Gemeinschaft. Im europäischen Rahmen unterstützt der Wirtschafts- und Entwicklungsdienst CORDIS die Recherche nach Fördermitteln; eine derartige Unterstützung bieten grundsätzlich auch die örtlichen Industrie- und Handelskammern an. Derartige Informationen sind nie überflüssig, auch wenn man die dort angebotenen Hilfsmittel selbst nicht voll ausschöpft – und sie können gelegentlich sogar die Erklärung dafür sein, warum ein ungeliebter Mitbewerber augenscheinlich den längeren Atem hat als man selbst.
Dass ich die Beschaffung allzu reichlicher Geldmittel nicht als vordergründig oder gar wünschenswert ansehe, habe ich im vorigen Kapitel bereits ausführlich dargelegt und auch begründet. Vor diesem Hintergrund sehe ich es mit großer Skepsis, wenn seitens der Unternehmensberater immer wieder das Gegenteil hervorgehoben wird. Heinz Stahl, in seiner Zunft kein Unbekannter, geht aus meiner Sicht entschieden zu weit, wenn er sagt:

> *„Der Grundsatz ‚Wer viel investiert, kann viel verlieren' ist gefährlich. Er erzeugt die Grundhaltung, es doch zunächst einmal mit niedrigem finanziellen Einsatz zu versuchen. Die führt mit hoher Wahrscheinlichkeit in die Falle mangelnder Gründungsgröße (liability of smallness) und damit zum Scheitern. Eine Erfolg versprechende Gründung tritt grundsätzlich mit einer soliden Kapitalausstattung an. Dabei ist die Höhe des gesamten Startkapitals wichtiger als seine Struktur: Ein besonders hoher Eigenkapitalanteil ist nicht unbedingt Voraussetzung für den Erfolg, was die Bedeutung öffentlicher Kredite unterstreicht. Solchermaßen ausgerüstet ist der Gründer dann nicht gezwungen, ohne Beschäftigte zu starten. Auf diese Weise kann er am ehesten die kritische Umsatzhürde des ersten Betriebsjahres nehmen."*

Gerade beim letztgenannten Gesichtspunkt, den Angestellten, bin ich absolut gegenteiliger Meinung, denn gerade die Personalkosten sind es, die das meiste Geld verschlingen, und die man bei uns nicht von heute auf morgen abstellen kann. Wo viel Geld ist, wird auch viel ausgegeben – und ich sage es noch einmal: dabei versickert auch ein Gutteil des Geldes und später kann man nicht mehr nachvollziehen, wo es geblieben ist.

Es lässt sich nicht vermeiden, an dieser Stelle auf ein Dilemma bei der Unterstützung junger Unternehmer einzugehen: In der Beratung sind zu viele Nichtunternehmer tätig! Wie oft erlebe ich, wie ehemalige Bank*beamte* ein Urteil über die Chancen von Gründern abgeben. Eine gewisse Menschenkenntnis nach vielen Jahren Praxis in der Kreditvergabe kann man ihnen zugestehen, aber bei der Beurteilung von Ideen muss ihnen die Puste ausgehen – mir übrigens auch manchmal. Doch das ist der Sinn einer Geschäftsidee: Sie sollte neu sein. Je weniger man den Sinn und Zweck einer Idee versteht, umso mehr beweist das ihre Originalität. Wenn also Ausrufe kommen wie: „Wer soll das denn kaufen?“ oder „Hab ich ja noch nie gehört!“, dann werde ich erst recht hellhörig. Denn dahinter verbirgt sich meistens etwas Neues.

Besonders schwierig wird es für Banken und Investoren bei Hightech-Ideen. Es liegt in der Natur der Sache, dass nicht jeder versteht, was sich hinter einem „Neuen Verfahren zur Gentransfektion“ verbirgt. Da müssen Experten her. Aber auch hier lauert Gefahr. Diese Experten sind oftmals Wissenschaftler und wissen gelegentlich nicht, wie viele Nullen die Zahl zehn Millionen hat. Man kann auch hier nur eine allgemeine Meinung zur Frage der generellen Machbarkeit erwarten. Am besten finde ich immer noch jene Unternehmer, die an ihre Idee glauben – egal, was die anderen denken.

Um noch einmal auf die Förderprogramme zu sprechen zu kommen, so kann man dabei grundsätzlich zwei Arten unterscheiden:

Auf der einen Seite gibt es die Förderung von Personen, wie sie zum Beispiel mit dem Startgeld beabsichtigt ist. Der Staat sieht, dass genügend Gründungswillige da sind, denen aber das nötige Startkapital fehlt. Damit zielt er ausdrücklich auch auf Frauen oder Arbeitslose, die trotz guter Qualifikation keinen Geldgeber finden, sei es für die Neugründung oder eine Wiedereingliederung. Vom Arbeitsamt gibt es zum Beispiel Unterstützung, wenn man als (Jung-)Unternehmer Arbeitslose einstellt und sie damit von der Straße holt.

Die andere Seite betrifft die Förderung von Sachen. Eines der beliebtesten Themen ist dabei die Unterstützung von Projekten, die mit Solarenergie zu tun haben. Der Bund legt ein ums andere Mal gezielte Förderprogramme auf (1.000 Dächer, 100.000 Dächer), die dieses Segment beleben sollen. Es hat sich übrigens auch bei den Banken herumgesprochen, dass dies ein sehr zukunftsträchtiges Gebiet ist, und entsprechend locker sitzt hierfür das Geld.
Man könnte in diesem Zusammenhang noch zwei Randaspekte, nämlich die Förderung bestimmter Regionen oder Unternehmensgrößen, mit hinzunehmen. Regionale Fördermaßnahmen sind immer wieder dann zu beobachten, wenn strukturschwache Gebiete ganz gezielt Unternehmen ansiedeln wollen, um zunächst die Leute von der Straße und irgendwann auch mal Steuern zu bekommen. Da werden dann – auf Kosten der übrigen Steuerzahler – die üppigsten Werbegeschenke gemacht, die bei der kostenlosen Erschließung und Bereitstellung der Grundstücke anfangen und bis zur mehrjährigen Steuerbefreiung reichen. Der bis über die Ohren verschuldete Stadtstaat Bremen liefert hierfür ein Schulbeispiel, indem er für die Ansiedlung von Mercedes auf eigene Kosten einen ganzen Stadtteil umgekrempelt hat, und für ein Unternehmen den roten Teppich ausrollt, das solche Leistungen aus der Portokasse bezahlen könnte. Ganz anders verhält es sich zum Beispiel mit der Gründungsoffensive „go time“, die das Land Sachsen-Anhalt zusammen mit der Telekom ins Leben gerufen hat; hier geht es gezielt darum, potentielle Unternehmensgründer nicht nur zu fördern, sondern auch in Sachsen-Anhalt anzusiedeln.
Schließlich sei noch auf Förderprogramme hingewiesen, die nur Firmen bis zu einer bestimmten Größenordnung betrifft, sei es von der Umsatzgröße her oder der Mitarbeiterzahl („Mittelstandsförderung“). Diese Art der Förderung ist keineswegs bloß auf Darlehen beschränkt – das ist die nahe liegende Art der konventionellen Geldbeschaffung, bei der die Gründer entweder günstige Zinssätze bekommen, häufig mit langen Laufzeiten und anfänglicher Aussetzung der Tilgung verbunden. Darüber hinaus gibt es aber auch regelrecht geschenktes Geld, das man sinnigerweise als verlorenen Zuschuss bezeichnet (verloren ist er aber nur für den Geldgeber). Gerade bei der letztgenannten Sparte sind die einzelnen Bundesländer recht aktiv (s.o.), aber auch der Bund selbst und die EU sind hier nicht untätig.
Dass man bei der Geldbeschaffung nicht immer nach öffentlichen Mitteln schielen muss, macht ein ganz anderer Weg deutlich: Viele Jung-

unternehmer haben einfach eine Aktiengesellschaft gegründet, bei der sie Anteile an ihrer Firma verkaufen, um so an Geld zu kommen. Das kann mit oder ohne Stimmrecht erfolgen, und der Neue Markt an der Frankfurter Börse ist ein gutes Beispiel für den Erfolg dieser Strategie.
Die Idee, die diesem Konzept zugrunde liegt, ist ebenso nahe liegend wie Erfolg versprechend: Junge und innovative Unternehmen benötigen Kapital, das sie sich auf dem herkömmlichen Weg der Kreditbeschaffung nicht besorgen können: Entweder reichen die vorhandenen Sicherheiten nicht aus, oder das Geld ist einfach zu teuer. Auf der anderen Seite gibt es eine Fülle von Investoren – private wie auch institutionelle –, die bereit sind, trotz des vorhandenen Risikos ihr Geld in solchen Firmen anzulegen, sofern eben eine berechtigte Aussicht auf die entsprechende Rendite besteht.
1998 hat man das private Geldvermögen in Deutschland auf rund 5,4 Billionen Mark geschätzt, und allein der zunehmende Bedarf an privater Altersvorsorge lässt die Aktie als Anlageform auch bei uns immer mehr in den Vordergrund rücken. Von den 4.600 deutschen Aktiengesellschaften sind derzeit nur 700 an der Börse notiert; Experten aber schätzen das vorhandene Potential auf 2.000 börsenfähige Gesellschaften.
Für den angehenden Jungunternehmer ist die Hürde, sich im Neuen Markt zu platzieren, allerdings ziemlich hoch. Als Emittent muss man über ein Eigenkapital von mindestens 1,5 Millionen Euro verfügen und das Emissionsvolumen muss mindestens fünf Millionen Euro betragen. Neben zahlreichen weiteren Auflagen sind diese Voraussetzungen schon deshalb so hoch gesteckt worden, damit die internationalen Standards erfüllt werden und das Risiko für den Anleger überschaubar bleibt. Die Deutsche Börse sorgt mit dem Neuen Markt für ein attraktives und qualitativ hochwertiges Marktsegment, das nicht zuletzt auch den hiesigen Finanzplatz im internationalen Wettbewerb stärkt. Davon wiederum profitieren die beteiligten Unternehmen, die sich aber erst einmal als würdig erweisen müssen, dort überhaupt zu erscheinen.
Dass die ganze Angelegenheit funktioniert, sieht man an zahlreichen Unternehmen, die sich im Neuen Markt platziert haben, und die dort sehr erfolgreich sind – gemessen am eigenen Wachstum und dem Verlauf ihres Kurswertes. Dass gleichzeitig aber auch der Staat seinen Teil dazu beigetragen hat, habe ich bei der Steuerproblematik schon erwähnt: Richtig rund läuft der Neue Markt erst nach der Abschaffung der Vermögenssteuer.

Für den Neugründer, der sich bei der Kapitalbeschaffung noch mit Größenordnungen um 100.000 Mark herumplagen muss, ist der Neue Markt sicherlich noch in weiter Ferne. Gerade deshalb gehe ich auch mit spitzen Fingern an diese Thematik heran.

Wenn zu viel Fördergeld angeboten wird, kann das ins Gegenteil umschlagen und die falschen Leute anlocken, frei nach dem Motto: „Wo gibt's hier das Geld, ich will mal 'ne Firma aufmachen!" Der richtige Unternehmer sagt: „Ich mache es auf jeden Fall, und zwar unabhängig von einer Förderung." Wenn Geld vom Staat kommt, dann ist das keineswegs schlecht, und ich kann dann ein bisschen schneller wachsen – aber grundsätzlich mache ich es, weil ich von meiner Idee überzeugt bin.

Planung und Wirklichkeit

Wenn Ihre Geschäftsidee auf Startkapital angewiesen ist, das Sie alleine nicht aufbringen können, dann müssen Sie es sich von anderen holen. Früher gab es dafür nur einen Weg: Man musste es sich leihen. Ob nun von der Großmutter oder der Bank, machte dabei keinen großen Unterschied. Denn die Bank – gewohnt, ihrem Kunden zuerst das Geld abzunehmen, um es ihm gegen Zinsen dann wieder auszuleihen – besteht in der Regel auf Sicherheiten, etwa in Form einer Grundschuld auf das Haus der Großmutter. Leider haben diese Konstruktionen einen großen Nachteil: Sie gehen aufs Ganze. Kommt dann wie beim Roulette die Zahl nicht, ist alles verloren. Gerade wegen dieser Gefahr haben viele gründungswillige Unternehmer die Finger von ihrem Vorhaben gelassen. Eigentlich zu Recht. Denn man sollte nie seine gesamte Existenz aufs Spiel setzen; denken Sie immer an die Fall-Back-Positionen! Aber einen gewissen Einsatz kann man schon verlangen. Oft ist man heute mit einer persönlichen Bürgschaft, die den Verhältnissen entspricht, zufrieden. Die kann den Gründer natürlich empfindlich treffen, wenn es danebengeht; aber daran erkennen die Geldgeber, dass er es ernst meint. Ruinieren will Sie heute keiner mehr. (Denken Sie daran: Jede Bürgschaft der Höhe nach und zeitlich begrenzen! Wenn die Summe nicht mehr ausreicht oder die Bürgschaft verlängert werden muss, kann man neu verhandeln.)

Wenn größere Investitionen anstehen – etwa im kapitalintensiven verarbeitenden Gewerbe für Maschinen oder zur Finanzierung von Vorlaufleistungen in der Forschung –, muss man in der Regel Investoren von der Schlüssigkeit und den Erfolgsaussichten des Vorhabens überzeugen. Der große Vorteil besteht darin, dass sich Ihr Unternehmen dann häufig kein Fremdkapital leiht, sondern Eigenkapital bekommt. Sie brauchen keine Angst zu haben, dass Sie damit einen großen Teil Ihrer Anteile abgeben müssen. Oft geht es sogar über den Weg einer stillen Beteiligung. Natürlich interessieren sich alle Geldgeber für den Geschäftsverlauf und wollen ab und zu in die Bücher sehen; aber das ist manchmal gar nicht so schlecht.

Wie dem auch sei: Sie müssen die Geldgeber überzeugen! Ich kenne Überredungskünstler, die sogar Steine zum Weinen bringen können und so lange auf ihre „Opfer“ einreden, bis sie endlich Geld rausrücken. Aber das ist wohl eher selten. Im Allgemeinen hat sich der in den USA entwickelte Businessplan durchgesetzt. In einem Businessplan soll alles beschrieben werden, was für das neue Vorhaben wichtig ist: die Idee selbst, der Markt, die Kunden, Strategien, Finanzplanung usw. Handbücher und Leitfäden zur Erstellung eines Businessplans gibt es reichlich (Adressen siehe Anhang).

Zu meiner Schande muss ich gestehen, dass ich in meinem Leben noch keinen einzigen Businessplan erstellt habe. Vielleicht wäre das aber in dem einen oder anderen Fall besser gewesen. Denn es stellt sich immer wieder heraus, dass erst bei der Ausformulierung der eigenen Gedanken plötzlich Probleme erkannt werden, die man vorher nicht gesehen hat. Was aber noch viel wichtiger ist: Die anderen, die ihn unvoreingenommen lesen, stellen viel häufiger Unstimmigkeiten fest. Sofern man nicht völlig verblendet von seiner eigenen Idee ist und Kritik vertragen kann (ich gebe zu, das ist für kreative Menschen nicht immer leicht!), kann man auf diese Weise schwere Fehler vermeiden.

Die wesentlichen Elemente im Businessplan müssen so dargestellt werden, dass sie für andere nachvollziehbar sind. Bei Hightech-Ideen ist das nicht ganz so einfach, und es werden sich Sachverständige an eine Prüfung machen. Wobei wir beim ersten Dilemma solcher Pläne sind: In der Regel sind die Sachverständigen Beamte – Professoren, Angestellte bei Forschungsinstituten etc. –, Menschen also, denen man keinen großen Unternehmergeist nachsagen kann. Manchmal habe ich eine Stinkwut, wenn ich sehe, wie dann zukunftsträchtige Ideen abgeurteilt werden. Es ist doch ganz klar, dass noch nie da Gewesenes auf den ersten Blick unverständlich erscheint. Selbst der Gründer von IBM, Mr. Watson, hat vor grauer Urzeit erklärt, der gesamte Weltmarkt nehme gerade einmal fünf Computer auf. Ich kann mich von solchen Fehleinschätzungen auch nicht freisprechen. Anlässlich der CeBit habe ich in Hannover in der Messezeitung einmal erklärt: „Wer will denn schon ins Internet?“ Eine böse Fehleinschätzung, an der mich nur tröstet, dass ich mich damit in guter Gesellschaft befunden habe: Denn bis Ende 1995 glaubte selbst Microsoft noch mehr an sein eigenes Netzwerk als ans Internet.

Es gäbe natürlich noch die Möglichkeit, diese so genannten Machbarkeitsstudien Experten aus der Unternehmenswelt vorzulegen. Eine Idee im Bereich der Chemie würde dann zum Beispiel von einem Manager des Bayer- oder Hoechst-Konzerns geprüft. Diese Manager verfügen natürlich über wesentlich bessere Marktkenntnisse – stehen aber auch sofort im Verdacht, die ihnen vorgelegten Ideen für eigene Zwecke zu missbrauchen. Unternehmensgründer sehen daher häufig von diesem Verfahren ab.

Ich kann Sie beruhigen: Ein Milliardenkonzern wird sich nicht sofort an die Umsetzung solcher Ideen machen, vor allem dann nicht, wenn sie zum Patent angemeldet worden sind, was bei lukrativen neuen Verfahren die Regel ist. Für einen Unternehmer am Beginn seiner Laufbahn sind zwei Millionen Mark Umsatz unvorstellbar viel, für einen Konzern lachhaft wenig. Und so beschäftigen sie sich erst gar nicht mit „Kleinvieh". Aber es ist schon oft vorgekommen, dass solche Konzerne Kunde bei dem neu gegründeten Unternehmen geworden sind. Oder sie treten als Pate des Projekts auf, und Sie können auf ihre Empfehlung hoffen. Noch besser ist es, wenn solche Konzerne einen Sitz im Unternehmensbeirat haben. Allzu große Scheu ihnen gegenüber ist also nicht angebracht. Die arbeitsteilige Welt zwingt sowieso immer mehr zur Kooperation, und Alleingänge werden seltener.

In den USA ist es fast so weit, dass die Businesspläne frei herumliegen, und trotz des Hinweises „Confidential and Proprietary" habe ich noch jeden einsehen können, den ich haben wollte. Daher kenne ich auch viele Pläne, die nachher mit der Wirklichkeit leider nicht so recht übereinstimmen. Oft wird über die Festlegung der Prämissen viel zu schnell hinweggegangen. Prämissen sind Voraussetzungen, Axiome, die, wie in der Mathematik, zum Beweis der nachfolgenden Gedanken- und Rechenwege notwendig sind. Häufig soll aber eine kleine Seite mit ein paar Zahlen, die aus Marktforschungsberichten oder anderen angeblich unfehlbaren Quellen abgeschrieben wurden, ausreichen. Dabei weiß man doch, dass diese Research-Companies genauso arbeiten wie die Verfasser von Horoskopen – irgendetwas ist also immer dran. Ob es sich dabei um die Entwicklung der Bevölkerung, die Steigerung der Zahl der Internetnutzer oder um die Ermittlung kaufwilliger Interessenten für ein nagelneues Produkt handelt, spielt dabei keine Rolle. Erschreckend jedoch ist, wie unreflektiert diese Zahlen übernommen werden. Immerhin werden sie doch das Fundament all dessen sein, was folgen soll.

Ich kenne einen Businessplan zur besseren Nutzung von Mülldeponien, der wirklich fundiert war. Die Idee selbst stammt aus den USA und ist dort bereits erfolgreich umgesetzt worden. Leider sind Mülldeponien in Deutschland aber völlig aus der Mode gekommen, viele werden geschlossen und neue kommen nicht mehr dazu. Und somit ist der ganze gut ausgearbeitete Businessplan hinfällig.

Ein Fruchtsafthersteller aus meinem Heimatdorf hatte einen Exklusivvertrag als Lieferant für die Olympischen Spiele 1972 in München in der Tasche. Die Zahlen für den Geschäftsplan waren schlüssig: Es ist Sommer, im Sommer haben die Menschen Durst, und soundsoviel Prozent der Menschen haben Durst auf Fruchtsaft. Eine Argumentation, der sich keiner entziehen kann. So wurde auch das Marktvolumen errechnet und diese Zahl komplett in die Produktionsplanung übernommen – man war ja der einzige Lieferant. Also wurde investiert und produziert ... Leider hat man die Rechnung ohne die Durstigen gemacht: Ein einfacher Test hätte gezeigt, dass die Leute keinen Fruchtsaft aus Plastikflaschen mögen – aber genau diese Art der Abfüllung war explizit von den Veranstaltern gefordert worden. Das Ende des Lieferanten war damit besiegelt.

Man sieht also: Die Faszination anscheinend schlüssiger Zahlen, der viele erliegen, ist hochgradig gefährlich. Eigentlich müssten die Businesspläne noch viel präziser auf die Prämissen eingehen. Und man sollte sich auch nicht scheuen, zu sagen, was passiert, wenn man Pech hat. Oder – wenn die Prämissen nicht nachweisbar sind – einfach zu bekennen: „Ich glaube daran!“ Viele erfolgreiche Unternehmer haben es so gemacht.

Aber trotz der vielen Unabwägbarkeiten, die kein noch so eloquenter Businessplan erfassen kann, bin ich mittlerweile doch von dessen hilfreicher Bedeutung überzeugt. Und zwar nicht nur bei Neugründungen, sondern auch bei allen Neuinvestitionen in bestehenden Unternehmen. Auch wenn man nicht alle Details erfassen kann, so dient er dem Unternehmer doch als Anleitung und als „Geländer“, an dem er sich festhalten kann und mit dessen Hilfe er weiß, wann er aus den vorgegeben Bandbreiten ausschert. Denn selbst wenn er als echter Pionier sagt: „Ich glaube daran!“, muss er umso mehr kontrollieren, ob der gewünschte Kurs auch eingehalten wird. Es gibt Kapitäne, die können in See stechen, ohne einen großen Navigationsplan zu erstellen. Sie wissen intuitiv: „Da geht's lang; Kurs 265 Grad.“ Aber gerade sie sehen regelmäßig auf den Kompass und vergleichen Ist- mit Soll-Position, um sofort Korrekturen anbringen zu können.

Leider scheint bei unseren heutigen komplexen Zusammenhängen im Wirtschaftsleben die große Zeit der Leute, die aus dem Bauch heraus entscheiden können, vorbei zu sein. Man benötigt einfach genauere Navigationsberechnungen. Im Falle des Businessplans ist dies die Finanzplanung, im amerikanischen, mittlerweile vorsichtiger, das „Financial Proforma". Da wird – ausgehend von den Prämissen – das gesamte Zahlenwerk für die nächsten fünf Jahre erstellt. Man berechnet also heute schon, was in ferner Zukunft auf dem Konto sein wird. Dabei stellt sich immer wieder heraus, dass die Kostenprognosen, also Personal, Marketing, Mieten, Abschreibungen usw. ziemlich genau getroffen werden (von den Fällen, wo sie übertroffen werden, will ich hier einmal nicht reden). Leider liegen aber die Einnahmen daneben. Das ist nicht einmal dem Unternehmer anzulasten, der sich gewissenhaft über das Marktpotential und dessen Ausschöpfung Gedanken gemacht hat. Aber eine Projektion von fünf Jahren in die Zukunft ist gedanklich nicht zu schaffen. Also bedient man sich eines Tabellenkalkulationsprogramms, das in diesem Fall zum „Sich-Reich-Rechnen-Spielzeug" wird. Ich erinnere mich noch, wie 1979 das große Vorbild dieser Softwaregattung auf den Markt kam: VISICALC für den APPLE II. Ein Bekannter machte mich damit vertraut. Ich war fasziniert von der Einfachheit der Rechenabläufe, bei denen man nur einzelne Parameter ändern konnte, ohne sich über die weiteren Zusammenhänge Gedanken machen zu müssen.

Und das ist es ja gerade! Man macht sich keine Gedanken mehr! Plausibilitätskontrollen oder sonstige Verprobungen werden nicht mehr durchgeführt, und am Ende glaubt man den Zahlen und der gesunde Menschenverstand wird ausgeschaltet. Zu Beginn der Zeitrechnung des neuen Unternehmens gibt man Werte ein, die man kennt und die heute auch richtig sind. Aber dann kommen Formeln hinzu, zum Beispiel exponentielle oder logarithmische, die das Wachstum über die nächsten 60 Monate errechnen. Von diesen Einnahmen werden dann die ziemlich genau vorhersagbaren Ausgaben abgezogen – und fertig ist die Goldgrube. Bezeichnend für diese Art der Finanzpläne ist, dass in der nahen, bekannten Gegenwart rote Zahlen geschrieben werden, und erst ab dem vierten oder fünften Jahr ein Gewinn erzielt wird; irgendwann muss der Break-Even ja endlich kommen!

Aber auch das ist noch nicht schlimm: Viele Businesspläne beinhalten ja schon Planungen für unterschiedliche Geschäftsverläufe: Worst, Expected und Best-Case. Nur weigern sich die Kapitäne vieler (Unternehmens-)Schiffe immer wieder, den tatsächlichen Kurs mit dem zu vergleichen, der in den vorgegeben Bandbreiten eingehalten werden muss.

Ich kann das gut verstehen: Wer von der Südseeinsel träumt, mag im Nebel die Augen nicht öffnen. So dümpelt das Schiff nicht auf 265 Grad, sondern auf 275 Grad. Nur ein bisschen Abweichung – aber leider landet man damit irgendwann am Nordpol. Spätestens jetzt, wenn die ersten Eisberge auftauchen, sollte man aufwachen und sich warm anziehen. Doch dann ist es oft schon zu spät: Schiffbruch!

Wenn man sich also schon die Mühe macht, für jeden der 60 in der Zukunft liegenden Monate ein minutiöses Zahlenwerk zu erstellen, sollte man es auch minütlich überprüfen. Läuft das Schiff schon nach kurzer Zeit aus dem Ruder, müssen sofort Maßnahmen ergriffen werden. Welche das im Einzelnen sind, muss jeweils geprüft werden. Aber auf jeden Fall müssen Sie die Planung neu anpassen. Denn wenn schon die ersten Schritte stark vom Kurs abweichen, wird das Ziel – wenn überhaupt – erst sehr viel später erreicht.

Was aber erlebt man häufig? Die Kapitäne schauen nicht ein einziges Mal auf den Kompass – wenn sie überhaupt einen haben. Viele Unternehmer stürzen sich ins Geschäft, haben aber keine Werkzeuge zur Erfolgs- oder Misserfolgskontrolle. Und selbst wenn man ihnen dann vor Augen hält, dass man aus dem Zielkorridor ausbricht, bekommt man als Antwort: „Das kommt schon noch." Es soll ja auch nicht so sein, dass man täglich am Unternehmen herumzerrt und einen Zickzackkurs einschlägt. Aber der Unternehmer muss sich jederzeit über seine Position im Klaren sein, er darf sich selbst nichts vormachen. Leider geschieht dies oft. Duckmäuser sind als Unternehmer völlig fehl am Platze. Die Wahrheit ertragen zu können, ist ebenfalls eine herausragende Charaktereigenschaft des Unternehmers. Dazu gehört auch, sich von einem lieb gewonnenen Plan verabschieden zu können.

Leider schaffen die hochgebildeten Absolventen der wirtschaftswissenschaftlichen Hochschulen nur selten Abhilfe. Denn zu viele von ihnen sind zum Präzisionsanalytiker ausgebildet worden, der fallbezogen denkt. Sie interessiert nur die statische Betrachtung eines gewünschten oder eines tatsächlich eingetretenen Zustands, eines Falles. Aber wie man es schafft, vom einen zum anderen zu kommen, erfordert handlungsbezogenes Denken – und genau das ist die Domäne des echten Unternehmers. Er sollte daher immer im Auge haben, dass es noch so vielen Diplomkaufleuten, die er zu Rate zieht, nicht gelingen wird, seine Ziele letztendlich zu verwirklichen.

Alles Neue lässt sich nur in gewissen Grenzen planen. Es gibt ein chinesisches Sprichwort, das diese Tatsache anschaulich beschreibt:

Trotz größter Sorgfalt schlagen immer wieder Versuche fehl, eine ganz besonders schöne Pflanze zu züchten. Aber oft entsteht gerade dort ein Blumenmeer, wo jemand nur Abfall verschüttet.

Der richtige Zeitpunkt für den Ausstieg

Wer gerade darüber nachdenkt, ein Unternehmen zu gründen, wird von diesem Kapitel nicht viel haben – tatendurstige Existenzgründer wollen schließlich nichts vom Ausstieg hören. Aber wer bereits mitten im Unternehmerleben steht, kann vielleicht von meinen Erfahrungen profitieren.

Wenn es gut läuft, denkt man normalerweise nicht an eine Beendigung dieses glücklichen Zustandes. Der Unternehmer hält sich auch für stark genug, die Geschicke noch lange bestimmen zu können. Nur Schlitzohren steigen in ein Geschäft ein, um alsbald wieder daraus auszuscheiden. Sie dokumentieren damit, dass sie nicht an einen langfristigen Erfolg glauben. Deshalb wird es auch an der Börse nicht gerne gesehen, wenn große Aktienpakete der Altaktionäre ohne erkennbaren Grund „umplatziert" werden.

Aber was Schauspieler und Künstler wissen, gilt auch für den Unternehmer: Erfolg ist keine Einbahnstraße! Auch er muss darauf achten, dass *sein Werk* kontinuierlich fortgeführt wird. Welche Folgen halsstarriges Festhalten an der Führungsposition haben kann, hat man oft genug im Wirtschaftsalltag gesehen. Neue Führungskräfte werden häufig zu spät angelernt, um die Nachfolge antreten zu können. Solch ein Prozess dauert zehn Jahre und länger. Der weitsichtige Unternehmer sollte also frühzeitig daran denken.

Noch dringlicher wird die Ausstiegsfrage, wenn man keine Mehrheit am Unternehmen besitzt. Häufig ist dies nach einem Anteilsverkauf der Fall, durch den man sich einen Teil des finanziellen Erfolges sichern oder frisches Kapital und kompetentes Management ins Unternehmen holen will. So war es jedenfalls 1989 bei unserem Deal, als wir 50 Prozent der Anteile an einen großen Warenhauskonzern abgegeben haben – übrigens sehr zu unserem Vorteil, denn von da an bis zu unserem Ausscheiden im Jahr 1996 wuchs der Umsatz von 180 Millionen auf über drei Milliarden. Wir haben dann im Laufe der Jahre nochmals Prozente abgegeben, weil der Konzern die Mehrheit wollte und bereit war, dafür kräftig in die Tasche zu greifen. Es war eine schöne Zeit!

Aber nachdem das neue Management Methoden eingeführt hatte, die man zwar einerseits für das Wachstum als notwendig, aber für uns Gründer als eher lästig bezeichnen kann, kam es ab 1993 zu ersten Spannungen. Schuld daran war ein drastischer Ergebnisknick: Der Gewinn hatte sich – bei gestiegenem Umsatz – auf 30 Millionen halbiert. Das ist immer, auch wenn es kleinlich klingt, ein brisantes Warnsignal! Mit der Konzernspitze hatte ich mich einmal heftig in der Wolle: Sie warf mir vor, ich gebe zu viele öffentliche Klavierkonzerte, statt mich ums Geschäft zu kümmern. Das gefiel mir nicht, und ich konnte durchsetzen, dass mein Vertrag als Vorstandsvorsitzender nur noch von Jahr zu Jahr verlängert wurde. Und wenn eine Seite nicht mehr wollte, konnte sie sich sofort von der anderen trennen.

Es wäre falsch zu behaupten, die Zusammenarbeit zwischen den Gründern und dem Konzern sei nicht gut gewesen. Ganz im Gegenteil: Wir haben den Gewinn wieder auf 50 Millionen gesteigert. Das war zwar weniger Umsatzrendite als zuvor, aber im Vergleich zu den Firmen, die sich sonst noch in diesem schwierigen Markt tummelten, waren wir die Weltmeister. Das sachlich gute Verhältnis zwischen Aufsichtsrat und Vorstand hat dazu beigetragen.

Zu diesem Vorstand zählten jetzt auch konzerneigene Manager, denen wir den Weg an die Unternehmensspitze nicht verweigert haben. Im Gegenteil: Weil wir wussten, dass wir eines Tages ausscheiden würden, wollten wir eine echte Führungsalternative vorweisen können. Aber es ist ein Unterschied, ob man als selbstständiger Gründer ohne Netz und doppelten Boden handelt, oder ob man an Weisungen eines Konzerns gebunden ist. Eigentlich machte man uns keine großen Vorschriften, aber wir haben unsererseits auch nicht mehr viel an Ideen beigesteuert. Es war ein Agreement: Der Konzern hielt still, weil er glaubte, die Herren Fraling und Lieven seien als echte Unternehmertypen unverzichtbar. Und wir rührten uns kaum noch, weil wir uns sagten: „Die haben jetzt die Mehrheit, lass sie doch machen!“

Dem Fortkommen von VOBIS war das sicherlich nicht sehr förderlich. Ich halte mir aber zugute, dass sich dadurch eine neue Führungsmannschaft bilden konnte. Ihr ist es nachher gelungen, an die erfolgreichen Gründerzeiten anzuschließen. Wenn der Konzern sich nicht über Nacht dazu entschlossen hätte, den Verkauf von Lebensmitteln dem Vertrieb von Computern vorzuziehen, hätten die Fusionspläne des damaligen Aufsichtsratsvorsitzenden Wirklichkeit werden können, und VOBIS würde heute mit mehr als 25 Milliarden DM Umsatz zur weltweit führenden PC-Unternehmensgruppe gehören. So aber kam es 1998/99 zu einer Zerschlagung des europaweiten Vertriebsnetzes. Das ist ein sehr trauriges Kapitel, und nicht nur mir kommt es wie mutwillige Zerstörung vor.

Viele sagen heute, ich hätte 1996 den richtigen Riecher gehabt und mich rechtzeitig „abgeseilt". Das stimmt so nicht ganz. Die Geschichte ist viel zufälliger verlaufen. Im Hintergrund klang allerdings immer der Ratschlag meines Vaters mit, der Künstlern den Abschied auf dem Höhepunkt empfahl. Aber was war der Höhepunkt?

Vorerst dachte ich überhaupt nicht an einen Abschied. Noch im April 1996 hatte ich auf einem Filialleitertreffen verkündet, bis zum Jahr 2005 bleiben zu wollen. Aber eine Woche später las ich interessante Zahlen. Zu jener Zeit hatte nämlich die Konzern-„Groß"mutter beschlossen, zwei ihrer Töchter zu verschmelzen und an die Börse zu bringen. Eine dieser Töchter war unsere Konzernmutter. Im Zuge dieser Verschmelzung mussten zur Bestimmung der jeweiligen Anteile die Werte der entsprechenden Töchter festgelegt werden. In dem Verschmelzungsbericht konnte ich nun nachlesen, dass der erwartete VOBIS-Gewinn für 1996 realistisch auf 50 Millionen DM angesetzt worden war.

Das war unsere Chance zum Ausstieg. Ich wusste aus Erfahrung, dass Nachfolger im Vorstand dazu neigen, das letzte Jahresergebnis des Vorgängers künstlich zu verschlechtern. Dies ist durch legale Tricks wie zum Beispiel höhere Rückstellungen möglich. Dadurch hat der Nachfolger eine höhere Reserve für sein erstes Jahr als Chef, und außerdem steht er nach Auflösung der Rückstellungen besser da als sein Vorgänger. Statt zwei Jahre hintereinander 50 Millionen Gewinn gäbe es dann in 1996 nur zehn, dafür 1997 aber 90 Millionen. Das wollte ich mir nicht gefallen lassen: Ich wollte mich mit einem soliden, von mir erwirtschafteten Gewinn verabschieden und mir nicht durch die üblichen Tricks den Ruf verderben lassen.

Da kam der Verschmelzungsbericht gerade zum richtigen Zeitpunkt: Denn einmal veröffentlicht, konnte man den Gewinn nicht mehr manipulieren – die Aktionäre der anderen beteiligten Konzerntochter hätten sich benachteiligt gefühlt. Schnell verabredeten Rainer Fraling und ich den Ausstieg, der uns auch von Konzernseite fair gewährt wurde. Für unsere letzten Anteile haben wir sogar noch ein paar Mark bekommen. Auch das war stets mein Ziel, denn abgerechnet wird immer am Letzten. Der Tag, an dem das Geld floss, war der 31. Oktober 1996.

Dieses Datum gilt bei mir seitdem als „Erntedankfest". Aber wie hätte ich damals bereits wissen können, dass es tatsächlich der Höhepunkt war, an dem ich ausgestiegen bin? Wir haben einfach nur eine gute Gelegenheit beim Schopfe gepackt. Und einmal mehr Glück gehabt.

Wer den Hals nicht voll kriegen kann und immer zuwartet, bis sein Vermögen noch größer wird, kann leicht in eine Falle tappen und bekommt am Ende überhaupt nichts mehr. Diese „Halskrankheit" hindert viele daran, über einen Ausstieg nachzudenken. Das kann ein verhängnisvoller Fehler sein. Man sollte sein „Ausstiegsszenario" selbst bestimmen, so lange man die Macht dazu besitzt. Gefühlsmäßig liegt der entsprechende Zeitpunkt natürlich immer zu früh. Aber im Nachhinein ist man froh, den Absprung rechtzeitig geschafft zu haben. Heute weiß ich: Bei mir war es keine Sekunde zu früh – und zum Glück auch keine zu spät.

Das Glück des Unternehmers

Ist Unternehmertum ein Beruf? Eigentlich nicht. Jedenfalls nicht in dem Sinne wie zum Beispiel Ingenieur oder Programmierer. Ingenieur wird man, indem man Theorie lernt. Unternehmer wird man nur in der Praxis. Wer kein eigenes Unternehmen hat, ist kein Unternehmer. Bestenfalls kann er als Unternehmertyp bezeichnet werden.

Es sind besondere Menschen, die sich selbstständig machen und ihr eigenes Unternehmen aufbauen. Für sie ist das kein Beruf, sondern eine Berufung. Und sie sind ein wenig stolz darauf. Denn ihre Unabhängigkeit erlaubt es ihnen, sich besser zu fühlen, als es ihr Bild in der Bevölkerung vermuten lässt. Mit finanzieller Unabhängigkeit allein hat das nichts zu tun – es ist der Stolz auf ihr Werk.

Seitlich der Autobahn Frankfurt-Köln liegt ein Fabrikationsbetrieb für Glaswaren. Auf den beiden Fabrikhallen prangen groß die Bezeichnungen „Werk 1" und „Werk 2". Die vorbeifahrenden Autofahrer sollen es deutlich lesen können. Warum? Sicherlich nicht, damit Briefträger, Lieferanten oder Mitarbeiter so besser ihren Weg finden können. Es ist die Demonstration des Unternehmers: „Seht her, das ist mein Werk" – im wahrsten Sinne des Wortes. Mit keinem Geld der Welt könnte man ihm diesen Stolz abkaufen. Wenn er das Unternehmen letztendlich doch verkauft, wird ihm dieser Stolz fehlen.

Es gibt viele Menschen, die stolz sind auf das, was sie geschaffen haben. Auch Bilder, Bücher, Häuser, Gesetze usw. sind Werke. Aber es gibt einen Unterschied. Man begegnet immer wieder weltfremden Weltverbesserern, zerstreuten Professoren oder apathischen Popstars, aber niemals einem vertrottelten Unternehmer. Schon in den Anfängen der Entrepreneur-Forschung hat man festgestellt, dass Unternehmer von Natur aus in der Lage sind, neue Kombinationen zu schaffen, und dass sie besonders kommunikationsfreudig sind. Das gehört zu den Voraussetzung eines funktionierenden Austauschs mit anderen. Einem einsamen Genie mag es auf dem Podium gelingen, seine Werke bei völliger Ignorierung des Publikums – mit dem er sich doch eigentlich austauschen will – vorzutragen. Aber gibt es einen erfolgreichen Unternehmer, der vor Verlegenheit rot wird, wenn er mit anderen Menschen in Kontakt tritt und über Zinsen, Preise, Arbeitszeiten, Produktideen und mehr verhandelt?

Aber das alleine ist es nicht. Auch angestellte Manager sind clever und kommunikationsfreudig. Aber sie sind nicht frei. Und das unterscheidet sie. Angestellte wissen – im Gegensatz zu Unternehmern – genau, was sie am Monatsende auf dem Konto haben werden; selbst Erfolgsprämien sind heute bis zu einer gewissen Höhe fester Bestandteil des Arbeitsentgeltes, was eigentlich nicht sinnvoll ist. Aber es fehlt ihnen das erhebende Gefühl, alles von sich aus und für sich getan zu haben. Die vielen Dinge, mit denen sich der Unternehmer sein Leben lang beschäftigt, geben ihm den Rang eines großen Entdeckers und Abenteurers. Es ist die ganzheitliche Wahrnehmung der Welt, die ihn von anderen unterscheidet. Und ganzheitliche Lebenserfahrung macht glücklich.

Der Unternehmer kommt mit allen Bereichen in Berührung: Menschen, Ideen, Geld, Maschinen. Er verfügt über Weitsicht, Phantasie und manchmal auch die Aggressivität, die Eroberern eigen ist. Und das alles muss er zu einem funktionierenden Ganzen zusammenfügen. Einzelbegabungen auf speziellen Gebieten nützen überhaupt nichts.

Sind Unternehmer intelligent? Bei den Intelligenztests unserer Tage schneiden sie schlechter ab als dressierte Konzern-„Trainees". Das ist auch kein Wunder: Denn der gesunde Menschenverstand macht den Unternehmer sofort stutzig, wenn bei Sandkastenspielen zweckfreie und zwecklose Lösungen erarbeitet werden. Denn das Handeln des Unternehmers ist immer *zweckgerichtet*. Auch noch so große Wohltaten, die er den Arbeitnehmern angedeihen lässt, täuschen nicht darüber hinweg, dass sie den Zweck haben, jene bei Laune zu halten, die für ihn arbeiten sollen. Und was ist so schlimm daran? Menschen, die einen Zweck verfolgen, sind wesentlich besser durchschaubar als Weltverbesserer, deren Motive man nur ahnen kann.

Unternehmer wissen, was sie wert sind, und brauchen keine Denkmäler. Auch Macht – die alles treibende Kraft der Funktionseliten aus Politik und Wirtschaft – hat für Unternehmer nur selten Anziehungskraft. Denn an Macht, die Dinge zu bestimmen, fehlt es ihnen nie. Ab dem ersten Tag, der Gründung, lenken sie ihr Unternehmen unangefochten. Sie kämpfen nicht mit dem Problem, ob sie Macht besitzen oder nicht. Ihnen stellt sich nur die Frage, was sie damit anfangen sollen. Denn der Unternehmer muss handeln! Herumsitzen und diskutieren kann er getrost, in eigens dafür geschaffenen Meetings, den Präzisionsanalytikern überlassen. Er weiß, dass er es durch selbst bestimmtes Handeln schaffen muss und kann. Auch diese Erfahrung führt zu einem Gefühl von Stärke und Glück.

Glück bedeutet aber auch noch etwas anderes, das man am Ende dieses Lobliedes auf das Unternehmertum nicht vergessen darf: Das Glück, das einem Unternehmer treu bleiben muss. Wenn Neider sagen: „Der hat doch nur Glück gehabt" – was soll's? Kein erfahrener Unternehmer wird je von sich behaupten, es immer ganz alleine ohne Glück geschafft zu haben.

Ich kann mich an drei Situationen erinnern, wo meine unternehmerische Karriere ohne Glück abrupt zu Ende gewesen wäre. Dazu gehörte der Urteilsspruch eines Oberlandesgerichtes: Eigentlich sollte uns der Vertrieb von preiswerter Importware untersagt werden. Aber das Gericht entschied – *zum Glück* – anders. Allerdings waren wir vorher fleißig gewesen und haben mit einer Pressekampagne nachgeholfen. Der offensichtliche Boykott des preistreibenden Herstellers gegen den Billiganbieter VOBIS wurde im Rundfunk angeprangert. Das hat dann wohl auch die Richter beeindruckt.

Dies beweist ein weiteres Mal, dass der Unternehmer nicht frei *von* den Dingen und Zwängen des Alltags ist, sondern frei *zu* etwas. Und Glück hat auf Dauer nur der Tüchtige allein!

Der Autor

Theo Lieven, Jahrgang 1952, wollte ursprünglich Organist oder Musiklehrer werden, studierte dann aber Mathematik – bis zum Vordiplom. Durch einen Zufall lernte er Rainer Fraling kennen, mit dem er die VOBIS AG gründete, in den Glanzzeiten – bis zum Ausscheiden der beiden Gründer – Europas größte PC-Handelskette. 1996 verkaufte Lieven seine Anteile an einen großen Einzelhandelskonzern. Heute ist er geschäftsführender Vorstand beim Verband Neues Unternehmertum und Aufsichtsrat in mehreren Unternehmen.
Lieven gibt seit Jahren Klavierkonzerte in Europa, Amerika und Asien (unter anderem mit Zubin Mehta und Justus Frantz) und ist aktiver Jet-Pilot und Fluglehrer.

Anhang I: 260 Beratungszentren für Gründer und Jungunternehmer

Es ist erstaunlich, wie viel Hilfe Existenzgründern angeboten wird, insbesondere in den Neuen Bundesländern. Die Liste erhebt aber keinen Anspruch auf Vollständigkeit. Viele Arbeitsämter, Handwerks- sowie Industrie- und Handelskammern haben spezielle Einrichtungen für Jungunternehmer und solche, die es werden wollen.
Wenn ich jemanden vergessen haben sollte, dann benachrichtigen Sie mich einfach: t.lieven@compuserve.com.
Dieser Anhang ist nach Postleitzahlen sortiert.

Postleitzahlen 0....

TechnologieZentrumDresden
Gostritzer Straße 61-63
01217 Dresden
Tel.: 0351/8718-665
Fax: 0351/8718-734
Internet: http://www.tz-dd.de/
E-Mail: dressel@tzd.tz-dd.de

Handwerkskammer Dresden
Fr. Birgit Florek
Wiener Straße 43
01219 Dresden
Tel.: 0351/464030
Fax: 0351/4719188

Industrie- und Handelskammer
Fr. Karin Teubner
Niedersedlitzer Str. 63
01257 Dresden
Tel.: 0351/2802-133
Fax: 0351/2802-280

ROTECH
Rossendorfer Technologiezentrum
Bautzner Landstraße 48
01454 Großerkmannsdorf
Tel.: 0351/2695-102
Fax: 0351/2695-202
Internet: http://www.tz-rotech.de
E-Mail: Schott@tz-rotech.de

ZTS
Zentrum für Technologiestrukturentwicklung
Region Riesa-Großenhain
Industriestraße A
01612 Glaubitz
Tel.: 035265/510
Fax: 035265/55845
Internet: http://www.zts.de/
E-Mail: tgz@zts.de

Innovations Centrum Meißen
Ossietzkystraße 37 a
01662 Meißen
Tel.: 03521/463-0
Fax: 03521/463-554
Internet: http://www.meiland.de
E-Mail: icm@meiland.de

Technologie- und Gründerzentrum Bautzen
Humboldtstraße 25
02625 Bautzen
Tel.: 03591/380-200
Fax: 03591/380-201
Internet: http://www.tgz-bautzen.de
E-Mail: tgz@tgz-bautzen.de

Gründer-, Entwicklungs- und Beratungszentrum Oberlausitz
Hauptstraße 146
02730 Ebersbach
Tel.: 03586/301-0
Fax: 03586/301-121

BIC-Neiße
Rathenaustraße 18 a
02763 Zittau
Tel.: 03583/757-113
Fax: 03583/757-160
Internet: http://www.bic-neisse.de/
E-Mail: office@bic-neisse.de

Industrie- und Handelskammer Dresden
Geschäftsstelle Görlitz
Hr. Frank Großmann
Poststr. 14/15
02826 Görlitz
Tel.: 03581/407-195
Fax: 03581/407-514
E-Mail: grossmann.frank@dresden.ihk.de

Technologie-, Betreuungs- und Gründerzentrum Oberlausitz/Niederschlesien
Muskauer Straße 51
02906 Niesky
Tel.: 03588/2616-0
Fax: 03588/2616-53
Internet: http://www.tbgz-niesky.de
E-Mail: huebner@tbgz-niesky.de

Technologie- und Gewerbepark Bad Muskau
Heideweg 2
02953 Bad Muskau
Tel.: 035771/58-100
Fax: 035771/58-200
Internet: http://www.lausitz-online.de
E-Mail: hzsch@tgp.lausitz-online.de

LAUTECH
Lausitzer Technologiezentrum Hoyerswerda
Industriegebiet Str. E/Nr. 8
02977 Hoyerswerda
Tel.: 03571/406360/-4294
Fax: 03571/403197
Internet: http://www.lautech.hoypoint.de
E-Mail: lautech@hoypoint.de

Investitionsbank des Landes Brandenburg
„Haus der Wirtschaft"
Hr. Rudolf Krause
Inselstr. 24
03046 Cottbus
Tel.: 0355/780 43-0
Fax: 0355/780 43-29

Industrie- und Handelskammer Cottbus
Hr. Bernd Hahn
Goethestraße 1
03046 Cottbus
Tel.: 0355/365-180
Fax: 0355/365-266

Handwerkskammer Cottbus
Hr. Dr. Manfred Hagen
Lausitzer Str. 1-7
03046 Cottbus
Tel.: 0355/7835-157
Fax: 0355/7835-284

Cottbuser Technologie- und Entwicklungs-Centrum (CoTEC)
Am Technologiepark 1
03099 Kolkwitz
Tel.: 0355/784 11-00
Fax: 0355/784 11-15
Internet: http://www.cotec-cottbus.de
E-Mail: info@cotec-cottbus.de

CIT Centrum für Innovation und Technologie Guben-Zielona Góra
Cottbuser Str. 1
03172 Guben
Tel.: 03561/6204-0
Fax: 03561/6204-11

Handwerkskammer zu Leipzig
Fr. Berit Hennig
Dresdener Straße 11-13
04103 Leipzig
Tel.: 0341/21883-14
Fax: 0341/21883-49

Industrie- und Handelskammer
Hr. Dr. Werner Hain
Gördelerring 5
04109 Leipzig
Tel.: 0341/1267-401
Fax: 0341/1267-422
E-Mail: cornelius@leipzig.ihk.de

BIC Leipzig GmbH
Naumburger Str. 28
04229 Leipzig
Tel.: 0341/4978-220
Fax: 0341/4978-225
Internet: http://www.bic-leipzig.de
E-Mail: mail@bic-leipzig.de

Technologie- und Gründerzentrum Torgau
Repitzer Weg 1
04860 Torgau
Tel.: 03421/7466-10
Fax: 03421/7466-20
Internet: http://www.tgz.torgau.de
E-Mail: windrath@tgz.torgau.de

TGZ Technologie- und Gründerzentrum „Elbe-Elster"
Gartenstraße 43
04936 Schlieben
Tel.: 035361/355-0
Fax: 035361/355-29

Industrie- und Handelskammer
Hr. Karl-Joachim Enge
Franckestr. 5
06110 Halle
Tel.: 0345/2126269
Fax: 0345/2029649

Industrie- und Handelskammer Halle-Dessau
Hr. Karl-Joachim Enge/Fr. Christina Held
Franckestr. 5
06110 Halle
Tel.: 0345/2126-269, -285
Fax: 0345/2029-649
E-Mail: ienge@halle.ihk.de

Bio-Zentrum Halle GmbH
Weinbergweg 22
06120 Halle
Tel.: 0345/5583-5
Fax: 0345/5583-601

Technologie- und Gründerzentrum Halle
Weinbergweg 23
06120 Halle/Saale
Tel.: 0345/5583-5
Fax: 0345/5583-601
Internet: http://www.TECHNODATA-LSA.de
E-Mail: tgz.halle@t-online.de

Amt für Wirtschafts- und Fremdenverkehrsförderung
Fr. Andrea Haak/Fr. Gabriele Zanner/
Hr. Dr. Steffen Eichner
Domplatz 9
06217 Merseburg
Tel.: 0346/401-025
Tel.: 0346/401-012

Merseburger Innovations- und Technologiezentrum (MITZ)
Geusaer Straße
06217 Merseburg
Tel.: 03461/5473-00
Fax: 03461/5473-70
Internet: http://www.fh-merseburg.de/~mitz/
E-Mail: mitz.merseburg@t-online.de

Technologie- und Gründerzentrum „Mansfelder Land" Lutherstadt Eisleben
Bahnhofsring 14
06295 Lutherstadt Eisleben
Tel.: 03475/7159-86
Fax: 03475/7159-88
Internet: http://www.tgz-ml.de
E-Mail: TGZ.ML@t-online.de

Gesellschaft für Wirtschaftsförderung
Aschersleben-Staßfurt mbH
Fr. Marion Kallas
Zippelmarkt 11
06449 Aschersleben
Tel.: 03473/80 7-670
Fax: 03473/809-954
E-Mail: Mkallas.gfw@top-ip.de

Amt für Wirtschaftsförderung
Hr. Manfred Schäfer
Rudolf-Breitscheid-Str. 20-22
06526 Sangerhausen
Tel.: 03464/535-811
Fax: 03464/535-445
E-Mail: user@kreisverwaltung.sg.eunet.de

TGZ Technologie- und Gründerzentrum
Bitterfeld-Wolfen
Chemiepark Areal A/Geb. 060
06766 Wolfen
Tel.: 03494/6383-00
Fax: 03494/6383-02
E-Mail: tgz@wolfen.anhalt.de

Wirtschaftsförderungsgesellschaft mbH
Fr. Annerose Schulz
Ackerstr. 6a
06842 Dessau
Tel.: 0340/8825-076
Fax: 0340/8825-083
E-Mail: mailbox@wf-anhalt.de

IGZ Innovations- und Gründerzentrum Rudolstadt
Prof.-Hermann-Klare-Str. 6
07407 Rudolstadt
Tel.: 03672/308-0
Fax: 03672/308-111
Internet: http://www.igz-rudolstadt.de
E-Mail: info@igz-rudolstadt.de

Handwerkskammer Ostthüringen
Fr. Hannelore Kluhe/Hr. Peter Thieme
Handwerksstr. 5
07545 Gera
Tel.: 0365/8225-111, -114
Fax: 0365/8004-830, 8225-199
E-Mail: info@hwk-gera.de

Industrie- und Handelskammer Ost-Thüringen zu Gera
Hr. Frank Lenz
Gaswerkstr. 23
07546 Gera
Tel.: 0365/8553-207
Fax: 0365/8553-115

Technologie- und Gründerzentrum Gera
Gewerbepark
Keplerstraße 10/12
07549 Gera
Tel.: 0365/73 49 20-0
Fax: 0365/73 49 20-9
Internet: http://www.tgz.gera.de
E-Mail: manager@tgz.gera.de

TIP Technologie- und Innovationspark Jena
Wildenbruchstr. 15
07745 Jena
Tel.: 03641/675-100
Fax: 03641/675-111
Internet: http://www.tip-jena.de
E-Mail: info@tip-jena.de

BIC Business and Innovation Centre Zwickau
Lessingstr. 4
08058 Zwickau
Tel.: 0375/541-0
Fax: 0375/541-300
Internet: http://www.bic-zwickau.de
E-Mail: bic@bic-zwickau.de

Industrie- und Handelskammer Südwest Sachsen
Chemnitz – Plauen – Zwickau
Hr. Peter Philipp
Straße der Nationen 25
09111 Chemnitz
Tel.: 0371/6900-640
Fax: 0371/6900-203
E-Mail: philipp@chemnitz.ihk.de

Technologie Centrum Chemnitz
Annaberger Str. 240
09126 Chemnitz
Tel.: 0371/5347-104
Fax: 0371/5347-105
Internet: http://www.tcc-chemnitz.de
E-Mail: tcc@tcc-chemnitz.de

CAP Zentrum für angewandte Produktionstechnik
und Organisation Oelsnitz
Dr. Otto-Nuschke-Str. 21
09376 Oelsnitz/Erzgebirge
Tel.: 037298/393
Fax: 037298/392

Technologieorientiertes Gründer- und
Dienstleistungs-Zentrum Annaberg
Adam-Ries-Str. 16
09456 Annaberg-Buchholz
Tel.: 03733/145-0
Fax: 03733/145-145
Internet: http://www.wfa-erzgebirge.de
E-Mail: wfa@wfa-erzgebirge.de

GIZeF
Gründer- und Innovationszentrum
Freiberg/Brand-Erbisdorf
St. Niclas-Schacht 13
09596 Freiberg
Tel.: 03731/781-0
Fax: 03731/781-143
Internet: http://www.gizef.de
E-Mail: service@gizef.de

TechnologiePark Mittweida
Leipziger Straße 27
09648 Mittweida
Tel.: 03727/976-0
Fax: 03727/976-260

Postleitzahlen 1....

Industrie- und Handelskammer zu Berlin
Fr. Susanne Schmitt-Wollschläger
Fasanenstr. 85
10623 Berlin
Tel.: 030/31510-285
Fax: 030/31510-114

Business Plan Wettbewerb Berlin-Brandenburg
Nachodstr. 8
10779 Berlin
Tel. 030/2125-2121
Fax: 030/2125-2120
http://www.b-p-w.de
E-Mail: bpw@b-p-w.de

Handwerkskammer Berlin
Hr. Rüdiger Grübler
Blücher Str. 68
10961 Berlin
Tel.: 030/25903-467
Fax: 030/25903-468

DtA Deutsche Ausgleichsbank
Niederlassung Berlin
(Tagesberater)
Sarrazinstr. 11-15
12159 Berlin
Tel.: 030/850 85-0
Fax: 030/850 85-299

Mediport Berlin
Wiesenweg 10
12247 Berlin
Tel.: 030/7694-2087
Fax: 030/7694-2109
Internet: http://www.focus-mediport.de
E-Mail: luther@mediport.net

TGS Technologie- und Gründerzentrum Spreeknie
Ostendstr. 25
12459 Berlin
Tel.: 030/5304-1000
Fax: 030/5304-1010
Internet: http://www.tgs-berlin.de
E-Mail: info.tgs@tgs-berlin.de

IGZ Innovations- und Gründerzentrum Berlin-Adlershof
Rudower Chaussee 5
12489 Berlin
Tel.: 030/6392-6000
Fax: 030/6392-6010
Internet: http://www.igz.izbm.de
E-Mail: izbm@izbm.de

OWZ Ost-West-KooperationsZentrum
Rudower Chaussee 5
12489 Berlin
Tel.: 030/6392-6000
Fax: 030/6392-6010
Internet: www.owz.izbm.de
E-Mail: izbm@izbm.de

Wissenschafts- und Wirtschaftsstandort Adlershof
Rudower Chaussee 17
12489 Berlin-Adlershof
Tel.: 030/6392-2200
Fax: 030/6392-2236
Internet: http://www.wista.de
E-Mail: pr@wista.de

Innovationspark Wuhlheide
Köpenicker Straße 325
12555 Berlin
Tel.: 030/6576-2204
Fax: 030/6576-2431
Internet: http://www.ipw-berlin.de
E-Mail: img@ipw-berlin.de

BBB
Biomedizinischer Forschungscampus Berlin-Buch
Robert-Rössle-Str. 10
13125 Berlin
Tel.: 030/9489-2511
Fax: 030/9489-3812
Internet: http://www.mdc-berlin.de
E-Mail: gerzgra@mdc-berlin.de

BIG/TIB
Berliner Innovations- und Gründerzentrum
Gustav-Meyer-Allee 25
13355 Berlin
Tel.: 030/46307-0
Fax: 030/46307-649
Internet: http://www.izbm.de
E-Mail: izbm.big@t-online.de

Phönix Gründerzentrum
Am Borsigturm 40
13507 Berlin
Tel.: 030/430335-19
Fax: 030/430335-20
Internet: http://www.phoenix-gruenderzentrum.de
E-Mail: webphoenix@phoenix-gruenderzentrum.de

Handwerkskammer Potsdam
Hr. Harry Nöthe
Charlottenstraße 34/36
14467 Potsdam
Tel.: 0331/3703-170
Fax: 0331/292377

Industrie- und Handelskammer Potsdam
Hr. Wolfgang Schütt
Große Weinmeisterstr. 59
14469 Potsdam
Tel.: 0331/2786-209
Fax: 0331/2786-190

Investitionsbank des Landes Brandenburg
Hr. Dr. Hartmut Prochnow
Steinstr. 104-106
14480 Potsdam
Tel.: 0331/6601-691
Fax: 0331/6601-690

Technologiezentrum Teltow
Potsdamer Straße 18 A
14513 Teltow
Tel.: 03328/430 20-0
Fax: 03328/430 20-2
Internet: http://www.tz-teltow.de
E-Mail: TZ_Teltow@t-online.de

Technologie- und Gründerzentrum Havelland
Grünauer Fenn 42
14712 Rathenow
Tel.: 03385/572-0
Fax: 03385/572-111
Internet: http://www.brandenburg.de/kommunen/rathenow/

Investitionsbank des Landes Brandenburg
Fr. Monika Richter
Poststr. 8
14943 Luckenwalde
Tel.: 03371/692-914
Fax: 03371/692-929

Industrie- und Handelskammer Frankfurt/Oder
Fr. Bärbel Kressin/Fr. Monika Ludewig
Humboldtstraße 3
15230 Frankfurt/Oder
Tel.: 0335/5621-273,. -270
Fax.: 0335/5621-275

Investitionsbank des Landes Brandenburg
Fr. Carola Jahns
Im Technologiepark 1
15236 Frankfurt/Oder
Tel.: 0335/5571-530
Fax: 0335/5571-549

BIC Frankfurt/Oder
Im Technologiepark 1
15236 Frankfurt/Oder
Tel.: 0335/557-1100
Fax: 0335/557-1110
Internet: http://www.bic-ffo.de
E-Mail: info@bic-ffo.de

STIC
Strausberger Technologie- und Innovations-Centrum
Garzauer Chaussee
15344 Strausberg
Tel.: 03341/335-214
Fax: 03341/335-216
Internet: http://www.molnet.de/stic/
E-Mail: stic@molnet.de

Technologie- und Gründerzentrum Wildau
Bahnhofstraße 1/Geb. 13
15745 Wildau
Tel.: 03375/508-294
Fax: 03375/508-289
Internet: http://www.tfh-wildau.de/~tgz/welcome.htm
E-Mail: tgz@tf.tfh-wildau.de

Investitionsbank des Landes Brandenburg
Fr. Cornelia Malinowski
Im Technologie- und Gewerbepark
Gebäude 20
16225 Eberswalde
Tel.: 03334/59-180
Fax: 03334/59-189

InnoZent
Innovations- und Gründerzentrum Eberswalde
Alfred-Nobel-Str. 1/Haus 20
16225 Eberswalde
Tel.: 03334/59-233
Fax: 03334/59-337
Internet: http://www.innozent.de
E-Mail: innozent@htb.de

Technologie- und Gründerzentrum der Region Uckermark
Berliner Straße 126 a
16303 Schwedt/Oder
Tel.: 03332/5389-0
Fax: 03332/5389-13
Internet: http://www.tgz-um.de
E-Mail: tgz-um@t-online.de

TechnologieZentrum Verkehrstechnik GmbH Hennigsdorf
Neuendorfstraße 18 a
16761 Hennigsdorf
Tel.: 03302/559-150
Fax: 03302/559-100
Internet: http://www.tzv-henn.de
E-Mail: info@tzv-henn.de

Investitionsbank des Landes Brandenburg
Hr. Klaus Seidel
Gerhart-Hauptmann-Str. 4
16816 Neuruppin
Tel.: 03391/45-160
Fax: 03391/451-629

Technologie- und Gründerzentrum
Ostprignitz-Ruppin
Alt-Ruppiner Allee 40
16816 Neuruppin
Tel.: 03391/446 44-6
Fax: 03391/446 44-9
Internet: http://www.tgz-neuruppin.de
E-Mail: info@tgz-neuruppin.de

Industrie- und Handelskammer zu Neubrandenburg
Fr. Dörthe Gaschler/Hr. Michael Schreiber
Katharinenstr. 48
17033 Neubrandenburg
Tel.: 0395/5597-301, -302
Fax: 0395/5597-510, 566 40 46
E-Mail: Gaschler@neubrandenburg.ihk.de

Handwerkskammer Ostmecklenburg/Vorpommern – Neubrandenburg
Hr. Michael Wiese
Friedrich-Engels-Ring 11
17033 Neubrandenburg
Tel.: 0395/5593-135
Fax: 0395/5593-169

TIG Technologie-, Innovations- und Gründerzentrum Neubrandenburg
Lindenstraße 39
17033 Neubrandenburg
Tel.: 0395/3581-0
Fax: 0395/3581-100
Internet: http://www.nb.m-v.de/tig
E-Mail: tig@nb.imv.de

Industrie- und Handelskammer zu Neubrandenburg
Zweigstelle Greifswald
Fr. Christel Seidel
Domstraße 39a
17489 Greifswald
Tel.: 03834/2603
Fax: 03834/89 78 98
E-Mail: IHK-nb-hgw@t-online.de

BioTechnikum Greifswald
Walther-Rathenau-Str. 49 a
17489 Greifswald
Tel.: 03834/515-0
Fax: 03834/5151-02
Internet: www.uni-greifswald.de/~biotec/
E-Mail: biotechn@rz.uni-greifswald.de

Technologiezentrum-Fördergesellschaft GmbH Vorpommern (TZV)
Brandteichstraße 19
17489 Greifswald
Tel.: 03834/550-0
Fax: 03834/550-222
Internet: http://www.technologiezentrum.de
E-Mail: service@technologiezentrum.de

Industrie- und Handelskammer
Hr. Fred Schneider/ Hr. Claus Weitendorf
Ernst-Barlach-Str. 1-3
18055 Rostock
Tel.: 0381/338-220, -110
Fax: 0331/338-109, 617
E-Mail: Schneider@rostock.IHK.de

Handwerkskammer Ostmecklenburg/Vorpommern – Rostock
Fr. Anja Hoensch
Schwaaner Landstr. 8
18055 Rostock
Tel.: 0381/4549-164
Fax: 0381/4549-139

Rostocker Innovations- und Gründerzentrum
Joachim-Jungius-Straße 9
18059 Rostock
Tel.: 0381/4059-0
Fax: 0381/4059-200

Steuerberaterkammer Mecklenburg-Vorpommern
Körperschaft des öffentlichen Rechts
Fr. Monika Heidenreich
Ostseeallee 40
18107 Rostock
Tel.: 0381/7767-676
Fax: 0381/7767-677

Technologiezentrum Warnemünde
Friedrich-Barnewitz-Str. 3
18119 Rostock
Tel.: 0381/5196-0
Fax: 0381/5196-2
Internet: http://www.nb.m-v.de/tzw
E-Mail: tzw.ludwig@t-online.de

EGZ Existenzgründerzentrum Güstrow
Am Augraben 2
18273 Güstrow
Tel.: 03843/236-0
Fax: 03843/236-100
Internet: http://www.twfg.de
E-Mail: info@twfg.de

Industrie- und Handelskammer Rostock
Geschäftsstelle Nordvorpommern/Rügen
Fr. Astrid Kurth
Fährstr. 6a
18439 Stralsund
Tel.: 03831/2604-0
Fax: 03831/297277
E-Mail: kurth@rostock.ihk.de

Industrie- und Handelskammer
Hr. Hartmut Quilitz
Schloßstr. 17
19053 Schwerin
Tel.: 0385/5103-133
Fax: 0385/5103-136
E-Mail: quilitz@schwerin.IHK.de

Industrie- und Handelskammer
Hr. Uwe Scheifler/Hr. Frank Witt
Schloßstr. 17
19053 Schwerin
Tel.: 0385/5103-131
Fax: 0385/5103-136

Technologie- und Gewerbezentrum Prignitz
Laborstr. 1
19322 Wittenberge
Tel.: 03877/984-110
Fax: 03877/984-113
E-Mail: 100103.1423@compuserve.com

Postleitzahlen 2....

Handwerkskammer Hamburg
Hr. Jörg Hansen/Fr. Ellen Zecca
Holstenwall 12
20355 Hamburg
Tel.: 040/35905-206, -221
Fax. 040/35905-363

Handelskammer Hamburg
Hr. Gerhard Guder/Fr. Sonja Gabers
Adolphsplatz 1
20457 Hamburg
Tel.: 040/36138-390
Fax: 040/36138-299
E-Mail: guder@hamburg.handelskammer.de

Technikzentrum Lübeck
Seelandstraße 15
23569 Lübeck
Tel.: 0451/3909-0
Fax: 0451/3909-499
Internet: http://www.tzl.de
E-Mail: tzl@tzl.de

TZ Eutin
Röntgenstraße 1
23701 Eutin
Tel.: 04521/8081-0
Fax: 04521/8081-1
Internet: http://www.egoh.tisch.de

Kitz – Kieler Innovations- undTechnologiezentrum
Schauenburgerstraße 116
24118 Kiel
Tel.: 0431/5606-0
Fax: 0431/5606-295
Internet: http://www.kitz-kiel.de
E-Mail: info@kitz-kiel.de

Gewerbe- und Technikzentrum Raisdorf
Lise-Meitner-Straße 1-7
24223 Raisdorf
Tel.: 04307/900-0
Fax: 04307/900-298
Internet: http://www.wfa.de/GTZ
E-Mail: GTZ@wfa.de

Technik- und Ökologiezentrum Eckernförde
Marienthaler Str. 17
24340 Eckernförde
Tel.: 04351/735-0
Fax: 04351/735-257
Internet: http://www.toez-eck.de/
E-Mail: toez-eck@t-online.de

itn Innovations- und Technologiezentrum Neumünster, managed by KITZ GmbH
Ilsahl 5
24536 Neumünster
Tel.: 04321/306-0
Fax: 04321/306-295

Technologiezentrum Flensburg
Lise-Meitner-Straße 2
24941 Flensburg
Tel.: 0461/999 22-0
Fax: 0461/999 22-1
Internet: http://www.wireg.de/tgf1.htm
E-Mail: info@wireg.de

IZET Innovationszentrum Itzehoe
Fraunhoferstraße 3
25524 Itzehoe
Tel.: 04821/778-0
Fax: 04821/778-500
Internet: http://www.izet.de
E-Mail: hussla@izet.de

CAT – Centrum für Angewandte Technologien Meldorf
Marschstr. 30 a
25704 Meldorf
Tel.: 04832/996-0
Fax: 04832/996-109
Internet: http://www.cat-meldorf.de
E-Mail: info@cat-meldorf.de

NIC Nordfriesisches Innovations-Center
Schmiedestraße 13
25899 Niebüll
Tel.: 04661/96960
Fax: 04661/8085
Internet: http://www.itai.de/NIC
E-Mail: NIC@itai.de

Bremerhavener Innovations- und Gründerzentrum (BRIG)
Stresemannstraße 46
27570 Bremerhaven
Tel.: 0471/140-0
Fax: 0471/140-99
E-Mail: brig-gf@t-online.de

Bremer Innovations- und Technologiezentrum (BITZ)
Fahrenheitstrasse 1
28359 Bremen
Tel.: 0421/2208-0
Fax: 0421/2208-150
Internet: http://www.bitz-bremen.de
E-Mail: bitz@bia-bremen.de

Amt für Wirtschaftsförderung
Hr. Matthias Baumann/Fr. Petra Triebe
Karl-Marx-Str. 32
29410 Salzwedel
Tel.: 03901/840-412, -449
Fax: 03901/25079

Postleitzahlen 3....

TCH Technologie-Centrum Hannover
Vahrenwalder Straße 7
30165 Hannover
Tel.: 0511/9357-125
Fax: 0511/9357-100
Internet: http://www.tch.de
E-Mail: tch@hannover.de

GAZ Gründer- und Anwendungszentrum
für Fördertechnik und Automatisierung Espelkamp
Von-dem-Bussche-Münch-Straße 3
32339 Espelkamp
Tel.: 05772/560-0
Fax: 05772/560-13
Internet: http://www.fh-bielefeld.de
E-Mail: GAZ.GMBH@t-online.de

GILDE
Gewerbe- und Innovations-Zentrum Lippe-Detmold
Bad Meinberger Straße 1
32760 Detmold
Tel.: 05231/9541
Fax: 05231/9541
Internet: http://www.gildezentrum.de
E-Mail: info@gildezentrum.de

TechnologieParkPaderborn
Technologiepark 13
33100 Paderborn
Tel.: 05251/160-9010
Fax: 05251/160-9049
Internet: http://www.technopark-pb.de
E-Mail: info@technopark-pb.de

Handwerkskammer Kassel
Fr. Gisela Schirmer
Scheidemannplatz 2
34117 Kassel
Tel.: 0561/7888-154
Fax: 0561/7888-172
E-Mail: gisela.schirmer@hwk-kassel.de

Industrie- und Handelskammer
Hr. Eugen Knoth
Kurfürstenstr. 9
34117 Kassel
Tel.: 0561/7891-200
Fax: 0561/7891-290
E-Mail: knoth@kassel.ihk.de

Handwerkskammer
Schneidemannplatz 2
34117 Kassel
Hr. Hans-J. Winterstein/Hr. Günther Simon
Tel.: 0561/7888-124, -155
Fax: 0561/1888-172

Technologie- und Gründerzentrum Kassel
Ludwig-Erhard-Str. 8
34131 Kassel
Tel.: 0561/938 97-00
Fax: 0561/938 97-11
Internet: http://www.FiDT.de
E-Mail: schwabe@FiDT.de

GöTec
Göttinger Technologie- und Gründerzentrum
Hannah-Vogt-Str. 1
37085 Göttingen
Tel.: 0551/77782
Fax: 0551/7706054
Internet: http://www.GoeTec.de
E-Mail: Claudia.Thimann@goetec.de

UmTec
Umwelttechnologiezentrum Höxter-Holzminden
Konrad-Zuse-Straße 1
37671 Höxter
Tel.: 05271/930-0
Fax: 05271/930-112
Internet: http://www.umtec.de
E-Mail: umtec@umtec.de

Technologiepark Braunschweig
Rebenring 33
38106 Braunschweig
Tel.: 0531/3804-0
Fax: 0531/3804-152
Internet: http://www.netcity.de/technopark
E-Mail: kern@technopark-bs.de

Wolfsburg AG, InnovationsCampus – promotion
Berliner Brücke
Bürozentrum Ost
38448 Wolfsburg
Hotline: 0180/200-3000
Tel.: 05361/275-101, -106
Fax: 05361/ 275-104
E-Mail: info@promotion.wolfsburg-ag.com

Technologiezentrum Clausthal-Zellerfeld
Burgstätter Str. 6
38678 Clausthal-Zellerfeld
Tel.: 05323/715-120
Fax: 05323/715-150

Innovations- und Gründerzentrum Wernigerode
Schlachthofstr. 4
38855 Wernigerode
Tel.: 03943/935-600
Fax: 03943/935-666
Internet: http://www.igz-wr.de
E-Mail: info@igz-wr..de

Industrie- und Handelskammer
Hr. Hartmut Krumey
Magdeburg
Ulrichplatz 2
39104 Magdeburg
Tel.: 0391/5693-152
Fax: 0391/5693-159

Handwerkskammer Magdeburg
Akademie des Handwerks
Fr. Rita Speer
Klausenerstr. 30
39112 Magdeburg
Tel.: 0391/6268-271
Fax: 0391/6268-110
E-Mail: betriebsberatung@hwk-magdeburg.de

Innovations- und Gründerzentrum Magdeburg
Steinfeldstraße 3
39179 Magdeburg-Barleben
Tel.: 039203/8222-2
Fax: 039203/8222-9
Internet: http://www.igz-md.de
E-Mail: info-igz@igz-md.de

TGZ Technologie- und Gründerzentrum Jerichower Land
Berliner Chaussee
39307 Genthin
Tel.: 03933/951-0
Fax: 03933/951-164
Internet: http://www.tgzjl.de
E-Mail: info-tgz@t-online.de

Amt für Wirtschaftsförderung
Fr. Renate Bethkenhagen
Hospitalstr. 1-2
39576 Stendal
Tel.: 03931/607-779
Fax: 03931/213-060
E-Mail: Landkreis-Stendal@t-online.de

Innovations- und Gründerzentrum Altmark BIC-Stendal
Arneburger Str. 24
39576 Stendal
Tel.: 03931/681-0
Fax: 03931/681-444
Internet: http://www.altmark.de/bic
E-Mail: BIC@altmark.de

Postleitzahlen 4....

GSZH Gründer- und Service-Zentrum Hückelhoven
Rheinstraße 7
41836 Hückelhoven
Tel.: 02433/970-0
Fax: 02433/970-1
Internet: http://www.wfg-kreis-heinsberg.de
E-Mail: info@wfg-kreis-heinsberg.de

Gründer- und Technologiezentrum Solingen
Grünewalder Str. 29-31
42657 Solingen
Tel.: 0212/2494-0
Fax: 0212/2494-109
Internet: http://www.uni-wuppertal.de/institute/dez2/wts/gtz/gtz.html
E-Mail: Technologiezentrum-Solingen@t-online.de

Technologie-Fabrik Remscheid GmbH
Berghauser Straße 62
42859 Remscheid
Tel.: 02191/900-0 ,-101
Fax: 02191/900-100
Internet: http://www.tfr.de
E-Mail: info@tfr.de; stuetz@tfr.de

TechnologieZentrumDortmund
Emil-Figge-Straße 76-80
44227 Dortmund
Tel.: 0231/9742-0
Fax: 0231/9742-120
Internet: http://www.tzdo.de
E-Mail: technobox@tzdo.de

LÜNTEC Technologiezentrum Lünen
Heinrichstraße 51
44536 Lünen
Tel.: 0231/9860-100
Fax: 0231/9860-105
Internet: http://www.luentec.de
E-Mail: info@luentec.de

IGZ – Innovations- und Gründerzentrum Herne
Westring 303
44629 Herne
Tel.: 02323/9251
Fax: 02323/9251

Technologiezentrum EcoTextil
Oststraße 35
44866 Bochum
Tel.: 02327/828
Fax: 02327/855

ZEK – Zentrum für Entsorgungstechnik und Kreislaufwirtschaft Hattingen
Werkstraße 15
45527 Hattingen
Tel.: 02324/5991-24
Fax: 02324/5991-12
Internet: http://www.chip-zek.de
E-Mail: chip@chip-zek.de

TechnoMarl Technologie- und Chemiezentrum Marl
Elbestraße 10
45768 Marl
Tel.: 02365/915-0
Fax: 02365/915-110

Wissenschaftspark und Technologiezentrum Rheinelbe
Munscheidstraße 14
45886 Gelsenkirchen
Tel.: 0209/167 100-0
Fax: 0209/167 100-1
Internet: http://www.wipage.de/
E-Mail: hollunder@wpb.wipage.de

IWG Innovationszentrum Wiesenbusch-Gladbeck
Am Wiesenbusch 2
45966 Gladbeck
Tel.: 02043/944-0
Fax: 02043/944-113
Internet: http//www.nel.de
E-Mail: buschj@wrd.de

TZU Technologiezentrum Umweltschutz
Essener Straße 3
46047 Oberhausen
Tel.: 0208/85-0370
Fax: 0208/85-1518

Technologiezentrum Duisburg
Bismarckstraße 142
47057 Duisburg
Tel.: 0203/306-1010
Fax: 0203/306-1090
Internet: http://www.gtt.me-park.com
E-Mail: info@gtt.me-park.com

Technologiepark Eurotec Rheinpreussen Moers
Eurotec-Ring 15
47445 Moers
Tel.: 02841/101-201
Fax: 02841/101-203
Internet: http://www.eurotec.de
E-Mail: eurotec@eurotec.de

Gelderner Gründerzentrum
Am Pannofen 17-19
47608 Geldern
Tel.: 02831/925-0
Fax: 02831/925-108

Technologie- und Gründerzentrum Niederrhein Kempen
Industriering Ost 66
47906 Kempen
Tel.: 02152/2029-0
Fax: 02152/2029-10
Internet: http://www.kempen.de
E-Mail: TZNiederrhein@t-online.de

Technologiehof Münster
Mendelstraße 11
48149 Münster
Tel.: 0251/980-0
Fax: 0251/980-1077
Internet: http://www.technologiehof-ms.de
E-Mail: info@technologiehof-ms.de

Technologie- und Gründerpark Nordhorn
Enschedestraße 14
48529 Nordhorn
Tel.: 05921/879-0
Fax: 05921/879-150
Internet: http://www.itn.eure.de
E-Mail: itn@eure.de

Industrie- und Handelskammer Osnabrück-Emsland
Fr. Karin Teismann/Fr. Ruth Bünemann
Neuer Graben 38
49074 Osnabrück
Tel.: 0541/353-513
Fax: 0541/353-512
E-Mail: Teismann@osnabrueck.ihk.de

Industrie- und Handelskammer Osnabrück
Hr. Enno Kähler
Neuer Graben 38
49074 Osnabrück
Tel.: 0541/353-516
Fax: 0541/ 353-512

C.U.T Centrum für Umwelt und Technologie
Westerbreite 7
49084 Osnabrück
Tel.: 0541/9778-0
Fax: 0541/9778-106
Internet: http://www.cut-os.de
E-Mail: cut@cut-os.de

Handwerkskammer Osnabrück
Hr. Manfred Hein
Bramscher Str. 134
49088 Osnabrück
Tel.: 0541/69 29-910
Fax: 0541/69 29-290

Innovationszentrum Georgsmarienhütte
Werner-von-Siemens-Straße 19
49124 Georgsmarienhütte
Tel.: 05401/850-106
Fax: 05401/850-444

Postleitzahlen 5....

ST@RT Hürth – Zentrum fürTechnologie und Existenzgründung
Goldenbergstraße 2
50354 Hürth
Tel.: 02233/406-100
Fax: 02233/406-111
Internet: http://www.start-huerth.com
E-Mail: info@start-huerth.com

NUK e.V., Verband Neues Unternehmertum
Köln – Bonn – Aachen
Postanschrift: Hahnenstraße 57
50667 Köln
Wettbewerbsbüro Köln:
Schaafenstraße 7
50676 Köln

GIZ Gründer- und Innovationszentrum Köln
Eupener Straße 150
50933 Köln
Tel.: 0221/94982
Fax: 0221/49118

gründerzeit
c/o Universität zu Köln
Arbeitsgruppe Gründungsökonomie und Entrepreneurship
Pohligstraße 1
50969 Köln
E-Mail:gruenderzeit@uni-koeln.de

Rheinisch-Bergisches Technologiezentrum
Friedrich-Ebert-Straße
51429 Bergisch Gladbach
Tel.: 02204/84 24 70
Fax: 02204/84 24 71
Internet: http://www.tz-bg.de

NUK e.V., Verband Neues Unternehmertum
Köln – Bonn – Aachen
Wettbewerbsbüro Aachen:
Markt 45-47
52062 Aachen

AGIT
Aachener Gesellschaft für Innovation
und Technologietransfer mbH
Technologiezentrum Aachen
Am Europaplatz
52068 Aachen
Tel.: 0241/963-1000
Fax: 0241/963-1005
Internet: http://www.agit.de
E-Mail: zentrale@agit.de

Technologie-Park Herzogenrath
Kaiserstraße 100
52134 Herzogenrath
Tel.: 02407/95830
Fax: 02407/17383
Internet: http://www.tph.de
E-Mail: info@tph.de

DLZ
Zentrum für industrieorientierte Dienstleistungen Stolberg
Cockerillstr. 100
52222 Stolberg
Tel.: 02402/125-100
Fax: 02402/125-101
Internet: http://www.dlz.gen.
E-Mail: dlz-stolberg@t-online.de

Technologiezentrum Jülich
Karl-Heinz-Beckurts-Str. 13
52428 Jülich
Tel.: 02461/690-0
Fax: 02461/690-100
Internet: http://www.tz-juelich.de/

Internationales Transfer- und Service-Center Baesweiler
Arnold-Sommerfeld-Ring 2
52499 Baesweiler
Tel.: 02401/805-0
Fax: 02401/805-199
E-Mail: info@its-center.de

GMD – Forschungszentrum Informationstechnik
Sankt Augustin
Rathausallee 10
53754 Sankt Augustin
Tel.: 02241/14-3215
Fax: 02241/14-3017
Internet: http://www.technopark.gmd.de
E-Mail: technopark@gmd.de

TZT Technologiezentrum Trier
Gottbillstraße 34 A
54294 Trier
Tel.: 0651/81009-0
Fax: 0651/81009-19
Internet: http://www.tz-tr.trier.de
E-Mail: kontakt@tz-tr.trier.de

TechnologieZentrum Mainz
Galileo-Galilei-Straße 10
55129 Mainz
Tel.: 06131/9735-0
Fax: 06131/9735-19
Internet: http://www.tzmz.de
E-Mail: info@tzmz.de

Investitions- und Strukturbank Rheinland-Pfalz
Fr. Monika Hertel
Wilhelm-Theodor-Römheld-Str. 22
55130 Mainz
Tel.: 06131/985-350
Fax: 06131/985-399
E-Mail: isb-foerderung@isb.rlp.de

TZK – TechnologieZentrum Koblenz GmbH
Maria Trost 23
56070 Koblenz
Tel.: 0261/8854-0
Fax: 0261/8854-119
Internet: http://www.tzk.de
E-Mail: info@tzk.de

Industrie- und Handelskammer Siegen
Hr. Rolf Kettler
Koblenzer Str. 121
57072 Siegen
Tel.: 0271/3302-136
Fax: 0271/3362-400
E-Mail: kettlerr@siegen.ihk.de

Handwerkskammer Arnsberg
Betriebsberatungsstelle Olpe
Hr. Uwe Hackler
Martinstr. 10
57462 Olpe
Tel.: 02761/93 68 50
Fax: 02761/93 68 55
E-Mail: hwk-arnsberg@gmx.de

Technologie- und Gründerzentrum Hagen
Feithstr. 142
58097 Hagen
Tel.: 02331/8099-99
Fax: 02331/8099-80
Internet: http://www.hagener-tgz.de
E-Mail: info@hagener-tgz.de

TechnologieZentrum Schwerte
Lohbachstraße 12
58239 Schwerte
Tel.: 02304/945-400
Fax: 02304/945-410
Internet: http://www.tz-schwerte.
E-Mail: info@tz-schwerte.de

Forschungs- und Entwicklungszentrum FEZ Witten
Alfred-Herrhausen-Str. 44
58455 Witten
Tel.: 02302/91 51 11
Fax: 02302/91 51 10
Internet: http://www.fez.de
E-Mail: fezWitten@t-online.de

HAMTEC Hammer Technologie- und Gründerzentrum
Münsterstraße 5
59065 Hamm
Tel.: 02381/6881
Fax: 02381/6881
Internet: http://www.hamtec.de/
E-Mail: info@hamtec.de

Öko-Zentrum NRW
Sachsenweg 8
59073 Hamm
Tel.: 02381/30220-0
Fax: 02381/30220-30
Internet: http://www.oekozentrum-nrw.de
E-Mail: info@oekozentrum-nrw.de

TECHNOPARK KAMEN
Lünener Str. 211/212
59174 Kamen
Tel.: 02307/91206-0
Fax: 02307/91206-66
Internet: http://www.technopark-kamen.de
E-Mail: info@technopark-kamen.de

Gründer- und Dienstleistungszentrum (GDZ) Ahlen
Beckumer Straße 34
59229 Ahlen
Tel.: 02382/96 41 11
Fax: 02382/96 41 10
Internet: http://www.ega-ahlen.de
E-Mail: ega-ahlen@t-online.de

CarTec Technologie- und EntwicklungsCentrum Lippstadt
Erwitter Str. 105
59557 Lippstadt
Tel.: 02941/270-101
Fax: 02941/270-111
Internet: http://www.cartec.de
E-Mail: info@cartec.de

Postleitzahlen 6....

Technologie- und Gründerzentrum Hanau
Rodenbacher Chaussee 6
63457 Hanau
Tel.: 06181/582-300
Fax: 06181/582-301
E-Mail: tgz@kic.de

Science4Life
Hessische Technologiestiftung GmbH
Abraham-Lincoln-Str. 38-42
D-65189 Wiesbaden
Tel.: 0611/77 44 77
Fax: 0611/77 44 66
E-Mail: Info@Science4Life.de

TIGZ Technologie-, Innovations- und Gründer/-innen-Zentrum Ginsheim-Gustavsburg
Ginsheimer Str. 1
65462 Ginsheim-Gustavsburg
Tel.: 06134/557-0
Fax: 06134/557-109
E-Mail: meier@tigz.de

SITZ Saarbrücker Innovations- und Technologiezentrum
Nell-Breuning-Allee 8
66115 Saarbrücken
Tel.: 0681/9762-102
Fax: 0681/9762-120
Internet: http://www.sitz.de
E-Mail: info@giu.de

Handwerkskammer des Saarlandes
Hohenzollernstraße 47-49
66117 Saarbrücken
Albert Eberhardt
Tel.: 0681/5809-135
Fax: 0681/5809-205

Industrie- und Handelskammer des Saarlandes
Hr. Horst Jung/Hr. Peter Schommer
Franz-Josef-Röder-Straße 9
66119 Saarbrücken
Tel.: 0681/9520-210, -444
Fax: 0681/9520-288

M.I.P. – Multimedia-Internet-Park Zweibrücken
Gründerzentrum, Gebäude 71
66482 Zweibrücken
Tel.: 06332/79-01
Fax: 06332/79-1101
Internet: http://www.online.de
E-Mail: mip-info@online.de

Unternehmer- und Technologiezentrum St. Wendel
Werschweilerstraße 40
66606 St. Wendel
Tel.: 06851/90 31 00
Fax: 06851/90 31 04
Internet: http://www.st-wendel.de/wirtschaft/utz/
E-Mail: utz-gmbh@st-wendel.de

TZL – Technologie Zentrum Ludwigshafen
Donnersbergweg 1
67059 Ludwigshafen am Rhein
Tel.: 0621/5953-0
Fax: 0621/5953-119
E-Mail: kontakt@tz-lu.bic-kl.de

BIC Business and Innovation Centre Kaiserslautern
Opelstraße 10
67661 Kaiserslautern
Tel.: 06301/703-0
Fax: 06301/703-119
Internet: http://www.bic-kl.de
E-Mail: kontakt@bic-kl.de

MAFINEX Technologiezentrum Mannheim
Käfertaler Straße 164
68167 Mannheim
Tel.: 0621/33 99 20
Fax: 0621/33 42 52
Internet: http://www.mafinex.de
E-Mail: office@mafinex.de

Technologiepark Heidelberg
Marktplatz 10
69117 Heidelberg
Tel.: 06221/58 20 50
Fax: 06221/58 20 99
Internet: http://www.heidelberg.de/Technologiepark/
E-Mail: technologiepark@heidelberg.de

Postleitzahlen 7....

Technologiezentrum Horb am Neckar
Weberstraße 3
72160 Horb am Neckar
Tel.: 07451/2031
Fax: 07451/2036

TZA Technologiezentrum Aalen
Gartenstraße 133
73430 Aalen
Tel.: 07361/5601-0
Fax: 07361/45187
Internet: http://www.aalen.de

Industrie- und Handelskammer Heilbronn/Franken
Hr. Thomas Leykauf
Rosenbergstr. 8
74072 Heilbronn
Tel.:07131/9677-174
Tel.:07131/9677-119
E-Mail: leykauf@heilbronn.ihk.de

Handwerkskammer Heilbronn
Hr. Toni Gmyrek
Allee 76
74072 Heilbronn
Tel.: 07131/791-170, -200
Fax: 07131/791-2570
E-Mail: toni.gmyrek@hwk-heilbronn.de

Industrie- und Handelskammer
Hr. Thomas Leykauf
Rosenbergstr. 8
74072 Heilbronn
Tel.: 07131/9677-174
Tel.: 07131/9677-119

Innovationsfabrik Heilbronn
Villmatstraße 33
74076 Heilbronn
Tel.: 07131/766 91 00
Fax: 07131/766 99 00
Internet: http://www.IFHeilbronn.de
E-Mail: info@IFHeilbronn.de

TEFAK Technologiefabrik Karlsruhe
Haid-und-Neu-Straße 7
76131 Karlsruhe
Tel.: 0721/1742-52
Fax: 0721/1742-68
Internet: http://www.technologiefabrik-ka.de
E-Mail: info@technologiefabrik-ka.de

BIG Bruchsaler Innovations- und Gewerbezentrum
Werner-von-Siemens-Str.47a
76646 Bruchsal
Tel.: 07251/716-0
Fax: 07251/716-111
Internet: http://www.bruchsal-xl.de
E-Mail: info@rac.de

Technologie- und Ökologiedorf Bruchsal (TED)
Werner-von-Siemens-Str. 47a
76646 Bruchsal
Tel.: 07251/716-0
Fax: 07251/716-111
Internet: http://www.ted.de
E-Mail: ted@bruchsal.de

Technologiepark Offenburg
In der Spöck 10
77656 Offenburg
Tel.: 0781/565 49
Fax: 0781/547 59
E-Mail: TPO-Info@t-online.de

St. Georgener Technologiezentrum
Leopoldstraße 1
78112 St. Georgen
Tel.: 07724/6073
Fax: 07724/5369
Internet: http://www.tz.st-georgen.de
E-Mail: info@tz.st-georgen.de

Technologiezentrum Konstanz
Blarerstraße 56
78462 Konstanz
Tel.: 07531/2005-0
Fax: 07531/2005-22
Internet: http://www.tzk.uni-konstanz.de
E-Mail: tzk@tzk.uni-konstanz.de

Technologiezentrum Freiburg
Wippertstr. 2
79100 Freiburg
Tel.: 0761/3881-826
Fax: 0761/2020474

Postleitzahlen 8....

Münchener Business Plan Wettbewerb GmbH
Kaulbachstr. 36
80539 München
Tel. 089/388 38 38-0
Fax 089/388 38 38-88
http://www.mbpw.de
E-Mail: info@mbpw.de

TECHNO-Z – Technologiezentrum Freilassing
Sägewerkstraße 3
83395 Freilassing
Tel.: 08654/49 71 01
Fax: 08654/640 63
Internet: http://www.tzf.de
E-Mail: sche@tzf.de

Industrie- und Handelskammer für Augsburg und Schwaben
Fr. Ingrid Mitsching/Hr. Eberhard Götzfried
Stettenstraße 1+3
86150 Augsburg
Tel.: 0821/3162-392, -106
Fax: 0821/3162-179, -323
E-Mail: mitsching@augsburg.ihk.de

Handwerkskammer für Schwaben
Hr. Leo Anzenhofer
Siebentischstraße 56
86161 Augsburg
Tel.: 0821/56006-213
Fax: 0821/56006-216
E-Mail: L.Anzenhofer@hwk-schwaben.de

TIP – Technologie- und Innovationszentrum Pfullendorf
Kirchplatz 1
88630 Pfullendorf
Tel.: 07552/2514
Fax: 07552/2510
Internet: http://www.de1.emb.net/regiopop/regiotip/tip-info.htm
E-Mail: ubarry@regiotip.de

Industrie- und Handelskammer
Fr. Birgit Kress/Hr. Hans Raabe
Olgastraße 101
89073 Ulm
Tel.: 0731/173-160, -117
Fax: 0731/173-173, -174
E-Mail: kress@ulm.ihk.de

Handwerkskammer
Fr. Heidi Polk/Hr. Bernd Juhl
Olgastraße 72
89073 Ulm
Tel.: 0731/1425-351, -350
Fax: 0731/1425-552, -500
E-Mail: hwk@ulm.online.de

TFU TechnologieFörderungsUnternehmen Ulm
Sedanstr. 10/Geb. 8
89077 Ulm
Tel.: 0731/93579-101
Fax: 0731/93579-111
Internet: http://www.tfu.de
E-Mail: kloos@tfu.de

Technologiezentrum Heidenheim
Neuffenstraße 11
89518 Heidenheim
Tel.: 07321/9871-0
Fax: 07321/9871-22

Postleitzahlen 9....

Business Plan Wettbewerb Nordbayern GmbH
Wettbewerbsbüro im IGZ
Am Weichselgarten 7
91058 Erlangen-Tennenlohe
Tel.: 09131/691-500
Fax: 09131/691-501
Internet: http://www.bpw-nordbayern.de
E-Mail: info@bpw-nordbayern.de

Innovations- und Gründerzentrum Nürnberg-Fürth-Erlangen
Am Weichselgarten 7
91058 Erlangen
Tel.: 09131/69 11 00
Fax: 09131/69 11 11
Internet: http://www.igz.de
E-Mail: info@igz.de

Innovations- und Gründerzentrum Roding/Furth im Wald
Buchenstraße 18
93426 Roding
Tel.: 09461/9432-0
Fax: 09461/9432-18
Internet: http://www.cham.de
E-Mail: rbrunner@igz.cham.de

Innovations- und Gründerzentrum Waldkirchen
Am Steinfeld 12
94065 Waldkirchen
Tel.: 08581/971-0
Fax: 08581/971-101
Internet: http://www.igz-waldkirchen.de
E-Mail: IGZ@frg.baynet.de

Innovations- und Gründerzentrum Straubing-Sand
Europaring 4
94315 Straubing
Tel.: 09421/785-150
Fax: 09421/785-155
Internet: http://www.Straubing.baynet.de
E-Mail: ZVI.Straubing@online.de

Innovations- und Gründerzentrum Hof – START
Schloßweg 6
95028 Hof
Tel.: 09281/888-0
Fax: 09281/888-109
Internet: http://www.hof.baynet.de/~start.igz
E-Mail: start.igz@hof.baynet.de

Technologiezentrum Coburg
Friedrich-Rückert-Str. 81
96450 Coburg
Tel.: 09561/869-0
Fax: 09561/869-299
Internet: http://www.coburg.baynet.de/tzc/technologie/index.htm
E-Mail: tz-coburg@t-online.de

Technologie- und Gründerzentrum Würzburg
Sedanstraße 27
97082 Würzburg
Tel.: 0931/4194-350
Fax: 0931/4194-205
Internet: http://www.tgz-wuerzburg.de
E-Mail: info@tgz-wuerzburg.de

Technologiepark Würzburg-Rimpar
Ketteler Straße 3-11
97222 Rimpar
Tel.: 09365/8060-0
Fax: 09365/8060-12

GRIBS Gründer-, Innovations- und Beratungszentrum
Karl-Götz-Straße 5
97424 Schweinfurt
Tel.: 09721/797-401
Fax: 09721/797-599
Internet: http://www.gribs.de
E-Mail: rkarl@gribs.de

Rhön-Saale Gründer- und Innovationszentrum Bad Kissingen
Sieboldstraße 7
97688 Bad Kissingen
Tel.: 0971/7236-0
Fax: 0971/7236-111
Internet: http://www.rsg.rhoen-saale.de
E-Mail: rsg@rhoen-saale.de

Mittelstandszentrum Tauber-Franken
Johann-Hammer-Str. 24
97980 Bad Mergentheim
Tel.: 07931/9850-0
Fax: 07931/9850-20
Internet: http://www.mtf-gmbh.de
E-Mail: Kontakt@mtf-gmbh.de

Industrie- und Handelskammer Südthüringen
Hr. Reinhard Löffler
Hauptstraße 33
98529 Suhl-Mäbendorf
Tel.: 03681/362-0, -412
Fax: 03681/362-100
E-Mail: loeffler@suhl.ihk.de

Technologie-, Gründer-, Förder- und Innovationszentrum Schmalkalden
Allendestr. 68
98574 Schmalkalden
Tel.: 03683/798-0
Fax: 03683/798-100
E-Mail: suess@vw.tgf-schmalkalden.de

Technologie- und Gründerzentrum Ilmenau
Ehrenbergstraße 11
98693 Ilmenau
Tel.: 03677/668-0
Fax: 03677/668111
Internet: http://www.tgz-ilmenau.de
E-Mail: jakob@tgz-ilmenau.de

Bürgschaftsbank Thüringen
Hr. Karl-Heinz Buchta
Hirschlachufer 72
99084 Erfurt
Tel.: 0361/2135-125
Fax: 0361/2135-100
E-Mail: buergschaftsbank-erfurt@t-online.de

Handwerkskammer Erfurt
Hr. Steffen Schlenkrich
Fischmarkt 13-16
99084 Erfurt
Tel.: 0361/6707-247
Fax: 0361/6422896

Industrie- und Handelskammer
Fr. Dr. Ingrid Voigt/Hr. Siegried Wirth
Weimarische Str. 45
99099 Erfurt
Tel.: 0361/3484-312, -314
Fax: 0361/3484-275

Technologiezentrum Erfurt
Wilhelm-Wolff-Straße 6
99099 Erfurt
Tel.: 0361/4262-0
Fax: 0361/4262-152
Internet: http://www.tz-erfurt.de
E-Mail: info-tze@tz-erfurt.de

BIC Nordthüringen Sondershausen
Waldstraße 2
99706 Sondershausen-Berka
Tel.: 03632/623-0
Fax: 03632/623-333
Internet: http://www.bic-nordthueringen.de
E-Mail: info@bic-nordthueringen.de

Industrie- und Handelskammer Erfurt
Geschäftstelle Nordhausen
Hr. Udo Rockmann
Wallrothstraße 4
99734 Nordhausen
Tel.: 03631/908-210
Fax: 03631/908-215
E-Mail: rockmann_ihk@t-online.de

BIC Nordthüringen Nordhausen
Alte Leipziger Straße 50
99735 Nordhausen/Bielen
Tel.: 03631/918-0
Fax: 03631/918-111
Internet: http://www.bic-nordthueringen.de
E-Mail: hnuechter@bic-nordthueringen.de

GIS Gründer- und Innovationszentrum Stedtfeld
Am Goldberg 2
99817 Eisenach
Tel.: 03691/621-0
Fax: 03691/621-104
Internet: http://www.gis-eisenach.de/
E-Mail: info@gis-eisenach.de

Überregionale Einrichtungen in Deutschland

GO – Gründungs-Offensive NRW
Internet: http://www.go-online.nrw.de/

GRÜNDERZENTRUM DER DEUTSCHEN AUSGLEICHSBANK
Internet: http://www.gruenderzentrum.de/

DtA Deutsche Ausgleichsbank
Kronprinzentr. 10
53173 Bonn
DtA (Tagesberater)
Tel.: 0228/831-3003
Fax: 0228/831-3004
DtA-INFOLINE für potentielle Unternehmensgründer und junge Unternehmen:
Tel.: 0228/831-2400
werktags von 8.00 bis 18.00 Uhr
Freitags bis 16.00 Uhr

tbg Technologie-Beteiligungs-Gesellschaft mbH der Deutschen Ausgleichsbank
Ludwig-Erhard-Platz 3
53179 Bonn
Tel.: 0228/831-2290
Telefax: 0228/831-2493
Internet: http://www.tbgbonn.de
E-Mail: info@tbgbonn.de

BAND – Business Angels Netzwerk Deutschland
Tel.: 030/2125-4700
Internet: http://www.exchange.de/band

Bundesverband Junger Unternehmer der ASU e.V.
Postfach 20 01 54
53131 Bonn
Mainzer Straße 238
53179 Bonn
Tel.: 0228/954 59-0
Fax: 0228/954 59-93
Internet: http://www.bju.de/existenz
E-Mail: info@bju.de

Existenzgründung aus Hochschulen
Niedersachsen
Tel.: 0441/798-2313

Schweiz

Venture 2000
Technoparkstr. 1
CH-8005 Zürich
Tel.: ++01 445 14 21
Fax: ++01 445 14 25
E-Mail: venture@sl.ethz.ch

Anhang II: 164 Beteiligungs- und Venture Capital (VC, Wagniskapital)-Gesellschaften

Diese Gesellschaften bieten Unternehmen Kapital in vielfältiger Weise an. Entweder durch direkte Beteiligung am Gesellschaftskapital oder durch stille Beteiligung. Die Aktivitäten sind nicht nur auf Unternehmensgründungen beschränkt. Diese Art der Kapitalbeschaffung ist auch für bestehende Unternehmen interessant, sei es beim Generationenwechsel, Management-Buy-Out oder Gesellschafterwechsel. Besonders gerne unterstützen VC-Gesellschaften Unternehmen, die sich gerade in der Wachstumsphase befinden.
Dieser Anhang ist nach Postleitzahlen sortiert.

Postleitzahlen 0....

SBG – Sächsische Beteiligungsgesellschaft mbH
Pirnaische Straße 9
01069 Dresden
Tel.: 0351/49 10 46 52
Fax: 0351/49 10 46 55

Mittelständische Beteiligungsgesellschaft Sachsen mbH
Anton-Graff-Str. 20
01309 Dresden
Tel.: 0351/4409-0
Fax: 0351/4409-450

RBB Regionale Beteiligungs- und Beratergesellschaft der Sparkassen der Oberlausitz/Niederschlesien und der Sächsischen Schweiz mbH
Postfach 300815
02813 Görlitz
Tel.: 03581/41 70 70
Fax: 03581/41 70 72
Internet: http://www.rbb-beteiligungen.de

Sachsen LB Corporate Finance Holding GmbH
Löhrstr. 16
04105 Leipzig
Tel.: 0341/9796001
Fax: 0341/9796009
Internet: http://www.sachsenlb.de
E-Mail: cf@cfh.de

SBF Sächsische Beteiligungsfonds GmbH
Löhrstr. 16
04105 Leipzig
Tel.: 0341/979 60 01
Fax: 0341/979 60 09

Deutsche Effecten- und Wechsel-Beteiligungsgesellschaft AG
Carl-Zeiss-Str. 1
07743 Jena
Tel.: 03641/65-2230
Fax: 03641/65-2486
Internet: http://www.dewb-vc.com

antares Beteiligungsgesellschaft für den Mittelstand Sachsen GmbH & Co. KG
Hartmannstr. 5
09111 Chemnitz
Tel.: 0371/600 54 50
Fax: 0371/600 54 59
Internet: http://www.ant-bgm.de
E-Mail: kundenservice@ant-bgm.de

Postleitzahlen 1....

BAG Aktiengesellschaft für Industriebeteiligungen
Büro Berlin:
Koppenplatz 13
10115 Berlin

BEMAG Beteiligungs-Management-Gesellschaft mbH
Charlottenstr. 66
10117 Berlin
Tel.: 030/20 30 12-0
Fax: 030/20 30 12-16
E-Mail: BEMAG@t-online.de

bmp AG Venture Capital & Network Management
Charlottenstraße 16
10117 Berlin
Tel.: 030/20 305-0
Fax: 030/20 305-555
Internet: http://www.bmp-AG.de
E-Mail: bmp@bmp-Berlin.de

BKK-Investitionsfonds GmbH
Knesebeckstraße 49
10719 Berlin
Tel.: 030/31 30 473-75
Fax: 030/31 26 379

IBB Beteiligungsgesellschaft mbH
Bundesallee 210
10719 Berlin
Tel.: 030/21 25 32 01
Fax: 030/21 25 32 02
Internet: http://www.Investionsbank.de

BB-Kapitalbeteiligungsgesellschaft mbH
Wichmannstraße 6
10787 Berlin
Tel.: 030/315 945-0
Fax: 030/31 21 262
Internet: http://www.bb-k.de
E-Mail: info@bb-k.de

Innovationsfonds des Landes Berlin
c/o Deutsche Ausgleichsbank
Sarrazinstraße 11-15
12159 Berlin
Tel.: 030/85 08 52 00
Fax: 030/85 08 53 14

LBB Seed Capital Fund mbH
Hauptstr. 65
12159 Berlin
Tel.: 030/85 95 43-0
Fax: 030/85 95 43-20
Internet: http://www.lbbscf.de
E-Mail: info@lbbscf.de

KapitalBeteiligungsgesellschaft für das Land Brandenburg mbH
Steinstr. 104-106
14480 Potsdam
Tel.: 0331/660 16 98
Fax: 0331/660 16 99
Internet: http://www.kbb.de

Mittelständische Beteiligungsgesellschaft
Berlin-Brandenburg GmbH
Steinstraße 104-106
14480 Potsdam
Tel.: 0331/649 63-0
Fax: 0331/649 63-21

Seed Capital Brandenburg GmbH
Im Technologiepark 1
15236 Frankfurt/Oder
Tel.: 0335/557 16 90
Fax: 0335/557 16 99

MBMV Mittelständische Beteiligungsgesellschaft
Mecklenburg-Vorpommern mbH
Am Günen Tal 19, Geb. C/1
19063 Schwerin
Tel.: 0385/39 555-0
Fax: 0385/39 555-46

Postleitzahlen 2....

GBK Beteiligungen Aktiengesellschaft
Mönckebergstraße 13
20095 Hamburg
Tel.: 040/32 56 24-0
Fax: 040/32 56 24-50
E-Mail: info@GBK-AG.de

BERENBERG PRIVATE EQUITY G.m.b.H.
Neuer Jungfernstieg 20
20354 Hamburg
Tel.: 040/35 10 60 80
Fax: 040/35 06 03 26

Electra Fleming GmbH
Colonnaden 3
20354 Hamburg
Tel.: 040/355 30 80
Fax: 040/358 95 81
E-Mail: info@electrafleming.de

HGU Hamburger Unternehmensbeteiligungs Aktiengesellschaft
Colonnaden 25
20354 Hamburg
Tel.: 040/37 86 00 60
Fax: 040/37 86 00 61
Internet: http://www.hgu.com
E-Mail: hgu@hgu.com

Earlybird Venture Capital GmbH & Co. KG
Ludwigstr. 12 a
20357 Hamburg
Tel.: 040/43 29 41-0
Fax: 040/43 29 41-29
Internet: http://www.earlybird-vc.com

GRANVILLE PRIVATE EQUITY DEUTSCHLAND Ltd.
Haus am Hafen
Steinhöft 5-7
20459 Hamburg
Tel.: 040/37 48 02-10
Fax: 040/37 48 02-23
Internet: http://www.granville-plc.com

NIB Norddeutsche Innovations- und Beteiligungsgesellschaft mbH
Michaelisstr. 22
20459 Hamburg
Tel.: 040/355490-0
Fax: 040/355490-50

BAG Aktiengesellschaft für Industriebeteiligungen
Tempowerkring 6
21079 Hamburg
Tel.: 040/79 01 23 45
Fax: 040/79 01 23 44

BTG Beteiligungsgesellschaft für Industrie, Handel, Handwerk und Verkehr mbH
Postfach 760242
22052 Hamburg
Tel.: 040/61 17 00-0
Fax: 040/61 11 00-19

Gesellschaft für Wagniskapital MBG Schleswig-Holstein GmbH
Fleethörn 29-31
24103 Kiel
Tel.: 0431/900 35 86
Fax: 0431/900 35 90

Schleswig-Holsteinische Kapitalbeteiligungsgesellschaft mbH
Martensdamm 6
24103 Kiel
Tel.: 0431/900 10 37
Fax: 0431/900 10 49

Bremer Investitions-Gesellschaft mbH
Martinistraße 34
28195 Bremen
Tel.: 0421/308 88-0
Fax: 0421/308 88-50

Bremer Unternehmensbeteiligungsgesellschaft mbH
Martinistraße 34
28195 Bremen
Tel.: 0421/308 88-25
Fax: 0421/308 88-53

HIBEG Hanseatische Industrie-Beteiligungen GmbH
Martinistraße 34
28195 Bremen
Tel.: 0421/308 88-0
Fax: 0421/308 88-50

Postleitzahlen 3....

IMH Hannover Venture Capital GmbH & Co. KG
Schiffgraben 13
30159 Hannover
Tel.: 0511/35 79 14-0
Fax: 0511/35 79 14-14
Internet: http://www.imhventure.de
E-Mail: imh@imhventure.de

NORD Holding Unternehmensbeteiligungsgesellschaft mbH
Osterstrasse 44
30159 Hannover
Tel.: 0511/361 24 90
Fax: 0551/361 46 02
Internet: http://www.nordholding.de

NORD KB Unternehmensbeteiligungsgesellschaft mbH
Osterstrasse 44
30159 Hannover
Tel.: 0511/361 24 90
Fax: 0511/361 46 02
Internet: http://www.nordkb.de

RBI Regionale Beteiligungsgesellschaft für Innovationsanwendung mbH & Co. KG
Breite Straße 6-8
30159 Hannover
Tel.: 0511/32 18 26
Fax: 0511/32 18 99

Regionale Beteiligungsgesellschaft der Kreissparkasse Hannover mbH
Breite Strasse 6-8
30159 Hannover
Tel.: 0511/32 18 11
Fax: 0511/32 18 99

Mittelständische Beteiligungsgesellschaft Niedersachsen mbH
Schiffgraben 33
30175 Hannover
Tel.: 0511/337 05-0
Fax: 0511/337 05-55

Commerz Unternehmensbeteiligungs-AG
Günther-Wagner-Allee 13
30177 Hannover
Tel.: 0511/28 007-0
Fax: 0511/28 007-37

HANNOVER Finanz GmbH
Günther-Wagner-Allee 13
30177 Hannover
Tel.: 0511/28 007-0
Fax: 0511/28 007-37
http://www.hannoverfinanz.de

Provinzial-Beteiligungsgesellschaft mbH
Günther-Wagner-Allee 13
30177 Hannover
Tel.: 0511/28 007-0
Fax: 0511/28 007-37

WeHaCo Unternehmensbeteiligungs-AG
Günther-Wagner-Allee 13
30177 Hannover
Tel.: 0511/28 007-0
Fax: 0511/28 007-37

VALORA Unternehmensbeteiligung AG
Brückenstraße 8
36391 Sinntal-Mottgers
Tel.: 06664/552
Fax : 06664/7420

Mittelständische Beteiligungsgesellschaft Sachsen-Anhalt mbH
Große Diesdorfer Str. 228
39108 Magdeburg
Tel.: 0391/737 52-0
Fax: 0391/737 52-15

Postleitzahlen 4....

S-Kapital-Beteiligungsgesellschaft Düsseldorf mbH
Am Wehrhahn 18
40211 Düsseldorf
Tel.: 0211/35 59 24 02
Fax: 0211/35 59 24 05

HSBC Private Equity GmbH
Steinstraße 1-3/Königsallee
40212 Düsseldorf
Tel.: 0211/86 76 93-0
Fax: 0211/86 76 93-9

Kapitalbeteiligungsgesellschaft der Deutschen Versicherungswirtschaft AG (KDV)
Steinstraße 11
40212 Düsseldorf
Tel.: 0211/866 24-0
Fax: 0211/866 24-44
Internet: http://www.kdv-beteiligung.de
E-Mail: info@kdv-beteiligung.de

NatWest Equity Partners GmbH
Berliner Allee 42
40212 Düsseldorf
Tel.: 0211/139 08-0
Fax: 0 211/139 08-55
E-Mail: rp11482@online-club.de

SBG-Sparkassen-Beteiligungsgesellschaft mbH & Co. KG
Friedrichstrasse 103
40217 Düsseldorf
Tel.: 0211/826 30 66
Fax: 0211/826 61 68
Internet: http://www.westkb.de

S-Chancen Kapitalfonds NRW GmbH
Friedrichstr. 103
40217 Düsseldorf
Tel.: 0211/826 56 64
Fax: 0211/826 56 08

WestKB – Westdeutsche Kapitalbeteiligungsgesellschaft mbH
Friedrichstrasse 103
40217 Düsseldorf
Tel.: 0211/826 30 66
Fax: 0211/826 61 68
Internet: http://www.westkb.com
E-Mail: info_westkb@westlb.de

WestTM Westdeutsche Technologie Management
Friedrichstr.103
40217 Düsseldorf
Tel.: 0211/826 33 63
Fax: 0211/826 61 68

WestUBG – Westdeutsche-Unternehmens-Beteiligungs-Aktiengesellschaft
Friedrichstrasse 103
40217 Düsseldorf
Tel.: 0211/826 30 66
Fax: 0211/826 61 68
Internet: http://www.westkb.de
E-Mail: info_westkb@westlb.de

Net Capital Partners GmbH
Kaistr. 14
40221 Düsseldorf
Tel.: 0211/600 95-0
Fax: 0211/600 95-50
Internet: http://www.net-capital-partners.com
E-Mail: niklas.mahrdt@uumail.de

IKB Beteiligungsgesellschaft mbH
Wilhelm-Bötzkes-Str. 1
40474 Düsseldorf
Tel.: 0211/8221-14
Fax : 0211/8221-2749
Internet: http://www.ikb.de

Lampe Beteiligungsgesellschaft mbH
Jägerhofstraße 10
40479 Düsseldorf
Tel.: 0211/4952-357
Fax: 0211/4912-210
Internet: http://lampebank.de
E-Mail: corporate.finance@lampebank.de

RBS Kapitalbeteiligungsgesellschaft Rheinisch Bergischer Sparkassen mbH
Sternstrasse 58
40479 Düsseldorf
Tel.: 0211/952 91-0
Fax: 0211/952 91-91
Internet: http://www.rbs-kapital.de
E-Mail: mail@rbs-kapital.de

Kapitalbeteiligunsgesellschaft für die mittelständische Wirtschaft in Nordrhein-Westfalen mbH
Hellersbergstrasse 12
41460 Neuss
Tel.: 02131/107-0
Fax: 02131/107-222

VESTEC GmbH & Co. KG
Gesellschaft für Beteiligungsentwicklung
Graf-Bernadotte-Str. 31
45133 Essen
Tel.: 0201/841 90 80
Fax: 0201/841 90 89
Internet: http://www.vestec.de
E-Mail: vestec@vestec.de

TFG Venture Capital AG & Co KGaA
Unternehmensbeteiligungsgesellschaft
Ophoffstraße 22
45768 Marl
Tel.: 02365/9780-0
Fax: 02365/728 67
Internet: http://www.tfg.de

WGZ Beteiligungsgesellschaft
Westdeutsche Genossenschafts-Beteiligungsgesellschaft
Sentmaringer Weg 1
48151 Münster
Tel.: 0251/706 47-21, -25
Fax: 0251/7064726

Postleitzahlen 5....

Genes GmbH Venture Services
Kölner Straße 27
50226 Frechen bei Köln
Tel.: 02234/955 46-0
Fax: 02234/955 46-4

KSK-Wagniskapital GmbH
Neumarkt 18-24
50667 Köln
Tel.: 0221/227 22 03
Fax: 0221/227 35 20

MUK Kapitalbeteiligungsgesellschaft mbH
Richmodstraße 13-15
50667 Köln
Tel.: 0221/925 79 60
Fax: 0221/925 79 66
Internet: http://www.muk-kapital.de
E-Mail: info@muk-kapital.de

ZTB Zukunftstechnologie Beteiligungs AG
Richmodstr. 6
50667 Köln
Tel.: 0221/920 42-429
Fax: 0221/920 42-200

TechnoMedia Kapitalbeteiligungsgesellschaft Köln mbH
Händelstr. 25-29
50674 Köln
Tel.: 0221/92 13 20-0
Fax: 0221/92 13 20-11
Internet: http://www.technomedia.de
E-Mail: tmk@technomedia.de

Bayer Innovation Beteiligungsgesellschaft mbH
Bayerwerk
Gebäude Q 18
51368 Leverkusen
Tel.: 0214/306 64 39
Fax: 0214/302 69 47

LeVenture Kapitalbeteiligungsgesellschaft mbH & Co. KG
Friedrich-Ebert-Str. 39
51373 Leverkusen
Tel.: 0214/355-3195
Fax: 0214/355-1789
Internet: http://www.leventure.de
E-Mail: info@leventure.de

S-BG Beteiligungsgesellschaft
für die Regionen Aachen, Krefeld und Mönchengladbach
Markt 45-47
52062 Aachen
Tel.: 0241/470 56-0
Fax: 0241/470 56-20
Internet: http://www.s-ubg.de

S-VC Risikokapital-Fonds
für die Regionen Aachen, Krefeld und Mönchengladbach
Markt 45-47
52062 Aachen
Tel.: 0241/470 56-0
Fax: 0241/470 56-20
http://www.s-ubg.de

S-UBG AG Unternehmensbeteiligungsgesellschaft
für die Regionen Aachen, Krefeld und Mönchengladbach
Markt 45-47
52062 Aachen
Tel.: 0241/470 56-0
Fax: 0241/470 56-20
Internet: http://www.s-ubg.de
E-Mail: Kolbe@s-ubg.de

Beteiligungsgesellschaft Aachener Region mbH
Roermonder Str. 63
52134 Herzogenrath
Tel.: 02407/51-02
Fax: 02407/18 259

TBF Technologie-Beteiligungsfonds GmbH & Co. KG
Arnold-Sommerfeld-Ring 2
52499 Baesweiler
Tel.: 02401/80 53 05
Fax: 02401/80 53 06

TTIB TechnologieTransfer- und InnovationsZentrum
Region Bonn GmbH & Co. KG
Friedensplatz 16
53111 Bonn
Tel.: 0228/766 17-0
Fax: 0228/766 17-11
Internet: http://www.ttib.de
E-Mail: info@ttib.de

T-Venture Telematik Venture Holding GmbH
Godesberger Allee 73
53175 Bonn
Tel.: 0228/308 48-0
Fax: 0228/308 48-19
Internet: http://www.t-venture.de
E-Mail: kuehr@telekom.de

WFT Wagnisfinanzierungsgesellschaft für Technologieförderung
Wilhelm-Theodor-Römheld-Str 22
55015 Mainz
Tel.: 06131/98 53 30
Fax: 06131/98 53 99

S-IFG mbH
Sparkassen-Innovations-Beteiligungsfinanzierungsgesellschaft Rh.-Pfalz
Große Bleiche 41-45
55116 Mainz
Tel.: 06131/14 52 26
Fax: 06131/14 51 00

MBG Mittelständische Beteiligungsgesellschaft Rheinland-Pfalz mbH
Wilhelm-Theodor-Römheld-Strasse 22
55130 Mainz
Postfach 25 07
55015 Mainz
Tel.: 06131/985-0
Fax: 06131/985-489

S-Siegerlandfonds 1
Siechhausweg 1a
57076 Siegen
Tel.: 0271/59 61 50
Fax: 0271/59 61 55
Internet: http://www.siegerlandfonds.de

Postleitzahlen 6....

GMF Beteiligungsberatung GmbH
Messeturm/Friedrich-Ebert-Anlage 49/Box 23
60308 Frankfurt
Tel.: 069/975 44 639
Fax: 069/975 44 900

Commerz Beteiligungsgesellschaft mbH
Kaiserstraße 16
60311 Frankfurt/Main
Tel.: 069/136-29682, -43049
Fax: 069/136-29876
Internet: http://www.cbg.commerzbank.de
E-Mail: cbg@commerzbank.com

HBM Helaba Beteiligungs-Management-Gesellschaft mbH
Junghofstr. 18-26
60311 Frankfurt
Tel.: 069/97 20 87-0
Fax: 069/97 20 87-20

MPM Capital GmbH
Gesellschaft für Biotechnologie-Investitionen
Weißfrauenstraße 10
60311 Frankfurt am Main
Tel.: 069/13 38 98-0
Fax: 069/13 38 98-29
Internet: http://www.mpmcapital.com

ÖKOLOGIK ECOVEST AG
Kaiserstr. 11
60311 Frankfurt a. M.
Tel.: 069/13 38 89-0
Fax: 069/13 38 89-10
Internet: http://www.ecovest.de
E-Mail: info@ecovest.de

Allied Capital Beteiligungsberatung GmbH
Zeil 5
60313 Frankfurt am Main
Tel.: 069/297 24 108
Fax: 069/297 24 200
Internet: http://www.alliedcapital.de
E-Mail: gegger@alliedcapital.com

SG-Capital Gesellschaft für Beratung,
Betreuung und Beteiligung mbH
Bockenheimer Anlage 46
60322 Frankfurt
Tel.: 069/71 39 10 03
Fax: 069/71 39 10 09

Baring Private Equity Partners GmbH
Friedrichstraße 59
60323 Frankfurt/Main
Tel.: 069/71 40 70
Fax: 069/17 39 80
E-Mail: Matthew.morgan@bpep.com

Industrie-Beteiligungs-Gesellschaft mbH (IBG)
Bockenheimer Landstrasse 10
60323 Frankfurt/Main
Tel.: 069/718 32 10
Fax: 069/718 28 12

H&P Beteiligungsberatung GmbH & Co.
Oberlindau 80
60323 Frankfurt/Main
Tel.: 069/95 99 04-0
Fax: 069/95 99 20 24

3i Gesellschaft für Industriebeteiligungen mbH
Bockenheimer-Landstraße 55
60325 Frankfurt/Main
Tel.: 069/71 00 00-0
Fax: 069/71 00 00-39
Internet: http://www.3i.com
E-Mail: Rosemarie_Kuhn@3igroup.com

Alpinvest Beratungsgesellschaft für Beteiligungen mbH
Westendstraße 16
60325 Frankfurt am Main
Tel.: 069/97 20 83-0
Fax: 069/97 20 83-20
Internet: http://www.Alpfrankfurt.de
E-Mail: Info@Alpfrankfurt.de

BmU – Beteiligungsgesellschaft für mittelständische Unternehmen mbH
Am Platz der Republik
60325 Frankfurt a.M.
Tel.: 069/7447-7997
Fax: 069/7447-6098

Halder Beteiligungsberatung GmbH
Bockenheimer Landstraße 23
60325 Frankfurt/Main
Tel.: 069/24 25 33-0
Fax: 069/23 68 66

BdW Beteiligungsgesellschaft für die deutsche Wirtschaft
Gutleutstraße 85
60329 Frankfurt/Main
Tel.: 069/27 30 09-0
Fax: 069/27 30 09-191
Internet: http://www.bdw-gmbh.de

DBG Deutsche Beteiligungsgesellschaft mbH
Emil-von-Behring-Str. 2
60439 Frankfurt/Main
Tel.: 069/95 78 703
Fax: 069/95 78 73 90
Internet: http://www.deutsche-beteiligung.de

DVCG Deutsche Venture Capital Gesellschaft mbH
Emil-von Behring-Str. 2
60439 Frankfurt
Tel.: 069/570 06-0
Fax: 069/570 06-200
Internet: http://www.dvcg.de
E-Mail: uhlmann@dvcg.de

Quadriga Capital Beteiligungsberatung GmbH
Hamburger Allee 2-10
60486 Frankfurt/Main
Tel.: 069/79 50 00-0
Fax: 069/79 50 00-60
E-Mail: All@Quadriga-Capital.de

DEWB Deutsche Effecten- und Wechsel- Beteiligungsgesellschaft
(ein Unternehmen der Jenoptik Gruppe:
Tel. 03641/65 22 30
Fax 03641/65 24 86)
Lyoner Str. 15
60528 Frankfurt
Tel.: 069/668 04 50
Fax: 069/666 62 99

Adena Technologie-Beteiligungen GmbH & Co. KG
Hessenring 71
61348 Bad Homburg v. d. Höhe
Tel.: 06172/67 34 70
Fax: 06172/67 34 67
Internet: http://www.adanac.de/adena
E-Mail: adena@adanac.de

Beteiligungen KGaA
Harald Quandt Haus
Am Pilgerrain 17
61352 Bad Homburg
Tel.: 06172/402-0
Fax: 06172/402-178
Internet: http://www.equita.de
E-Mail: info@equita.de

IDP Industrial Development Partners GmbH & Co. KG
Limburger Strasse 9
Postfach 12 26
61452 Königstein
Tel.: 06174/4017
Fax: 06174/4010

Value Management & Research AG
Flughafenstr. 21
63263 Neu Isenburg
Tel.: 069/69 80 19 18
Fax: 069/69 80 19 22
Internet: http://www.vmr.de
E-Mail: corporate-finance@vmr.de

IVC
Innovative Technologies & Venture Capital Consult GmbH
Eichenstraße 4
63667 Nidda
Tel.: 06043/95 04 04
Fax: 06043/95 04 05
Internet: http://www.IVC-Venture-Capital.com
E-Mail: IVC.GmbH@t-online.de

TRIANGLE Venture Capital Group Management GmbH
Talstraße 27e
64625 Bensheim-Auerbach
Tel.: 06251/800 83-0
Fax: 06251/800 83-9
Internet: http://www.triangle-venture.com
E-Mail: info@triangle-venture.com

MBG
Mittelständische Beteiligungsgesellschaft Hessen GmbH
Abraham-Lincoln-Strasse 38-42
65189 Wiesbaden
Postfach 31 07
65021 Wiesbaden
Tel.: 0611/77 42 76
Fax: 0611/77 42 96
Internet: http://www.hlt.de/hserv/hser2303.htm

SUEZ Finanzberatung GmbH
Oberliederbacher Straße 25
65843 Sulzbach
Tel.: 06196/75 00 91
Fax: 06196/74 243

Saarländische Kapitalbeteiligungsgesellschaft mbH
Johannisstrasse 2
66111 Saarbrücken
Tel.: 0681/30 33-0
Fax: 0681/30 33-100

Saarländische Wagnisfinanzierungsgesellschaft mbH
Johannisstr. 2
66111 Saarbrücken
Tel.: 0681/379 58-0
Fax: 0681/379 58-29
Internet: http://www.swgmbh.de
info@swgmbh.de

S-Beteiligungsgesellschaft Ludwigshafen a. Rh. mbH
Ludwigstr. 52
67059 Ludwigshafen
Tel.: 0621/5992-407
Fax: 0621/5992-443

BASF Innovationsfonds GmbH
Vierter Gartenweg 7 a
67063 Ludwigshafen
Tel.: 0621/607 15 55
Fax: 0621/607 16 33

Heidelberg Innovation GmbH & Co.
BioScience Venture KG
Im Neuenheimer Feld 515
69120 Heidelberg
Tel.: 06221/6468-0
Fax: 06221/6468-64
Internet: http://www.hd-innovation.de

Postleitzahlen 7....

LG VENTURE CAPITAL management GmbH
Kronenstr. 20
70173 Stuttgart
Tel.: 0711/124 12 01
Fax: 0711/124 78 08
E-Mail: corporate.finance@lgbank.de

Süd-Kapitalbeteiligungs-Gesellschaft mbH
Am Hauptbahnhof 2
70173 Stuttgart
Tel.: 0711/127 70 67
Fax: 0711/127 30 40

mbg Mittelständische Beteiligungsgesellschaft
Baden-Württemberg GmbH
Werastr. 15
70182 Stuttgart
Tel.: 0711/16 45 6
Fax: 0711/16 45 777
Internet: http://www.mbg.de
E-Mail: info@mbg.de

newCycle Ventures
Gerokstr. 1
70188 Stuttgart
Tel.: 0711/239 73 30
Fax: 0711/239 73 11

DaimlerChrysler Venture GmbH
Epplestr. 225
70567 Stuttgart
Tel.: 0711/17-92144
Fax: 0711/17-97957
E-Mail: dcv.info@daimlerchrysler.com

TechnoStart Beratungsgesellschaft für Beteiligungsfonds mbH
Frisonistraße 4
71636 Ludwigsburg
Tel.: 07141/971 59-0
Fax: 07141/971 59-10
Internet: http://www.technostart.com
E-Mail: office@technostart.com

SHS Gesellschaft für Management und Sanierung mbH
Bismarckstr. 12
72072 Tübingen
Tel.: 07071/9169-0
Fax: 07071/9169-190
Internet: http://www.shsvc.net
E-Mail: tuebingen@shsvc.net

Wagniskapitalgesellschaft mbH der Kreissparkasse Reutlingen
Marktplatz 6
72764 Reutlingen
Tel.: 07121/332-118
Fax: 07121/332-161
E-Mail: wagniskapital@ksk-reutlingen.de

Stauferkreis Beteiligungs AG
Freihofstraße 60
73033 Göppingen
Tel.: 07161/964 51-0
Fax: 07161/964 51-11
E-Mail: Stauferkreis@t-online.de

GUB Unternehmensbeteiligungen AG
Gelbinger Gasse 97
74523 Schwäbisch Hall
Tel.: 0791/97 33 99
Fax: 0791/97 33 89
Internet: http://www.gub-ag.de
E-Mail: Gub-ag@t-online.de

innotech Innovationen und neue Technologien Beteiligungs-GmbH
Durlacher Allee 93
76131 Karlsruhe
Tel.: 0721/631 45 00
Fax: 0721/631 45 03
Internet: http://www.innotech.de
E-Mail: info@innotech.de

L-Beteiligungen GmbH Beteiligungsgesellschaft der L-Bank mbH
Posseltstrasse 19
76227 Karlsruhe
Tel.: 0721/940 51-0
Fax: 0721/940 51-20

Postleitzahlen 8....

Bayerische Kapitalbeteiligungsgesellschaft mbH
Promenadeplatz 1
80333 München
Tel.: 089/55 25 63 20
Fax: 089/55 25 63 90

Siemens Venture Capital GmbH
Wittelsbacherplatz 2
80333 München
Tel.: 089/636-33585
Fax: 089/636-34884
Internet: http://www.siemens.de/svc

Technologieholding VC GmbH (München/Leipzig/Bad Homburg)
Lenbachplatz 3
80333 München
Tel.: 089/548 62-0
Fax: 089/548 62-299
Internet: http://www.technologieholding.de
E-Mail: strascheg@technologieholding.de

Wellington Finanz Beratungs GmbH
Pacellistr. 14
80333 München
Tel.: 089/21 99 41 22
Fax: 089/21 99 41 98
Internet: http://www.wellington.de
E-Mail: Info@wellington.de

BTV Beteiligungsverwaltung GmbH & Co. KG
Pettenkoferstraße 37
80336 München
Tel.: 089/54 46 06-0
Fax: 089/54 46 06-20
E-Mail: BTVBeteiligung@btv-holding.de

Knorr Capital Partner
Rückertstr. 1
80336 München
Tel.: 089/543 56-0
Fax: 089/543 56-333
E-Mail: kontakt@krp.de

Atlas Venture GmbH
Widenmayerstr. 16
80538 München
Tel.: 089/45 87 45-0
Fax: 089/45 87 45-45
Internet: http://www.atlasventure.de
E-Mail: munich@atlasventure.de

HVB Beteiligungsgesellschaft mbH
Am Tucherpark 1
80538 München
Tel.: 089/378-25108
Fax: 089/378-30660

IT-ADVENTURE Aktiengesellschaft für Beteiligungen
St.-Anna-Platz 2
80538 München
Tel.: 089/21 88 94-0
Fax : 089/21 88 94-79
Internet: http://www.IT-Adventure.de
E-Mail: contact@IT-Adventure.de

UBS Capital GmbH
Maximilianstraße 43
80538 München
Tel.: 089/21 26 75-0
Fax: 089/21 2 675-10

BayBG Bayerische Beteiligungsgesellschaft mbH
Bruderstr. 7
80539 München
Tel.: 089/21 98 02
Fax: 089/21 98 25 55
Internet: http://www.baybg.de
E-Mail: info@baybg.de

CAPMAN Management GmbH
Maximilianstr. 35 A
80539 München
Tel.: 089/24 21 81 73
Fax: 089/24 21 82 00

ERM
Equity Research & Mangement AG für Beteiligungsberatung
Stollbergstr. 22
80539 München
Tel.: 089/29 09 54-0
Fax: 089/29 09 54-99

Life Science Ventures GmbH
Global Equity Advisers
Von-der-Tann-Straße 3
80539 München
Tel.: 089/28 81 51-0
Fax: 089/28 81 51-30
Internet: http://www.life-science-ventures.de

TVM Techno Venture Management Gesellschaft mbH & Co. KG
Maximilianstr. 35
80539 München
Tel.: 089/99 89 92-0
Fax: 089 /99 89 92-55
Internet: http://www.tvmvc.com
E-Mail: jantz@tvmvc.de

PROXIMITAS AG
Lortzingstraße 9
81241 München
Tel.: 089/89 66 63-6
Fax: 089/89 66 63-77
Internet: http://www.proximitas.de
E-Mail: info@proximitas.de

ATAMA AG – Global Finance & Technology Management
Ismaninger Str. 17-19
81675 München
Tel. : 089/41 30 06 60
Fax. . 089/41 30 06 40
Internet: info@ATAMA.com
E-Mail: www.ATAMA.com

Apax Partners & Co. Beteiligungsberatung AG
Possartstr. 11
81679 München
Tel.: 089/99 89 09-0
Fax: 089/99 89 09-10

Venture Vision GmbH
Oberhuberstr. 6
81827 München
Tel.: 089/43 77 96 10
Fax: 089/43 77 96 11
Internet: VentureVision@t-online.de

Bio M AG
Am Klopferspitz 19
82152 Matinsried
Tel.: 089/89 96 79-0
Fax: 089/89 96 79-79

Bayern Kapital Risikokapitalbeteiligungs GmbH
Altstadt 72
84028 Landshut
Tel.: 0871/923 25-0
Fax: 0871/923 25-55
http://www.bayernkapital.de und http://www.bayernkapital.com
E-Mail: info@bayernkapital.de

Startkapital-Fonds Augsburg GmbH
c/o IHK für Augsburg und Schwaben
Stettenstraße 1+3
86150 Augsburg
Tel.: 0821/3162-230
Fax: 0821/3162
http://www.ihk-innotech.de/innotech/risiko/i_r_3_01.htm
E-Mail: gruber@augsburg.ihk.de

KONSORTIUM AG
Schertlingstr. 23
86159 Augsburg
Tel.: 0821/589 30 12
Fax: 0821/589 30 69

Postleitzahlen 9....

Ökologik AG
Neumühle
91056 Erlangen
Tel.: 09131/750 75-0
Fax: 09131/750 75-75
Internet: http://www.oekologik.de
E-Mail: info@oekologik.de

RisikoKapital-Fonds Oberpfalz Nord GmbH & Co. KG
Marktplatz 2+4
92648 Vohenstrauß
Tel.: 09651/93 60
Fax: 09651/93 63 05

S-Refit
Regionaler Finanzierungsfonds für Innovationen und Technologieunternehmen
Riesengebirgsstr. 52
93057 Regensburg
Tel.: 0 0941/695 56-0
Fax: 0 0941/695 56-11
Internet: http://www.s-refit.de
E-Mail: www@s-refit.de

antares Beteiligungsgesellschaft für den Mittelstand Bayern GmbH & Co. KG
Ludwigstr. 12
95028 Hof/Saale
Tel.: 09281/60 11 30
Fax: 09281/60 11 39
Internet: http://www.ant-bgm.de
E-Mail: kundenservice@ant-bgm.de

Mittelständische Beteiligungsgesellschaft Thüringen mbH
Europaplatz 5
99091 Erfurt
Tel.: 0361/7447-126
Fax: 0361/7447-131

Venture Capital Thüringen GmbH & Co. KG (VCT)
Europaplatz 5
99091 Erfurt
Tel.: 0361/7447-134
Fax: 0361/7447-131

Thüringer Industriebeteiligungs-GmbH & Co. KG
Tschaikowskistrasse 11
99096 Erfurt
Tel.: 0361/347 95-0
Fax: 0361/347 95-1
Internet: http://www.tib-thueringen.de

Österreich

Bank Austria TFV High Tech-Unternehmens Beteiligung GmbH
Wallnerstraße 8
A-1010 Wien
Tel.: 0043-1 532 19 60
Fax: 0043-1 532 19 6019

Großbritannien

Intermediate Capital Group Plc
62-63 Threadneedle Street
GB-London EC2R 8HE
Tel.: 0044-171-628 9898
Fax: 0044-171-628 2268

Tagebuch einer Unternehmensrevolution.

Bernd Schwaiger wird als Zweit-Geschäftsführer und späterer Nachfolger einer hundert Mitarbeiter starken Druckerei in Stuttgart eingestellt. Er soll das Unternehmen binnen zwei Jahren modernisieren und für die Zukunft fit machen. Doch der noch übergangsweise mitwirkende "Alt-Geschäftsführer denkt gar nicht daran, einfach so sang- und klanglos zu verschwinden ...

Da hat es Bernd Schwaiger, der "Neue", nicht leicht, endlich alles umzusetzen, was seiner Meinung nach für einen zukunftsorientierten Medienbetrieb erforderlich ist.

Mit dem ersten Arbeitstag beschließt Schwaiger, alle seine Erlebnisse in einem Tagebuch zu notieren.

So weit die Story. Auf einer zweiten Ebene werden handschriftliche Berater-Anmerkungen und Querverweise gegeben, die sich kritisch und kommentierend mit den Tagebuch-Eintragungen beschäftigen und eine spannende Bewertung der Geschehnisse zeigen:

- In welche Fallen tappt Bernd Schwaiger?
- Welche Chancen nutzt er – und wo versagt er völlig?

Im jeweils eingeklinkten Methodikteil werden passend zum Inhalt Tools und Methoden aus der Unternehmensberatung kurz dargestellt und durch eine Checkliste konkretisiert. Insgesamt entsteht so eine innovative Mischung aus Erzählform, Beratererfahrungen und Methodenwissen, die es in dieser Form noch nicht gegeben hat.

G. Nagel
Wagnis Führung
365 Tage aus dem Leben eines
Change-Managers
323 Seiten. Gebunden
ISBN 3-446-21150-0

Der Autor:
Gerhard Nagel ist seit 1981 selbständig als Unternehmensberater mit den Schwerpunkten Strategieentwicklung, Marktpositionierung, Führung und Teamentwicklung. Er ist Trainer und Management-Coach von Top-Führungskräften. Zahlreiche Buchpublikationen.

Selbständig mit Erfolg?
Hier lesen Sie, wie es geht.

Unternehmensgründung ist ein spannendes und hochaktuelles Thema unserer Zeit. Dieses Buch beschreitet einen völlig neuen Weg in der Aufarbeitung der Thematik. Neben Experten, die zentrale Fragestellungen der Unternehmensgründung beleuchten, schildern bekannte und sehr erfolgreiche Unternehmerpersönlichkeiten ihre individuelle Erfolgsgeschichte. Die Stories werden von den Gründern persönlich in einer sehr lebendigen Sprache erzählt. Die Geschichten machen Mut und zeigen dem Leser, dab auch diese heute so erfolgreichen Unternehmen (VOBIS, The body shop, Haribo, Consumer Electronic u.v.m.) alle einmal klein und mit bescheidenen Mitteln angefangen haben.

Stimmen zum Buch:

„Junge, kreative Gründer sind die Zugpferde bei der Neugestaltung unserer Wirtschaft. Dieses Buch gibt hoch interessante Einblicke in die Existenzgründungsthematik und gleichzeitig leserfreundliche, umsetzungsorientierte Tips für die Gründung des eigenen Unternehmens."

Dr. Lothar Späth, Vorstandsvorsitzender der JENOPTIK AG

Es gibt keinen Zweifel, daß dieses Buch für alle wirtschaftlich interessierten Leser eine Fundgrube interessanter und nützlicher Anregungen ist, sei es als Bestätigung oder zur Inspiration für die eigene Erfolgsgeschichte.

Prof. Dr. Jürg Manella, St. Gallen

W.P. Jenewein / H. Dinger
Erfolgsgeschichten selber schreiben
Unternehmer, die es geschafft haben
263 Seiten. Gebunden
ISBN 3-446- 19220-4

Ein Buch für Manager, Unternehmensgründer, Existenzgründer, Jungunternehmer und alle, die sich selbständig machen wollen.